French Verb Flashcards
Flip-O-Matic

Other Kaplan Books for French Learners

Candide: A Kaplan French-Language Vocabulary Building Novel

French Verb Flashcards Flip-O-Matic

Compiled by Martine Alford

PUBLISHING

New York • Chicago

Published by Kaplan Publishing, an imprint of Kaplan, Inc.
888 Seventh Ave.
New York, NY 10106

Editorial Director: Jennifer Farthing
Project Editor: Megan Gilbert
Production Manager: Michael Shevlin
Content Manger: Patrick Kennedy
Interior Design and Page Layout: Baldur Gudbjornsson
Cover Design: Kam Tai and Mark Weaver

Manufactured in the United States of America.
Published simultaneously in Canada.

10 9 8 7 6 5 4 3 2

June 2006

ISBN-13: 978-0-7432-7142-4
ISBN-10:   0-7432-7142-4

Kaplan Publishing books are available at special quantity discounts to use for sales promotions, employee premiums, or educational purposes. Please call our Special Sales Department to order or for more information at 800-621-9621, ext. 4444, e-mail kaplanpubsales@kaplan.com, or write to Kaplan Publishing, 30 South Wacker Drive, Suite 2500, Chicago, IL 60606-7481.

ABOUT THE AUTHOR

Martine Alford is a native French speaker hailing from Léon, France. She currently teaches French at Benjamin Franklin High School, a college preparatory school located on the campus of the University of New Orleans. She has been involved with the College Board Advanced Placement program for over 20 years, serving on the National AP Exam Committee, conducting workshops for the College Board's Southern Region, and teaching yearly Summer Institute courses for AP teachers. She lives in New Orleans.

HOW TO USE THIS BOOK

This book will help you to review a broad range of tenses and the important verbs you may be required to use on exams or in everyday speech. The more you are able to use a variety of tenses, the better you will show your ability to speak and write advanced French. The verbs chosen here are considered part of an advanced vocabulary; as such, some of the more high-frequency regular and irregular verbs like *aller, venir, faire,* and *être* have not been included.

If you are taking an AP French Exam: the advanced verbs here will help you to prepare for the free-response answers by increasing your ability to write advanced compositions using a variety of verb tenses. Additionally, you will be more prepared for answering the questions in the speaking part of the exam and for the usage of accurate tenses in the multiple-choice grammar fill-in items.

If you are taking an SAT Subject Test, the International Baccalaureate Exam, CLEP, or another college placement test: the tenses included here will help you on the reading comprehension section and in determining the right verb tense in multiple-choice items.

If you are learning French verbs on your own: this reference tool will allow you to check the appropriate verb tenses necessary in everyday communication, whether formal or informal.

FORMAT OF THE BOOK

This book provides the conjugated forms of verbs in a variety of tenses, broken down within the following moods:

Indicative: *présent, passé composé, imparfait, plus-que-parfait, futur, futur antérieur*

Subjunctive: *présent* and *passé*

Conditional: *présent* and *passé*

Imperative: *présent*

Infinitive: *présent* and *passé*

Participle: *présent* and *passé*

The *passé simple* or historical past is not included since students do not have to produce the written form of this tense on the AP French Exam.

THE INDICATIVE MOOD

The indicative mood is based upon knowledge of things or persons that exist and are real. When you use this tense, there is certainty about the things to which you refer.

Present

Unlike English, there is only one present (*présent*) tense in French.

The present tense of regular *-er* verbs can be found by dropping the *-er* of the infinitive and adding the personal endings: *-e, -es, -e, -ons, -ez, -ent*.

The personal endings of the present tense of regular *-ir* verbs are: *-is, -is, -it, -issons, -issez, -issent*.

The personal endings of the present tense of regular *-re* verbs are: *-s, -s, -d, -ons, -ez, -ent*.

However, the third person singular of *rompre* and *interrompre* end in *-t elle rompt, il interrompt.*

The present tense expresses a present action:

Le joueur de foot court vite. (The soccer player runs fast.)

The present tense also describes an existing state:

Il pleut. (It is raining.)

The present tense is also used with certain locutions, such as:

est en train de: *Mimi est en train de préparer le dîner.* (Mimi is in the middle of preparing dinner.)

avoir l'habitude de: *Les Leblanc ont l'habitude de partir sur la Côte d'Azur en août.* (The Leblancs usually vacation on the Riviera in August.)

The present tense is used after *quand* to describe a general truth:

Quand il neige il fait froid. (When it snows it is cold.)

When actions or states that have begun in the past continue in the present, the present tense of the verb is used with *depuis*:

Depuis quand êtes-vous à Paris? J'y suis depuis le 1er Janvier. (How long have you been in Paris? I have been there since January first.)

Past Indefinite

The past indefinite (*passé composé*) expresses a completed action not repeated or lengthened:

Elle a vendu sa voiture. (She sold her car.)

The past indefinite tense of most verbs is formed by combining the present tense of *avoir* or *être* and the past participle form of the verb. Sixteen common verbs are conjugated with *être*:

aller	*entrer*	*revenir*	*rester*
venir	*sortir*	*retourner*	*devenir*
arriver	*monter*	*rentrer*	*naître*
partir	*descendre*	*tomber*	*mourir*

Elles sont parties à huit heures. (They left at eight o'clock.)

All reflexive verbs also form their past participle with *être*:

Elle s'est lavé les mains. (She washed her hands.)

Imperfect Tense

The imperfect (*imparfait*) tense is used for continuous and repeated actions in the past:

L'année dernière, je courais tous les matins avant 6 heures. (Last year, I used to run every morning before 6 A.M.)

The imperfect is also used to describe a state of mind or a condition in the past:

Je croyais avoir raison. (I thought that I was right.)

La fille qui conduisait une belle mercedes avait l'air heureuse. (The girl who drove a beautiful Mercedes looked very happy.)

The imperfect tense is also used to express a situation that may be interrupted by a precise action:

Je rentrais à la maison sans faire de bruit, quand le chien a aboyé. (I was returning home without making a sound, when the dog barked.)

The stem of the imperfect tense of all verbs except: *être, falloir,* and *pleuvoir* can be found by dropping *-ons* from the *nous* form of the present tense. The personal endings of the imperfect tense for all verbs are: *-ais, -ais, -ait, -ions, -iez, -aient.*

Verbs that end in *-ions* in the present tense have forms ending in *-iions* and *-iiez*; in the imperfect tense, they have forms ending in *nous étudiions* and *vous riiez.*

Pluperfect

The pluperfect (*plus-que-parfait*) tense is used to describe an action that happened before something else happened in the past.

It is formed by using the imperfect of **avoir** or **être** and the conjugated form of the past participle.

Quand je suis arrivé à l'arrêt du bus, je me suis aperçu que j'avais oublié mes clefs à la maison. (When I arrived at the bus stop, I realized that I had forgotten my keys at home.)

Future

The future (*futur*) tense is formed by adding the personal endings to the infinitive. In **-re** verbs, the final **e** is dropped before adding the ending.

The personal endings for all verbs in the future are similar to the endings of the present tense **avoir**: **-ai, -as, -a, -ons, -ez, -ont.** Some irregular verbs have an irregular stem in the future tense, for example: *venir/**viendrai**, voir/**verrai**.*

The near future (**aller** + **infinitive**) tense expresses an intention that is going to take place in a near future (in two or three minutes, in a few hours, in a few days):

Le film va commencer. (The movie is about to start.)

The future tense describes an action or an event that should or will take place in the future:

> *Lorsque je serai en Provence, je visiterai les arênes de Nîmes.* (When I am in Provence, I will visit the arenas in Nîmes.)

> *Aussitôt que je saurai la date, je vous téléphonerai.* (As soon as I know the date, I will call you.)

The future tense can also take the meaning of an imperative:

> *Tu iras avec ta soeur.* (You will go with your sister.)

In *si* clauses, when the *si* clause is in the present tense, the result of the condition may be in the future:

> *S'il ne pleut pas, nous nous baignerons.* (If it does not rain, we will go swimming.)

Former Future

The former future tense (*futur antérieur*) is formed by using the future tense of **avoir** or **être** and the past participle form of the conjugated verb.

This tense indicates that an action in the future will be accomplished before a second action in the future:

Quand nous aurons vu le film, nous écrirons un article. (When we will have seen the film, we will write an article.)

The conjunctions **aussitôt que**, **dès que**, and **après que** will most of the time need the future tense since they mean "at the time when" (*à partir du moment où*):

Aussitôt que Marc aura trouvé un emploi, il demandera Sophie en mariage. (As soon as Marc will have found employment, he will ask Sophie to marry him.)

THE SUBJUNCTIVE MOOD

The subjunctive (*subjonctif*) is the mood of uncertainty and emotion. Verbs in the subjunctive mood are used to in a dependant clause introduced by *que* (that). The two clauses must have two different subjects. Only two tenses in the subjunctive mood will be discussed: the present and the past.

The subjunctive is used after impersonal expressions, after expressions of emotions, after a wish or a command, after expressions of uncertainty, and after certain conjunctions.

Present Subjunctive

The present subjunctive (*présent du subjonctif*) is constructed by dropping the **-ent** of the present tense and adding the endings **-e, -es, -e, -ions, -iez,** and **-ent.**

There are seven irregular verbs in the subjunctive that do not follow the general rule: ***avoir, être, aller, faire, vouloir, pouvoir,*** and ***savoir.***

The present subjunctive is used to express both present and future actions. The subjunctive in French is often translated as an infinitive:

> *Il faudra que nous vendions la maison.* (It will be necessary for us to sell the house.)

Perfect Subjunctive

As the subjunctive equivalent of the past indefinite, the perfect subjunctive (*passé du subjonctif*) is used to express an action that has already taken place:

> *Nous doutons qu'elle se soit amusée à la soirée.* (We doubt that she had a good time at the party.)

It is formed by using the present subjunctive of **avoir** or **être** and the past participle form of the conjugated verb.

Timing of Tenses in the Subjunctive

The timing of the subjunctive is governed by by the chronology of the actions, not by the timing of the verb of the main clause:

> *Il a fallu que nous nous dépêchions.* (It was necessary for us to hurry up.)

> *Nous voudrions qu'il reste deux jours de plus.* (We would like him to stay two more days.)

At a moment prior to the action of the main clause, the past tense is used:

> *Bien qu'elle ait obtenu son bac avec mention, son père ne veut pas qu'elle parte en Italie avec ses copains.* (Although she passed her Baccalaureate exam with Honors, her father does not want her to go to Italy with her friends.)

THE IMPERATIVE MOOD

The imperative mood is used to express a direct command. Only the second person singular and the first and second person plural are used, and the verb is used without its subject pronoun.

Present Imperative

The forms of the imperative of regular verbs are the same as the corresponding forms of the indicative present except for the omission of the subject pronouns *tu, nous,* and *vous.* The exception is the familiar form of *-er* verbs, which drops the final *s.* Generally, irregular verbs follow the same pattern as regular verbs, for example: *va, allons, allez.* Irregular *-er* verbs and verbs conjugated like *-er* verbs in the present indicative drop the final *s* in the familiar imperative: *va, ouvre.* The verbs *avoir* and *être* have exceptional imperatives: *aie* and *sois.*

THE CONDITIONAL MOOD

The conditional (*conditionnel*) mood tells us what might happen if a condition is met.

Conditional Present

The conditional present tense, like the future tense, uses the infinitive as its stem. In *-re* verbs, the final *e* of the infinitive is dropped before adding the ending. The personal endings are the same as those of the imperfect tense: *-ais, -ais, -ait, -ions, -iez, -aient*.

Irregular verbs in the future tense have the same stems in the conditional:

> *aller* : *irai* (future), *irais* (conditional)
>
> *venir*: *viendrai* (future) *viendrais* (conditional)
>
> Example: *Il a dit qu'il viendrait demain*. (He said he would come tomorrow.)

The conditional is always use as a result of a condition introduce by *si* + imperfect:

> *S'il le pouvait, il lui demanderait*. (If he could he would ask him.)

The conditional may be used as a form of politeness:

> *J'aimerais lui parler*. (I would like to talk to him/her.)

The conditional is always use after *au cas où*:

> *Au cas où il ferait froid, nous emporterions nos anoraks*. (If it were cold, we would take our ski jackets.)

Conditional Past

The conditional past is formed by using the conditional present form of the auxiliary verb and following with the past participle form of the conjugated verb:

Elles seraient venues. (They would have come.)

Nous aurions joué. (We would have played.)

The conditional past is used as a form of politeness in the past and it often expresses regret:

Elle aurait aimé le revoir avant son départ. (She would have liked to see him again before his departure.)

The conditional past is used as a result of a condition introduced by *si* + pluperfect:

S'il était arrivé à l'heure, nous l'aurions emmené avec nous. (If he had arrived on time, we would have taken him with us.)

The conditional past expresses an action in the past that is not completely certain:

On dit qu'ils n'ont plus d'argent; ils l'auraient perdu au jeu. (People say that they have lost their money, probably while gambling.)

OTHER VERB FORMS

The following forms are also included for all verbs:

Present Infinitive (*infinitif présent*)

Example: *servir*/*avoir servi* (to serve/to have served)

Past Infinitive (*infinitif passé*)

Example: *partir*/*étre parti* (to leave/to have left)

Present Participle (*participe présent*)

Example: *servant*/*servi*, *ie* (serving/served)

Past Participle (*participe passé*)

Example: *partant*/*étant parti*, *e* (leaving/having left)

GRAMMAR OF THE VERB

Stems and Endings of Verbs

There are two parts to each verb; the stem, which does not change, and the ending, which varies according to tense. The stem of a verb remains after removing the ending of the infinitive (i.e., *-er, -ir, -oir, -re*). Example: ***chant/chanter, roug/rougir***.

The Three Groups of Verbs

There are three groups of verbs in French:

1. Verbs ending in *-er* in the infinitive and in *e* in the first person of the present indicative: *aimer, j'aime*.

2. Verbs ending in *-ir*. The indicative ends in *-is* and the present participle in *-issant*: fin*ir*, je fin*is, fin*issant.

3. The third group is made up of all other verbs, including:

   aller (to go); verbs ending in *-ir* whose indicative does not end in in *-is*, nor the present participle in *-issant*: cueill*ir*, *partir*; and verbs ending in *-oir* and *-re*: *recevoir, rendre*.

The third group contains the greatest number of exceptions and irregularities in the conjugation of French verbs.

Agreement of the Verb with the Subject

When there is a single subject the verb agrees with the subject in number and in person.

Exceptions

When *qui* is the subject, the verb agrees with the person to which the *qui* refers:

> *C'est moi qui suis arrivée la première.* (I am the one who arrived first.)

Impersonal verbs are always conjugated in the singular, even if their subject is plural:

> *Il tombait de grosses gouttes de pluie.* (Big raindrops were falling.)

When the subject is an adverb such as **beaucoup**, **trop**, **plus**, **moins**, etc., the verb is always in the plural, unless the object is singular:

> *Beaucoup de candidats se sont présentés aux elections du Sénat.* (Lots of candidates entered the Senate race.)

BUT

> *Moins de monde était venu à la fête de Jacques.* (Less people came to Jacques' party.)

For joined subjects representing a single idea, the verb is in the singular:

> *C'est l'année où mourut mon grand père et ma marraine.* (It is the year when my grandfather and my godmother died.)

Agreement of the Past Participle

When no auxiliary is used, the past participle agrees with the noun or pronoun to which it refers:

la nuit passée (last night)

des cahiers ouverts (opened notebooks)

The past participle conjugated with the auxiliary *être* always agrees with the subject:

Nous étions arrivées de bonne heure. (We had arrived early.)

Ces photos ont été prises. (These pictures were taken.)

The past participle conjugated with the auxiliary verb *avoir* agrees in gender and number with the preceding direct object. If there is no direct object, or if it comes after the verb, the past participle is invariable:

Je n'aurais jamais répété les choses qu'elle a répétées. (I would never have disclosed the things she repeated.)

Reflexive Verbs

The past participle of an essentially reflexive verb is conjugated with *être* and agrees with the subject:

> *Les invités se sont souvenus qu'ils pouvaient utiliser le salon pour jouer au billard.* (The guests remembered that they could use the drawing room to play billards.)

However, in the case of reflexive or reciprocal usage, the past participle agrees as if it were conjugated with *avoir*—i.e., with a preceding direct object:

> *Les filles se sont regardées dans le miroir.* (The girls looked at themselves in the mirror.)

> *Les deux amoureux se sont regardés longtemps avant de se séparer.* (The two lovers looked at each other for a long time before parting.)

When the auxiliary *avoir* could replace *être*, the past participle agrees with the preceding direct object (often the reflexive pronoun), but if there is no direct object, or if the object is placed after the verb, then the past participle is invariable:

> *Ils se sont lavés.* (They washed up.)

The verb is in agreement with *se*; *se* is the direct object.

> *Ils se sont lavé les mains.* (They washed their hands.)

The direct object, *mains*, is placed after the verb so the past participle is invariable. *Se* is the indirect object.

ENDINGS FOR THE THREE GROUPS OF VERBS

	1(-er)	2(-e)	3(-e)	
Present Indicative				
1S	e	is	s (x)	e
2S	es	is	s (x)	es
3S	e	it	t (d)	e
1P	ons	issons	ons	ons
2P	ez	issez	ez	ez
3P	ent	issent	ent(nt)	ent
Imperfect Indicative				
1S	ais	issais	ais	
2S	ais	issais	ais	
3S	ait	issait	ait	
1P	ions	issions	ions	
2P	iez	issiez	iez	
3P	aient	issaient	aient	

	1(-er)	2(-e)	3(-e)
Future Indicative			
1S	erai	irai	…rai
2S	eras	iras	…ras
3S	era	ira	…ra
1P	erons	irons	…rons
2P	erez	irez	…rez
3P	eront	iront	…ront
Present Subjunctive			
1S	e	isse	e
2S	es	isses	es
3S	e	isse	e
1P	ions	issions	ions
2P	iez	issiez	iez
3P	ent	issent	ent

	1(-er)	2(-e)	3(-e)	
Present Imperative				
2S	e	is	s	e
1P	ons	issons	ons	ons
2P	ez	issez	ez	ez
Conditional Present				
1S	erais	irais	...rais	
2S	erais	irais	...rais	
3S	erait	irait	...rait	
1P	erions	irions	...rions	
2P	eriez	iriez	...riez	
3P	eraient	iraient	...raient	

	1(-er)	2(-e)	3(-e)
Present Infinitive			
	er	ir	oir; re
Present Participle			
	ant	issant	ant
Past Participle			
	é	i	i (is, it); u (us); t; s

Indicative

Present
je vrombis
tu vrombis
il/elle vrombit
nous vrombissons
vous vrombissez
ils/elles vrombissent

Imperfect
je vrombissais
tu vrombissais
il/elle vrombissait
nous vrombissions
vous vrombissiez
ils/elles vrombissaient

Future
je vrombirai
tu vrombiras
il/elle vrombira
nous vrombirons
vous vrombirez
ils/elles vrombiront

Past Indefinite
j'ai vrombi
tu as vrombi
il/elle a vrombi
nous avons vrombi
vous avez vrombi
ils/elles ont vrombi

Pluperfect
j'avais vrombi
tu avais vrombi
il/elle avait vrombi
nous avions vrombi
vous aviez vrombi
ils/elles avaient vrombi

Former Future
j'aurai vrombi
tu auras vrombi
il/elle aura vrombi
nous aurons vrombi
vous aurez vrombi
ils/elles auront vrombi

Subjunctive

Present
que je vrombisse
que tu vrombisses
qu'il/qu'elle vrombisse
que nous vrombissions
que vous vrombissiez
qu'ils/qu'elles vrombissent

Past
que j'aie vrombi
que tu aies vrombi
qu'il/qu'elle ait vrombi
que nous ayons vrombi
que vous ayez vrombi
qu'ils/qu'elles aient vrombi

Conditional

Present
je vrombirais
tu vrombirais
il/elle vrombirait
nous vrombirions
vous vrombiriez
ils/elles vrombiraient

Past
j'aurais vrombi
tu aurais vrombi
il/elle aurait vrombi
nous aurions vrombi
vous auriez vrombi
ils/elles auraient vrombi

Imperative

Present
vrombis
vrombissons
vrombissez

Past
aie vrombi
ayons vrombi
ayez vrombi

Present Infinitive
vrombir

Past Infinitive
avoir vrombi

Present Participle
vrombissant

Past Participle
vrombi, ie
ayant vrombi

ABATTRE
to knock down, to destroy

L'orage a *abattu* le grand chêne qui se trouve dans le jardin de mes grands-parents.
The storm knocked down the big oak tree in my grandparents' garden.

Indicative

Present
j'abats
tu abats
il/elle abat
nous abattons
vous abattez
ils/elles abattent

Imperfect
j'abattais
tu abattais
il/elle abattait
nous abattions
vous abattiez
ils/elles abattaient

Future
j'abattrai
tu abattras
il/elle abattra
nous abattrons
vous abattrez
ils/elles abattront

Past Indefinite
j'ai abattu
tu as abattu
il/elle a abattu
nous avons abattu
vous avez abattu
ils/elles ont abattu

Pluperfect
j'avais abattu
tu avais abattu
il/elle avait abattu
nous avions abattu
vous aviez abattu
ils/elles avaient abattu

Former Future
j'aurai abattu
tu auras abattu
il/elle aura abattu
nous aurons abattu
vous aurez abattu
ils/elles auront abattu

Subjunctive

Present
que j'abatte
que tu abattes
qu'il/qu'elle abatte
que nous abattions
que vous abattiez
qu'ils/qu'elles abattent

Past
que j'aie abattu
que tu aies abattu
qu'il/qu'elle ait abattu
que nous ayons abattu
que vous ayez abattu
qu'ils/qu'elles aient abattu

Conditional

Present
j'abattrais
tu abattrais
il/elle abattrait
nous abattrions
vous abattriez
ils/elles abattraient

Past
j'aurais abattu
tu aurais abattu
il/elle aurait abattu
nous aurions abattu
vous auriez abattu
ils/elles auraient abattu

Imperative

Present
abats
abattons
abattez

Past
aie abattu
ayons abattu
ayez abattu

Present Infinitive
abattre

Past Infinitive
avoir abattu

Present Participle
abattant

Past Participle
abattu, e
ayant abattu

Le vieux moteur vrombissait.
The old engine was humming.

VROMBIR
to hum

Indicative

Present
je vote
tu votes
il/elle vote
nous votons
vous votez
ils/elles votent

Imperfect
je votais
tu votais
il/elle votait
nous votions
vous votiez
ils/elles votaient

Future
je voterai
tu voteras
il/elle votera
nous voterons
vous voterez
ils/elles voteront

Past Indefinite
j'ai voté
tu as voté
il/elle a voté
nous avons voté
vous avez voté
ils/elles ont voté

Pluperfect
j'avais voté
tu avais voté
il/elle avait voté
nous avions voté
vous aviez voté
ils/elles avaient voté

Former Future
j'aurai voté
tu auras voté
il/elle aura voté
nous aurons voté
vous aurez voté
ils/elles auront voté

Subjunctive

Present
que je vote
que tu votes
qu'il/qu'elle vote
que nous votions
que vous votiez
qu'ils/qu'elles votent

Past
que j'aie voté
que tu aies voté
qu'il/qu'elle ait voté
que nous ayons voté
que vous ayez voté
qu'ils/qu'elles aient voté

Conditional

Present
je voterais
tu voterais
il/elle voterait
nous voterions
vous voteriez
ils/elles voteraient

Past
j'aurais voté
tu aurais voté
il/elle aurait voté
nous aurions voté
vous auriez voté
ils/elles auraient voté

Imperative

Present
vote
votons
votez

Past
aie voté
ayons voté
ayez voté

Present Infinitive
voter

Past Infinitive
avoir voté

Present Participle
votant

Past Participle
voté, ée
ayant voté

ABÎMER to damage

Le soleil *abîmera* votre peau si vous vous y exposez trop longtemps.
The sun will damage your skin if you stay in it too long.

Indicative

Present
j'abîme
tu abîmes
il/elle abîme
nous abîmons
vous abîmez
ils/elles abîment

Imperfect
j'abîmais
tu abîmais
il/elle abîmait
nous abîmions
vous abîmiez
ils/elles abîmaient

Future
j'abîmerai
tu abîmeras
il/elle abîmera
nous abîmerons
vous abîmerez
ils/elles abîmeront

Past Indefinite
j'ai abîmé
tu as abîmé
il/elle a abîmé
nous avons abîmé
vous avez abîmé
ils/elles ont abîmé

Pluperfect
j'avais abîmé
tu avais abîmé
il/elle avait abîmé
nous avions abîmé
vous aviez abîmé
ils/elles avaient abîmé

Former Future
j'aurai abîmé
tu auras abîmé
il/elle aura abîmé
nous aurons abîmé
vous aurez abîmé
ils/elles auront abîmé

Subjunctive

Present
que j'abîme
que tu abîmes
qu'il/qu'elle abîme
que nous abîmions
que vous abîmiez
qu'ils/qu'elles abîment

Past
que j'aie abîmé
que tu aies abîmé
qu'il/qu'elle ait abîmé
que nous ayons abîmé
que vous ayez abîmé
qu'ils/qu'elles aient abîmé

Conditional

Present
j'abîmerais
tu abîmerais
il/elle abîmerait
nous abîmerions
vous abîmeriez
ils/elles abîmeraient

Past
j'aurais abîmé
tu aurais abîmé
il/elle aurait abîmé
nous aurions abîmé
vous auriez abîmé
ils/elles auraient abîmé

Imperative

Present
abîme
abîmons
abîmez

Past
aie abîmé
ayons abîmé
ayez abîmé

Present Infinitive
abîmer

Past Infinitive
avoir abîmé

Present Participle
abîmant

Past Participle
abîmé, ée
ayant abîmé

Il est impératif que vous *votiez* dans l'élection présidentielle.

It is imperative that you *vote* in the presidential election.

VOTER to vote

Indicative

Present
je voltige
tu voltiges
il/elle voltige
nous voltigeons
vous voltigez
ils/elles voltigent

Past Indefinite
j'ai voltigé
tu as voltigé
il/elle a voltigé
nous avons voltigé
vous avez voltigé
ils/elles ont voltigé

Imperfect
je voltigeais
tu voltigeais
il/elle voltigeait
nous voltigions
vous voltigiez
ils/elles voltigeaient

Pluperfect
j'avais voltigé
tu avais voltigé
il/elle avait voltigé
nous avions voltigé
vous aviez voltigé
ils/elles avaient voltigé

Future
je voltigerai
tu voltigeras
il/elle voltigera
nous voltigerons
vous voltigerez
ils/elles voltigeront

Former Future
j'aurai voltigé
tu auras voltigé
il/elle aura voltigé
nous aurons voltigé
vous aurez voltigé
ils/elles auront voltigé

Subjunctive

Present
que je voltige
que tu voltiges
qu'il/qu'elle voltige
que nous voltigions
que vous voltigiez
qu'ils/qu'elles voltigent

Past
que j'aie voltigé
que tu aies voltigé
qu'il/qu'elle ait voltigé
que nous ayons voltigé
que vous ayez voltigé
qu'ils/qu'elles aient voltigé

Conditional

Present
je voltigerais
tu voltigerais
il/elle voltigerait
nous voltigerions
vous voltigeriez
ils/elles voltigeraient

Past
j'aurais voltigé
tu aurais voltigé
il/elle aurait voltigé
nous aurions voltigé
vous auriez voltigé
ils/elles auraient voltigé

Imperative

Present
voltige
voltigeons
voltigez

Past
aie voltigé
ayons voltigé
ayez voltigé

Present Infinitive
voltiger

Past Infinitive
avoir voltigé

Present Participle
voltigeant

Past Participle
voltigé, ée
ayant voltigé

ABOLIR to abolish

Dans les années soixante-dix, on a *aboli* la peine de mort en France.

In the seventies, the death penalty was abolished in France.

Indicative

Present
j'abolis
tu abolis
il/elle abolit
nous abolissons
vous abolissez
ils/elles abolissent

Imperfect
j'abolissais
tu abolissais
il/elle abolissait
nous abolissions
vous abolissiez
ils/elles abolissaient

Future
j'abolirai
tu aboliras
il/elle abolira
nous abolirons
vous abolirez
ils/elles aboliront

Past Indefinite
j'ai aboli
tu as aboli
il/elle a aboli
nous avons aboli
vous avez aboli
ils/elles ont aboli

Pluperfect
j'avais aboli
tu avais aboli
il/elle avait aboli
nous avions aboli
vous aviez aboli
ils/elles avaient aboli

Former Future
j'aurai aboli
tu auras aboli
il/elle aura aboli
nous aurons aboli
vous aurez aboli
ils/elles auront aboli

Subjunctive

Present
que j'abolisse
que tu abolisses
qu'il/qu'elle abolisse
que nous abolissions
que vous abolissiez
qu'ils/qu'elles abolissent

Past
que j'aie aboli
que tu aies aboli
qu'il/qu'elle ait aboli
que nous ayons aboli
que vous ayez aboli
qu'ils/qu'elles aient aboli

Conditional

Present
j'abolirais
tu abolirais
il/elle abolirait
nous abolirions
vous aboliriez
ils/elles aboliraient

Past
j'aurais aboli
tu aurais aboli
il/elle aurait aboli
nous aurions aboli
vous auriez aboli
ils/elles auraient aboli

Imperative

Present
abolis
abolissons
abolissez

Past
aie aboli
ayons aboli
ayez aboli

Present Infinitive
abolir

Past Infinitive
avoir aboli

Present Participle
abolissant

Past Participle
aboli, ie
ayant aboli

Les papillons *voltigeaient* dans l'air du soir.
The butterflies fluttered about in the evening air.

VOLTIGER to flutter about

Indicative

Present
je vole
tu voles
il/elle vole
nous volons
vous volez
ils/elles volent

Imperfect
je volais
tu volais
il/elle volait
nous volions
vous voliez
ils/elles volaient

Future
je volerai
tu voleras
il/elle volera
nous volerons
vous volerez
ils/elles voleront

Past Indefinite
j'ai volé
tu as volé
il/elle a volé
nous avons volé
vous avez volé
ils/elles ont volé

Pluperfect
j'avais volé
tu avais volé
il/elle avait volé
nous avions volé
vous aviez volé
ils/elles avaient volé

Former Future
j'aurai volé
tu auras volé
il/elle aura volé
nous aurons volé
vous aurez volé
ils/elles auront volé

Subjunctive

Present
que je vole
que tu voles
qu'il/qu'elle vole
que nous volions
que vous voliez
qu'ils/qu'elles volent

Past
que j'aie volé
que tu aies volé
qu'il/qu'elle ait volé
que nous ayons volé
que vous ayez volé
qu'ils/qu'elles aient volé

Conditional

Present
je volerais
tu volerais
il/elle volerait
nous volerions
vous voleriez
ils/elles voleraient

Past
j'aurais volé
tu aurais volé
il/elle aurait volé
nous aurions volé
vous auriez volé
ils/elles auraient volé

Imperative

Present
vole
volons
volez

Past
aie volé
ayons volé
ayez volé

Present Infinitive
voler

Past Infinitive
avoir volé

Present Participle
volant

Past Participle
volé, ée
ayant volé

Le château des Beaufort *abritait* une superbe collection d'armures médiévales

The Beauforts' castle sheltered a splendid collection of medieval armors.

ABRITER
to shelter

Indicative

Present
j'abrite
tu abrites
il/elle abrite
nous abritons
vous abritez
ils/elles abritent

Imperfect
j'abritais
tu abritais
il/elle abritait
nous abritions
vous abritiez
ils/elles abritaient

Future
j'abriterai
tu abriteras
il/elle abritera
nous abriterons
vous abriterez
ils/elles abriteront

Past Indefinite
j'ai abrité
tu as abrité
il/elle a abrité
nous avons abrité
vous avez abrité
ils/elles ont abrité

Pluperfect
j'avais abrité
tu avais abrité
il/elle avait abrité
nous avions abrité
vous aviez abrité
ils/elles avaient abrité

Former Future
j'aurai abrité
tu auras abrité
il/elle aura abrité
nous aurons abrité
vous aurez abrité
ils/elles auront abrité

Subjunctive

Present
que j'abrite
que tu abrites
qu'il/qu'elle abrite
que nous abritions
que vous abritiez
qu'ils/qu'elles abritent

Past
que j'aie abrité
que tu aies abrité
qu'il/qu'elle ait abrité
que nous ayons abrité
que vous ayez abrité
qu'ils/qu'elles aient abrité

Conditional

Present
j'abriterais
tu abriterais
il/elle abriterait
nous abriterions
vous abriteriez
ils/elles abriteraient

Past
j'aurais abrité
tu aurais abrité
il/elle aurait abrité
nous aurions abrité
vous auriez abrité
ils/elles auraient abrité

Imperative

Present
abrite
abritons
abritez

Past
aie abrité
ayons abrité
ayez abrité

Present Infinitive
abriter

Past Infinitive
avoir abrité

Present Participle
abritant

Past Participle
abrité, ée
ayant abrité

On a *volé* son portefeuille.
Someone stole his wallet.

VOLER
to steal, to fly

Indicative

Present
je voisine
tu voisines
il/elle voisine
nous voisinons
vous voisinez
ils/elles voisinent

Past Indefinite
j'ai voisiné
tu as voisiné
il/elle a voisiné
nous avons voisiné
vous avez voisiné
ils/elles ont voisiné

Imperfect
je voisinais
tu voisinais
il/elle voisinait
nous voisinions
vous voisiniez
ils/elles voisinaient

Pluperfect
j'avais voisiné
tu avais voisiné
il/elle avait voisiné
nous avions voisiné
vous aviez voisiné
ils/elles avaient voisiné

Future
je voisinerai
tu voisineras
il/elle voisinera
nous voisinerons
vous voisinerez
ils/elles voisineront

Former Future
j'aurai voisiné
tu auras voisiné
il/elle aura voisiné
nous nous aurons voisiné
vous aurez voisiné
ils/elles auront voisiné

Subjunctive

Present
que je voisine
que tu voisines
qu'il/qu'elle voisine
que nous voisinions
que vous voisiniez
qu'ils/qu'elles voisinent

Past
que j'aie voisiné
que tu aies voisiné
qu'il/qu'elle ait voisiné
que nous ayons voisiné
que vous ayez voisiné
qu'ils/qu'elles aient voisiné

Conditional

Present
je voisinerais
tu voisinerais
il/elle voisinerait
nous voisinerions
vous voisineriez
ils/elles voisineraient

Past
j'aurais voisiné
tu aurais voisiné
il/elle aurait voisiné
nous aurions voisiné
vous auriez voisiné
ils/elles auraient voisiné

Imperative

Present
voisine
voisinons
voisinez

Past
aie voisiné
ayons voisiné
ayez voisiné

Present Infinitive
voisiner

Past Infinitive
avoir voisiné

Present Participle
voisinant

Past Participle
voisiné, ée
ayant voisiné

ACCABLER
to overwhelm, to weigh down

Jean a *accablé* ses parents de reproches.
John overwhelmed his parents with reproaches.

Indicative

Present
j'accable
tu accables
il/elle accable
nous accablons
vous accablez
ils/elles accablent

Past Indefinite
j'ai accablé
tu as accablé
il/elle a accablé
nous avons accablé
vous avez accablé
ils/elles ont accablé

Imperfect
j'accablais
tu accablais
il/elle accablait
nous accablions
vous accabliez
ils/elles accablaient

Pluperfect
j'avais accablé
tu avais accablé
il/elle avait accablé
nous avions accablé
vous aviez accablé
ils/elles avaient accablé

Future
j'accablerai
tu accableras
il/elle accablera
nous accablerons
vous accablerez
ils/elles accableront

Former Future
j'aurai accablé
tu auras accablé
il/elle aura accablé
nous aurons accablé
vous aurez accablé
ils/elles auront accablé

Subjunctive

Present
que j'accable
que tu accables
qu'il/qu'elle accable
que nous accablions
que vous accabliez
qu'ils/qu'elles accablent

Past
que j'aie accablé
que tu aies accablé
qu'il/qu'elle ait accablé
que nous ayons accablé
que vous ayez accablé
qu'ils/qu'elles aient accablé

Conditional

Present
j'accablerais
tu accablerais
il/elle accablerait
nous accablerions
vous accableriez
ils/elles accableraient

Past
j'aurais accablé
tu aurais accablé
il/elle aurait accablé
nous aurions accablé
vous auriez accablé
ils/elles auraient accablé

Imperative

Present
accable
accablons
accablez

Past
aie accablé
aies accablé
ait accablé

Present Infinitive
accabler

Past Infinitive
avoir accablé

Present Participle
accablant

Past Participle
accablé, ée
ayant accablé

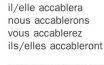

VOISINER
to be placed side by side, to be neighborly

Ils *voisinaient* beaucoup avec les Durand.
They were neighborly with the Durand family.

Indicative

Present
je vogue
tu vogues
il/elle vogue
nous voguons
vous voguez
ils/elles voguent

Past Indefinite
j'ai vogué
tu as vogué
il/elle a vogué
nous avons vogué
vous avez vogué
ils/elles ont vogué

Imperfect
je voguais
tu voguais
il/elle voguait
nous voguions
vous voguiez
ils/elles voguaient

Pluperfect
j'avais vogué
tu avais vogué
il/elle avait vogué
nous avions vogué
vous aviez vogué
ils/elles avaient vogué

Future
je voguerai
tu vogueras
il/elle voguera
nous voguerons
vous voguerez
ils/elles vogueront

Former Future
j'aurai vogué
tu auras vogué
il/elle aura vogué
nous aurons vogué
vous aurez vogué
ils/elles auront vogué

Subjunctive

Present
que je vogue
que tu vogues
qu'il/qu'elle vogue
que nous voguions
que vous voguiez
qu'ils/qu'elles voguent

Past
que j'aie vogué
que tu aies vogué
qu'il/qu'elle ait vogué
que nous ayons vogué
que vous ayez vogué
qu'ils/qu'elles aient vogué

Conditional

Present
je voguerais
tu voguerais
il/elle voguerait
nous voguerions
vous vogueriez
ils/elles vogueraient

Past
j'aurais vogué
tu aurais vogué
il/elle aurait vogué
nous aurions vogué
vous auriez vogué
ils/elles auraient vogué

Imperative

Present
vogue
voguons
voguez

Past
aie vogué
ayons vogué
ayez vogué

Present Infinitive
voguer

Past Infinitive
avoir vogué

Present Participle
voguant

Past Participle
vogué, ée
ayant vogué

ACCAPARER
to monopolize, to hoard

La armée *aurait accaparé* les terres avoisinantes.
The army would have monopolized the surrounding grounds.

Indicative

Present
j'accapare
tu accapares
il/elle accapare
nous accaparons
vous accaparez
ils/elles accaparent

Past Indefinite
j'ai accaparé
tu as accaparé
il/elle a accaparé
nous avons accaparé
vous avez accaparé
ils/elles ont accaparé

Imperfect
j'accaparais
tu accaparais
il/elle accaparait
nous accaparions
vous accapariez
ils/elles accaparaient

Pluperfect
j'avais accaparé
tu avais accaparé
il/elle avait accaparé
nous avions accaparé
vous aviez accaparé
ils/elles avaient accaparé

Future
j'accaparerai
tu accapareras
il/elle accaparera
nous accaparerons
vous accaparerez
ils/elles accapareront

Former Future
j'aurai accaparé
tu auras accaparé
il/elle aura accaparé
nous aurons accaparé
vous aurez accaparé
ils/elles auront accaparé

Subjunctive

Present
que j'accapare
que tu accapares
qu'il/qu'elle accapare
que nous accaparions
que vous accapariez
qu'ils/qu'elles accaparent

Past
que j'aie accaparé
que tu aies accaparé
qu'il/qu'elle ait accaparé
que nous ayons accaparé
que vous ayez accaparé
qu'ils/qu'elles aient accaparé

Conditional

Present
j'accaparerais
tu accaparerais
il/elle accaparerait
nous accaparerions
vous accapareriez
ils/elles accapareraient

Past
j'aurais accaparé
tu aurais accaparé
il/elle aurait accaparé
nous aurions accaparé
vous auriez accaparé
ils/elles auraient accaparé

Imperative

Present
accapare
accaparons
accaparez

Past
aie accaparé
ayons accaparé
ayez accaparé

Present Infinitive
accaparer

Past Infinitive
avoir accaparé

Present Participle
accaparant

Past Participle
accaparé, ée
ayant accaparé

VOGUER to sail

Les voiliers *voguaient* doucement dans la baie.
The sailboats softly sailed in the bay.

Indicative

Present
je vivote
tu vivotes
il/elle vivote
nous vivotons
vous vivotez
ils/elles vivotent

Imperfect
je vivotais
tu vivotais
il/elle vivotait
nous vivotions
vous vivotiez
ils/elles vivotaient

Future
je vivoterai
tu vivoteras
il/elle vivotera
nous vivoterons
vous vivoterez
ils/elles vivoteront

Past Indefinite
j'ai vivoté
tu as vivoté
il/elle a vivoté
nous avons vivoté
vous avez vivoté
ils/elles ont vivoté

Pluperfect
j'avais vivoté
tu avais vivoté
il/elle avait vivoté
nous avions vivoté
vous aviez vivoté
ils/elles avaient vivoté

Former Future
j'aurai vivoté
tu auras vivoté
il/elle aura vivoté
nous aurons vivoté
vous aurez vivoté
ils/elles auront vivoté

Subjunctive

Present
que je vivote
que tu vivotes
qu'il/qu'elle vivote
que nous vivotions
que vous vivotiez
qu'ils/qu'elles vivotent

Past
que j'aie vivoté
que tu aies vivoté
qu'il/qu'elle ait vivoté
que nous ayons vivoté
que vous ayez vivoté
qu'ils/qu'elles aient vivoté

Conditional

Present
je vivoterais
tu vivoterais
il/elle vivoterait
nous vivoterions
vous vivoteriez
ils/elles vivoteraient

Past
j'aurais vivoté
tu aurais vivoté
il/elle aurait vivoté
nous aurions vivoté
vous auriez vivoté
ils/elles auraient vivoté

Imperative

Present
vivote
vivotons
vivotez

Past
aie vivoté
ayons vivoté
ayez vivoté

Present Infinitive
vivoter

Past Infinitive
avoir vivoté

Present Participle
vivotant

Past Participle
vivoté, ée
ayant vivoté

ACCOMODER

to prepare (food), to arrange, to reconcile

Elle *accomodera* un superbe poulet à la provençal quand nous lui rendrons visite.
She will prepare a superb Provencal chicken when we visit her.

Indicative

Present
j'accomode
tu accomodes
il/elle accomode
nous accomodons
vous accomodez
ils/elles accomodent

Imperfect
j'accomodais
tu accomodais
il/elle accomodait
nous accomodions
vous accomodiez
ils/elles accomodaient

Future
j'accomoderai
tu accomoderas
il/elle accomodera
nous accomoderons
vous accomoderez
ils/elles accomoderont

Past Indefinite
j'ai accomodé
tu as accomodé
il/elle a accomodé
nous avons accomodé
vous avez accomodé
ils/elles ont accomodé

Pluperfect
j'avais accomodé
tu avais accomodé
il/elle avait accomodé
nous avions accomodé
vous aviez accomodé
ils/elles avaient accomodé

Former Future
j'aurai accomodé
tu auras accomodé
il/elle aura accomodé
nous aurons accomodé
vous aurez accomodé
ils/elles auront accomodé

Subjunctive

Present
que j'accomode
que tu accomodes
qu'il/qu'elle accomode
que nous accomodions
que vous accomodiez
qu'ils/qu'elles accomodent

Past
que j'aie accomodé
que tu aies accomodé
qu'il/qu'elle ait accomodé
que nous ayons accomodé
que vous ayez accomodé
qu'ils/qu'elles aient accomodé

Conditional

Present
j'accomoderais
tu accomoderais
il/elle accomoderait
nous accomoderions
vous accomoderiez
ils/elles accomoderaient

Past
j'aurais accomodé
tu aurais accomodé
il/elle aurait accomodé
nous aurions accomodé
vous auriez accomodé
ils/elles auraient accomodé

Imperative

Present
accomode
accomodons
accomodez

Past
aie accomodé
ayons accomodé
ayez accomodé

Present Infinitive
accomoder

Past Infinitive
avoir accomodé

Present Participle
accomodant

Past Participle
accomodé, ée
ayant accomodé

VIVOTER
to struggle, to live from hand to mouth

Ils *vivotaient* depuis que Bernard avait perdu son emploi.
They had been struggling since Bernard lost his job.

Indicative

Present
je vitupére
tu vitupéres
il/elle vitupére
nous vitupérons
vous vitupérez
ils/elles vitupérent

Past Indefinite
j'ai vitupéré
tu as vitupéré
il/elle a vitupéré
nous avons vitupéré
vous avez vitupéré
ils/elles ont vitupéré

Imperfect
je vitupérais
tu vitupérais
il/elle vitupérait
nous vitupérions
vous vitupériez
ils/elles vitupéraient

Pluperfect
j'avais vitupéré
tu avais vitupéré
il/elle avait vitupéré
nous avions vitupéré
vous aviez vitupéré
ils/elles avaient vitupéré

Future
je vitupérerai
tu vitupéreras
il/elle vitupérera
nous vitupérerons
vous vitupérerez
ils/elles vitupéreront

Former Future
j'aurai vitupéré
tu auras vitupéré
il/elle aura vitupéré
nous aurons vitupéré
vous aurez vitupéré
ils/elles auront vitupéré

Subjunctive

Present
que je vitupére
que tu vitupéres
qu'il/qu'elle vitupére
que nous vitupérions
que vous vitupériez
qu'ils/qu'elles vitupérent

Past
que j'aie vitupéré
que tu aies vitupéré
qu'il/qu'elle ait vitupéré
que nous ayons vitupéré
que vous ayez vitupéré
qu'ils/qu'elles aient vitupéré

Conditional

Present
je vitupérerais
tu vitupérerais
il/elle vitupérerait
nous vitupérerions
vous vitupéreriez
ils/elles vitupéreraient

Past
j'aurais vitupéré
tu aurais vitupéré
il/elle aurait vitupéré
nous aurions vitupéré
vous auriez vitupéré
ils/elles auraient vitupéré

Imperative

Present
vitupére
vitupérons
vitupérez

Past
aie vitupéré
ayons vitupéré
ayez vitupéré

Present Infinitive
vitupérer

Past Infinitive
avoir vitupéré

Present Participle
vitupérant

Past Participle
vitupéré, ée
ayant vitupéré

ACCORDER
to grant, to concede

Il est impossible que les Lebuis *ait accordé* la main de leur fille à Julien.

It is impossible that the Lebuises granted their daughter's hand to Julian.

Indicative

Present
j'accorde
tu accordes
il/elle accorde
nous accordons
vous accordez
ils/elles accordent

Imperfect
j'accordais
tu accordais
il/elle accordait
nous accordions
vous accordiez
ils/elles accordaient

Future
j'accorderai
tu accorderas
il/elle accordera
nous accorderons
vous accorderez
ils/elles accorderont

Past Indefinite
j'ai accordé
tu as accordé
il/elle a accordé
nous avons accordé
vous avez acordé
ils/elles ont accordé

Pluperfect
j'avais accordé
tu avais accordé
il/elle avait accordé
nous avions accordé
vous aviez accordé
ils/elles avaient accordé

Former Future
j'aurai accordé
tu auras accordé
il/elle aura accordé
nous aurons accordé
vous aurez accordé
ils/elles auront accordé

Subjunctive

Present
que j'accorde
que tu accoreds
qu'il/qu'elle accorde
que nous accordions
que vous accordiez
qu'ils/qu'elles accordent

Past
que j'aie accordé
que tu aies accordé
qu'il/qu'elle ait accordé
que nous ayons accordé
que vous ayez accordé
qu'ils/qu'elles aient accordé

Conditional

Present
j'accorderais
tu accorderais
il/elle accorderait
nous accorderions
vous accorderiez
ils/elles accorderaient

Past
j'aurais accordé
tu aurais accordé
il/elle aurait accordé
nous aurions accordé
vous auriez accordé
ils/elles auraient accordé

Imperative

Present
accorde
accordons
accordez

Past
aie accordé
ayons accordé
ayez accordé

Present Infinitive
accorder

Past Infinitive
avoir accordé

Present Participle
accordant

Past Participle
accordé, ée
ayant accordé

VITUPÉRER (CONTRE) — to rant and rave about

Les employés *vitupéraient* contre leur chef.
The employees ranted and raved about their boss.

Indicative

Present
je visionne
tu visionnes
il/elle visionne
nous visionnons
vous visionnez
ils/elles visionnent

Imperfect
je visionnais
tu visionnais
il/elle visionnait
nous visionnions
vous visionniez
ils/elles visionnaient

Future
je visionnerai
tu visionneras
il/elle visionnera
nous visionnerons
vous visionnerez
ils/elles visionneront

Past Indefinite
j'ai visionné
tu as visionné
il/elle a visionné
nous avons visionné
vous avez visionné
ils/elles ont visionné

Pluperfect
j'avais visionné
tu avais visionné
il/elle avait visionné
nous avions visionné
vous aviez visionné
ils/elles avaient visionné

Former Future
j'aurai visionné
tu auras visionné
il/elle aura visionné
nous aurons visionné
vous aurez visionné
ils/elles auront visionné

Subjunctive

Present
que je visionne
que tu visionnes
qu'il/qu'elle visionne
que nous visionnions
que vous visionniez
qu'ils/qu'elles visionnent

Past
que j'aie visionné
que tu aies visionné
qu'il/qu'elle ait visionné
que nous ayons visionné
que vous ayez visionné
qu'ils/qu'elles aient visionné

Conditional

Present
je visionnerais
tu visionnerais
il/elle visionnerait
nous visionnerions
vous visionneriez
ils/elles visionneraient

Past
j'aurais visionné
tu aurais visionné
il/elle aurait visionné
nous aurions visionné
vous auriez visionné
ils/elles auraient visionné

Imperative

Present
visionne
visionnons
visionnez

Past
aie visionné
ayons visionné
ayez visionné

Present Infinitive
visionner

Past Infinitive
avoir visionné

Present Participle
visionnant

Past Participle
visionné, ée
ayant visionné

ACCOUCHER
to give birth

Je doute que Catherine *accouche* avant le 8 Octobre.

I doubt that Catherine will give birth before October 8th.

Indicative

Present
j'accouche
tu accouches
il/elle accouche
nous accouchons
vous accouchez
ils/elles accouchent

Past Indefinite
j'ai accouché
tu as accouché
il/elle a accouché
nous avons accouché
vous avez accouché
ils/elles ont accouché

Imperfect
j'accouchais
tu accouchais
il/elle accouchait
nous accouchions
vous accouchiez
ils/elles accouchaient

Pluperfect
j'avais accouché
tu avais accouché
il/elle avait accouché
nous avions accouché
vous aviez accouché
ils/elles avaient accouché

Future
j'accoucherai
tu accoucheras
il/elle accouchera
nous accoucherons
vous accoucherez
ils/elles accoucheront

Former Future
j'aurai accouché
tu auras accouché
il/elle aura accouché
nous aurons accouché
vous aurez accouché
ils/elles auronr accouché

Subjunctive

Present
que j'accouche
que tu accouches
qu'il/qu'elle accouche
que nous accouchions
que vous accouchiez
qu'ils/qu'elles accouchent

Past
que j'aie accouché
que tu aies accouché
qu'il/qu'elle ait accouché
que nous ayons accouché
que vous ayez accouché
qu'ils/qu'elles aient accouché

Conditional

Present
j'accoucherais
tu accoucherais
il/elle accoucherait
nous accoucherions
vous accoucheriez
ils/elles accoucheraient

Past
j'aurais accouché
tu aurais accouché
il/elle aurait accouché
nous aurions accouché
vous auriez accouché
ils/elles auraient accouché

Imperative

Present
accouche
accouchons
accouchez

Past
aie accouché
ayons accouché
ayez accouché

Present Infinitive
accoucher

Past Infinitive
avoir accouché

Present Participle
accouchant

Past Participle
accouché, ée
ayant accouché

Il *visionneront* sa présentation.
They will view his presentation.

VISIONNER
to view

Indicative

Present
je vise
tu vises
il/elle vise
nous visons
vous visez
ils/elles visent

Imperfect
je visais
tu visais
il/elle visait
nous visions
vous visiez
ils/elles visaient

Future
je viserai
tu viseras
il/elle visera
nous viserons
vous viserez
ils/elles viseront

Past Indefinite
j'ai visé
tu as visé
il/elle a visé
nous avons visé
vous avez visé
ils/elles ont visé

Pluperfect
j'avais visé
tu avais visé
il/elle avait visé
nous avions visé
vous aviez visé
ils/elles avaient visé

Former Future
j'aurai visé
tu auras visé
il/elle aura visé
nous aurons visé
vous aurez visé
ils/elles auront visé

Subjunctive

Present
que je vise
que tu vises
qu'il/qu'elle vise
que nous visions
que vous visiez
qu'ils/qu'elles visent

Past
que j'aie visé
que tu aies visé
qu'il/qu'elle ait visé
que nous ayons visé
que vous ayez visé
qu'ils/qu'elles aient visé

Conditional

Present
je viserais
tu viserais
il/elle viserait
nous viserions
vous viseriez
ils/elles viseraient

Past
j'aurais visé
tu aurais visé
il/elle aurait visé
nous aurions visé
vous auriez visé
ils/elles auraient visé

Imperative

Present
vise
visons
visez

Past
aie visé
ayons visé
ayez visé

Present Infinitive
viser

Past Infinitive
avoir visé

Present Participle
visant

Past Participle
visé, ée
ayant visé

ACCOURIR
to come running, to rush

Les enfants ont *accouru* vers leurs parents.
The children came running to their parents.

Indicative

Present
j'accours
tu accours
il/elle accourt
nous accourons
vous accourez
ils/elles accourent

Past Indefinite
j'ai accouru
tu as accouru
il/elle a accouru
nous avons accouru
vous avez accouru
ils/elles ont accouru

Imperfect
j'accourais
tu accourais
il/elle accourait
nous accourions
vous accouriez
ils/elles accouraient

Pluperfect
j'avais accouru
tu avais accouru
il/elle avait accouru
nous avions accouru
vous aviez accouru
ils/elles avaient accouru

Future
j'accourrai
tu accourras
il/elle accourra
nous accourrons
vous accourrez
ils/elles accourront

Former Future
j'aurai accouru
tu auras accouru
il/elle aura accouru
nous aurons accouru
vous aurez accouru
ils/elles auront accourru

Subjunctive

Present
que j'accoure
que tu accoures
qu'il/qu'elle accoure
que nous accourions
que vous accouriez
qu'ils/qu'elles accourent

Past
que j'aie accouru
que tu aies accouru
qu'il/qu'elle ait accouru
que nous ayons accouru
que vous ayez accouru
qu'ils/qu'elles aient accouru

Conditional

Present
j'accourrais
tu accourrais
il/elle accourrait
nous accourrions
vous accourriez
ils/elles accourraient

Past
j'aurais accouru
tu aurais accouru
il/elle aurait accouru
nous aurions accouru
vous auriez accouru
ils/elles auraient accouru

Imperative

Present
accours
accourons
accourez

Past
aie accouru
ayons accouru
ayez accouru

Present Infinitive
accourir

Past Infinitive
avoir accouru

Present Participle
accourant

Past Participle
accouru, ue
ayant accouru

VISER (À)
to aim at

Il a bien *visé* la cible.
He aimed at the target well.

Indicative

Present
je villégiature
tu villégiatures
il/elle villégiature
nous villégiaturons
vous villégiaturez
ils/elles villégiaturent

Imperfect
je villégiaturais
tu villégiaturais
il/elle villégiaturait
nous villégiaturions
vous villégiaturiez
ils/elles villégiaturaient

Future
je villégiaturerai
tu villégiatureras
il/elle villégiaturera
nous villégiaturerons
vous villégiaturerez
ils/elles villégiatureront

Past Indefinite
j'ai villégiaturé
tu as villégiaturé
il/elle a villégiaturé
nous avons villégiaturé
vous avez villégiaturé
ils/elles ont villégiaturé

Pluperfect
j'avais villégiaturé
tu avais villégiaturé
il/elle avait villégiaturé
nous avions villégiaturé
vous aviez villégiaturé
ils/elles avaient villégiaturé

Former Future
j'aurai villégiaturé
tu auras villégiaturé
il/elle aura villégiaturé
nous aurons villégiaturé
vous aurez villégiaturé
ils/elles auront villégiaturé

Subjunctive

Present
que je villégiature
que tu villégiatures
qu'il/qu'elle villégiature
que nous villégiaturions
que vous villégiaturiez
qu'ils/qu'elles villégiaturent

Past
que j'aie villégiaturé
que tu aies villégiaturé
qu'il/qu'elle ait villégiaturé
que nous ayons villégiaturé
que vous ayez villégiaturé
qu'ils/qu'elles aient villégiaturé

Conditional

Present
je villégiaturerais
tu villégiaturerais
il/elle villégiaturerait
nous villégiaturerions
vous villégiatureriez
ils/elles villégiatureraient

Past
j'aurais villégiaturé
tu aurais villégiaturé
il/elle aurait villégiaturé
nous aurions villégiaturé
vous auriez villégiaturé
ils/elles auraient villégiaturé

Imperative

Present
villégiature
villégiaturons
villégiaturez

Past
aie villégiaturé
ayons villégiaturé
ayez villégiaturé

Present Infinitive
villégiaturer

Past Infinitive
avoir villégiaturé

Present Participle
villégiaturant

Past Participle
villégiaturé, ée
ayant villégiaturé

ACCROÎTRE
to increase, to enhance

Ces valeurs en bourse ont *accru* le mois dernier.
These stock market shares increased during the last month.

Indicative

Present
j'accroîs
tu accroîs
il/elle accroît
nous accroissons
vous accroissez
ils/elles accroissent

Past Indefinite
j'ai accrû
tu as accrû
il/elle a accru
nous avons accrû
vous avez accrû
ils/elles ont accrû

Imperfect
j'accroissais
tu accroissais
il/elle accroissait
nous accroissions
vous accroissiez
ils/elles accroissaient

Pluperfect
j'avais accrû
tu avais accrû
il/elle avait accrû
nous avions accrû
vous aviez accrû
ils/elles avaient accrû

Future
j'accroîtrai
tu accroîtras
il/elle accroîtra
nous accroîtrons
vous accroîtrez
ils/elles accroîtront

Former Future
j'aurai accrû
tu auras accrû
il/elle aura accrû
nous aurons accrû
vous aurez accrû
ils/elles auront accrû

Subjunctive

Present
que j'accroisse
que tu accroisses
qu'il/qu'elle accroisse
que nous accroissions
que vous accroissiez
qu'ils/qu'elles accroissent

Past
que j'aie accrû
que tu aies accrû
qu'il/qu'elle ait accrû
que nous ayons accrû
que vous ayez accrû
qu'ils/qu'elles aient accrû

Conditional

Present
j'accroîtrais
tu accroîtrais
il/elle accroîtrait
nous accroîtrions
vous accroîtriez
ils/elles accroîtraient

Past
j'aurais accrû
tu aurais accrû
il/elle aurait accrû
nous aurions accrû
vous auriez accrû
ils/elles auraient accrû

Imperative

Present
accroîs
accroissons
accroissez

Past
aie accrû
ayons accrû
ayez accrû

Present Infinitive
accroître

Past Infinitive
avoir accrû

Present Participle
accroissant

Past Participle
accrû, ue
ayant accrû

VILLÉGIATURER to be on holiday

Les Durand villégiatureraient en Corse cet été.
The Durands would vacation in Corsica this summer.

Indicative

Present
je vieillis
tu vieillis
il/elle vieillit
nous vieillissons
vous vieillissez
ils/elles vieillissent

Imperfect
je vieillissais
tu vieillissais
il/elle vieillissait
nous vieillissions
vous vieillissiez
ils/elles vieillissaient

Future
je vieillirai
tu vieilliras
il/elle vieillira
nous vieillirons
vous vieillirez
ils/elles vieilliront

Past Indefinite
j'ai vieilli
tu as vieilli
il/elle a vieilli
nous avons vieilli
vous avez vieilli
ils/elles ont vieilli

Pluperfect
j'avais vieilli
tu avais vieilli
il/elle avait vieilli
nous avions vieilli
vous aviez vieilli
ils/elles avaient vieilli

Former Future
j'aurai vieilli
tu auras vieilli
il/elle aura vieilli
nous aurons vieilli
vous aurez vieilli
ils/elles auront vieilli

Subjunctive

Present
que je vieillisse
que tu vieillisses
qu'il/qu'elle vieillisse
que nous vieillissions
que vous vieillissiez
qu'ils/qu'elles vieillissent

Past
que j'aie vieilli
que tu aies vieilli
qu'il/qu'elle ait vieilli
que nous ayons vieilli
que vous ayez vieilli
qu'ils/qu'elles aient vieilli

Conditional

Present
je vieillirais
tu vieillirais
il/elle vieillirait
nous vieillirions
vous vieilliriez
ils/elles vieilliraient

Past
j'aurais vieilli
tu aurais vieilli
il/elle aurait vieilli
nous aurions vieilli
vous auriez vieilli
ils/elles auraient vieilli

Imperative

Present
vieillis
vieillissons
vieillissez

Past
aie vieilli
ayons vieilli
ayez vieilli

Present Infinitive
vieillir

Past Infinitive
avoir vieilli

Present Participle
vieillissant

Past Participle
vieilli, ie
ayant vieilli

ACCUEILLIR
to welcome, to receive, to greet

Vous *accueillerez* vos cousins italiens lors de leur passage en Louisiane.
You will receive your Italian cousins when they come to Louisiana.

Indicative

Present
j'accueille
tu accueilles
il/elle accueille
nous accueillons
vous accueillez
ils/elles accueillent

Past Indefinite
j'ai accueilli
tu as accueilli
il/elle a accueilli
nous avons accueilli
vous avez accueilli
ils/elles ont accueilli

Imperfect
j'accueillais
tu accueillais
il/elle accueillait
nous accueillions
vous accueilliez
ils/elles accueillaient

Pluperfect
j'avais accueilli
tu avais accueilli
il/elle avait accueilli
nous avions accueilli
vous aviez accueilli
ils/elles avaient accueilli

Future
j'accueillerai
tu accueilleras
il/elle accueillera
nous accueillerons
vous accueillerez
ils/elles accueilleront

Former Future
j'aurai accueilli
tu auras accueilli
il/elle aura accueilli
nous aurons accueilli
vous aurez accueilli
ils/elles auront accueilli

Subjunctive

Present
que j'accueille
que tu accueilles
qu'il/qu'elle accueille
que nous accueillions
que vous accueilliez
qu'ils/qu'elles accueillent

Past
que j'aie accueilli
que tu aies accueilli
qu'il/qu'elle ait accueilli
que nous ayons accueilli
que vous ayez accueilli
qu'ils/qu'elles aient accueilli

Conditional

Present
j'accueillerais
tu accueillerais
il/elle accueillerait
nous accueillerions
vous accueilleriez
ils/elles accueilleraient

Past
j'aurais accueilli
tu aurais accueilli
il/elle aurait accueilli
nous aurions accueilli
vous auriez accueilli
ils/elles auraient accueilli

Imperative

Present
accueille
accueillons
accueillez

Past
aie accueilli
ayons accueilli
ayez accueilli

Present Infinitive
accueillir

Past Infinitive
avoir accueilli

Present Participle
accueillant

Past Participle
accueilli, ie
ayant accueilli

VIEILLIR to age

Madame Dupuis ne *vieillissait* pas.
Mrs. Dupuis was not showing her age.

Indicative

Present
je vide
tu vides
il/elle vide
nous vidons
vous videz
ils/elles vident

Imperfect
je vidais
tu vidais
il/elle vidait
nous vidions
vous vidiez
ils/elles vidaient

Future
je viderai
tu videras
il/elle videra
nous viderons
vous viderez
ils/elles videront

Past Indefinite
j'ai vidé
tu as vidé
il/elle a vidé
nous avons vidé
vous avez vidé
ils/elles ont vidé

Pluperfect
j'avais vidé
tu avais vidé
il/elle avait vidé
nous avions vidé
vous aviez vidé
ils/elles avaient vidé

Former Future
j'aurai vidé
tu auras vidé
il/elle aura vidé
nous aurons vidé
vous aurez vidé
ils/elles auront vidé

Subjunctive

Present
que je vide
que tu vides
qu'il/qu'elle vide
que nous vidions
que vous vidiez
qu'ils/qu'elles vident

Past
que j'aie vidé
que tu aies vidé
qu'il/qu'elle ait vidé
que nous ayons vidé
que vous ayez vidé
qu'ils/qu'elles aient vidé

Conditional

Present
je viderais
tu viderais
il/elle viderait
nous viderions
vous videriez
ils/elles videraient

Past
j'aurais vidé
tu aurais vidé
il/elle aurait vidé
nous aurions vidé
vous auriez vidé
ils/elles auraient vidé

Imperative

Present
vide
vidons
videz

Past
aie vidé
ayons vidé
ayez vidé

Present Infinitive
vider

Past Infinitive
avoir vidé

Present Participle
vidant

Past Participle
vidé, ée
ayant vidé

Andrew persisted on finishing his history paper.

André s'est *acharné* à terminer son devoir d'histoire.

(S') ACHARNER (À)
to set on, to be intent upon, to persist in

Indicative

Present
j'acharne
tu acharnes
il/elle acharne
nous acharnons
vous acharnez
ils/elles acharnent

Imperfect
j'acharnais
tu acharnais
il/elle acharnait
nous acharnions
vous acharniez
ils/elles acharnaient

Future
j'acharnerai
tu acharneras
il/elle acharnera
nous acharnerons
vous acharnerez
ils/elles acharneront

Past Indefinite
j'ai acharné
tu as acharné
il/elle a acharné
nous avons acharné
vous avez acharné
ils/elles ont acharné

Pluperfect
j'avais acharné
tu avais acharné
il/elle avait acharné
nous avions acharné
vous aviez acharné
ils/elles avaient acharné

Former Future
j'aurai acharné
tu auras acharné
il/elle aura acharné
nous aurons acharné
vous aurez acharné
ils/elles auront acharné

Subjunctive

Present
que j'acharne
que tu acharnes
qu'il/qu'elle acharne
que nous achrnions
que vous acharniez
qu'ils/qu'elles acharnent

Past
que j'aie acharné
que tu aies acharné
qu'il/qu'elle ait acharné
que nous ayons acharné
que vous ayez acharné
qu'ils/qu'elles aient acharné

Conditional

Present
j'acharnerais
tu acharnerais
il/elle acharnerait
nous acharnerions
vous acharneriez
ils/elles acharneraient

Past
j'aurais acharné
tu aurais acharné
il/elle aurait acharné
nous aurions acharné
vous auriez acharné
ils/elles auraient acharné

Imperative

Present
acharne
acharnons
acharnez

Past
aie acharné
ayons acharné
ayez acharné

Present Infinitive
acharner

Past Infinitive
avoir acharné

Present Participle
acharnant

Past Participle
acharneré, ée
ayant acharné

S'il-vous-plaît, les enfants, ne *videz* pas le réfrigérateur en notre absence.

Children, if you please, do not empty the refrigerator in our absence.

VIDER to empty

ACHEVER
to end, to complete

Il achèvera son dessin et il le présentera au jury.
He will complete his drawing and present it to the jury.

Indicative

Present
je vexe
tu vexes
il/elle vexe
nous vexons
vous vexez
ils/elles vexent

Imperfect
je vexais
tu vexais
il/elle vexait
nous vexions
vous vexiez
ils/elles vexaient

Future
je vexerai
tu vexeras
il/elle vexera
nous vexerons
vous vexerez
ils/elles vexeront

Past Indefinite
j'ai vexé
tu as vexé
il/elle a vexé
nous avons vexé
vous avez vexé
ils/elles ont vexé

Pluperfect
j'avais vexé
tu avais vexé
il/elle avait vexé
nous avions vexé
vous aviez vexé
ils/elles avaient vexé

Former Future
j'aurai vexé
tu auras vexé
il/elle aura vexé
nous aurons vexé
vous aurez vexé
ils/elles auront vexé

Subjunctive

Present
que je vexe
que tu vexes
qu'il/qu'elle vexe
que nous vexions
que vous vexiez
qu'ils/qu'elles vexent

Past
que j'aie vexé
que tu aies vexé
qu'il/qu'elle ait vexé
que nous ayons vexé
que vous ayez vexé
qu'ils/qu'elles aient vexé

Conditional

Present
je vexerais
tu vexerais
il/elle vexerait
nous vexerions
vous vexeriez
ils/elles vexeraient

Past
j'aurais vexé
tu aurais vexé
il/elle aurait vexé
nous aurions vexé
vous auriez vexé
ils/elles auraient vexé

Imperative

Present
vexe
vexons
vexez

Past
aie vexé
ayons vexé
ayez vexé

Present Infinitive
vexer

Past Infinitive
avoir vexé

Present Participle
vexant

Past Participle
vexé, ée
ayant vexé

Indicative

Present
j'achève
tu achèves
il/elle achève
nous achevons
vous achevez
ils/elles achèvent

Imperfect
j'achevais
tu achevais
il/elle achevait
nous achevions
vous acheviez
ils/elles achevaient

Future
j'achèverai
tu achèveras
il/elle achèvera
nous achèverons
vous achèverez
ils/elles achèveront

Past Indefinite
j'ai achevé
tu as achevé
il/elle a achevé
nous avons achevé
vous avez achevé
ils/elles ont achevé

Pluperfect
j'avais achevé
tu avais achevé
il/elle avait achevé
nous avions achevé
vous aviez achevé
ils/elles avaient achevé

Former Future
j'aurai achevé
tu auras achevé
il/elle aura achevé
nous aurons achevé
vous aurez achevé
ils/elles auront achevé

Subjunctive

Present
que j'achève
que tu achèves
qu'il/qu'elle achève
que nous achevions
que vous acheviez
qu'ils/qu'elles achèvent

Past
que j'aie achevé
que tu aies achevé
qu'il/qu'elle ait achevé
que nous ayons achevé
que vous ayez achevé
qu'ils/qu'elles aient achevé

Conditional

Present
j'achèverais
tu achèverais
il/elle achèverait
nous achèverions
vous achèveriez
ils/elles achèveraient

Past
j'aurais achevé
tu aurais achevé
il/elle aurait achevé
nous aurions achevé
vous auriez achevé
ils/elles auraient achevé

Imperative

Present
achève
achevons
achevez

Past
aie achevé
ayons achevé
ayez achevé

Present Infinitive
achever

Past Infinitive
avoir achevé

Present Participle
achevant

Past Participle
achevé, ée
ayant achevé

Malheureusement, il *avait vexé* son meilleur ami.
Unfortunately, he had provoked his best friend.

VEXER to provoke

Indicative

Present
je vêts
tu vêts
il/elle vêt
nous vêtons
vous vêtez
ils/elles vêtent

Imperfect
je vêtais
tu vêtais
il/elle vêtait
nous vêtions
vous vêtiez
ils/elles vêtaient

Future
je vêtirai
tu vêtiras
il/elle vêtira
nous vêtirons
vous vêtirez
ils/elles vêtiront

Past Indefinite
j'ai vêtu
tu as vêtu
il/elle a vêtu
nous avons vêtu
vous avez vêtu
ils/elles ont vêtu

Pluperfect
j'avais vêtu
tu avais vêtu
il/elle avait vêtu
nous avions vêtu
vous aviez vêtu
ils/elles avaient vêtu

Former Future
j'aurai vêtu
tu auras vêtu
il/elle aura vêtu
nous aurons vêtu
vous aurez vêtu
ils/elles auront vêtu

Subjunctive

Present
que je vête
que tu vêtes
qu'il/qu'elle vête
que nous vêtions
que vous vêtiez
qu'ils/qu'elles vêtent

Past
que j'aie vêtu
que tu aies vêtu
qu'il/qu'elle ait vêtu
que nous ayons vêtu
que vous ayez vêtu
qu'ils/qu'elles aient vêtu

Conditional

Present
je vêtirais
tu vêtirais
il/elle vêtirait
nous vêtirions
vous vêtiriez
ils/elles vêtiraient

Past
j'aurais vêtu
tu aurais vêtu
il/elle aurait vêtu
nous aurions vêtu
vous auriez vêtu
ils/elles auraient vêtu

Imperative

Present
vêts
vêtons
vêtez

Past
aie vêtu
ayons vêtu
ayez vêtu

Present Infinitive
vêtir

Past Infinitive
avoir vêtu

Present Participle
vêtant

Past Participle
vêtu, ue
ayant vêtu

ACQUÉRIR to acquire

Les triplés de Belleville *ont acquis* une belle villa sur la Côte d'azur.
The triplets of Belleville acquired a splendid villa on the Riviera.

Indicative

Present
j'acquiers
tu acquiers
il/elle acquiert
nous acquérons
vous acquérez
ils/elles acquièrent

Past Indefinite
j'ai acquis
tu as acquis
il/elle a acquis
nous avons acquis
vous avez acquis
ils/elles ont acquis

Imperfect
j'acquérais
tu acquérais
il/elle acquérait
nous acquérions
vous acquériez
ils/elles acquéraient

Pluperfect
j'avais acquis
tu avais acquis
il/elle avait acquis
nous avons acquis
vous avez acquis
ils/elles avaient acquis

Future
j'acquerrai
tu acquerras
il/elle acquerra
nous acquerrons
vous acquerrez
ils/elles acquerront

Former Future
j'aurai acquis
tu auras acquis
il/elle aura acquis
nous aurons acquis
vous aurez acquis
ils/elles auront acquis

Subjunctive

Present
que j'acquière
que tu acquières
qu'il/qu'elle acquière
que nous acquérions
que vous acquériez
qu'ils/qu'elles acquièrent

Past
que j'aie acquis
que tu aies acquis
qu'il/qu'elle ait acquis
que nous ayons acquis
que vous ayez acquis
qu'ils/qu'elles aient acquis

Conditional

Present
j'acquerrais
tu acquerrais
il/elle acquerrait
nous acquerrions
vous acquerriez
ils/elles acquerraient

Past
j'aurais acquis
tu aurais acquis
il/elle aurait acquis
nous aurions acquis
vous auriez acquis
ils/elles auraient acquis

Imperative

Present
acquiers
acquérons
acquérez

Past
aie acquis
ayons acquis
ayez acquis

Present Infinitive
acquérir

Past Infinitive
avoir acquis

Present Participle
acquérant

Past Participle
acquis, ise
ayant acquis

VÊTIR to clothe, to put on

Elle vêtait son habit de soirée pour le bal.
She was putting on her formal dress for the ball.

Indicative

Present
je verse
tu verses
il/elle verse
nous versons
vous versez
ils/elles versent

Imperfect
je versais
tu versais
il/elle versait
nous versions
vous versiez
ils/elles versaient

Future
je verserai
tu verseras
il/elle versera
nous verserons
vous verserez
ils/elles verseront

Past Indefinite
j'ai versé
tu as versé
il/elle a versé
nous avons versé
vous avez versé
ils/elles ont versé

Pluperfect
j'avais versé
tu avais versé
il/elle avait versé
nous avions versé
vous aviez versé
ils/elles avaient versé

Former Future
j'aurai versé
tu auras versé
il/elle aura versé
nous aurons versé
vous aurez versé
ils/elles auront versé

Subjunctive

Present
que je verse
que tu verses
qu'il/qu'elle verse
que nous versions
que vous versiez
qu'ils/qu'elles versent

Past
que j'aie versé
que tu aies versé
qu'il/qu'elle ait versé
que nous ayons versé
que vous ayez versé
qu'ils/qu'elles aient versé

Conditional

Present
je verserais
tu verserais
il/elle verserait
nous verserions
vous verseriez
ils/elles verseraient

Past
j'aurais versé
tu aurais versé
il/elle aurait versé
nous aurions versé
vous auriez versé
ils/elles auraient versé

Imperative

Present
verse
versons
versez

Past
aie versé
ayons versé
ayez versé

Present Infinitive
verser

Past Infinitive
avoir versé

Present Participle
versant

Past Participle
versé, ée
ayant versé

ADOUCIR
to soften, to sweeten

La musique *adoucit* les moeurs.
Music softens the heart.

Indicative

Present
j'adoucis
tu adoucis
il/elle adoucit
nous adoucissons
vous adoucissez
ils/elles adoucissent

Past Indefinite
j'ai adouci
tu as adouci
il/elle a adouci
nous avons adouci
vous avez adouci
ils/elles ont adouci

Imperfect
j'adoucissais
tu adoucissais
il/elle adoucissait
nous adoucissions
vous adoucissiez
ils/elles adoucissaient

Pluperfect
j'avais adouci
tu avais adouci
il/elle avait adouci
nous avions adouci
vous aviez adouci
ils/elles avaient adouci

Future
j'adoucirai
tu adouciras
il/elle adoucira
nous adoucirons
vous adoucirez
ils/elles adouciront

Former Future
j'aurai adouci
tu auras adouci
il/elle aura adouci
nous aurons adouci
vous aurez adouci
ils/elles auront adouci

Subjunctive

Present
que j'adoucisse
que tu adoucisses
qu'il/qu'elle adoucisse
que nous adoucissions
que vous adoucissiez
qu'ils/qu'elles adoucissent

Past
que j'aie adouci
que tu aies adouci
qu'il/qu'elle ait adouci
que nous ayons adouci
que vous ayez adouci
qu'ils/qu'elles aient adouci

Conditional

Present
j'adoucirais
tu adoucirais
il/elle adoucirait
nous adoucirions
vous adouciriez
ils/elles adouciraient

Past
j'aurais adouci
tu aurais adouci
il/elle aurait adouci
nous aurions adouci
vous auriez adouci
ils/elles auraient adouci

Imperative

Present
adoucis
adoucissons
adoucissez

Past
aie adouci
ayons adouci
ayez adouci

Present Infinitive
adoucir

Past Infinitive
avoir adouci

Present Participle
adoucissant

Past Participle
adouci, ie
ayant adouci

Versez-moi encore un peu de champagne!
Pour me a little more champagne!

VERSER
to pour

Indicative

Present
je verrouille
tu verrouilles
il/elle verouille
nous verouillons
vous verouillez
ils/elles verouillent

Past Indefinite
j'ai verouillé
tu as verouillé
il/elle a verouillé
nous avons verouillé
vous avez verouillé
ils/elles ont verouillé

Imperfect
je verouillais
tu verouillais
il/elle verouillait
nous verouillions
vous verouilliez
ils/elles veroullaient

Pluperfect
j'avais verouillé
tu avais verouillé
il/elle avait verouillé
nous avions verouillé
vous aviez verouillé
ils/elles avaient verouillé

Future
je verouillerai
tu verouilleras
il/elle verouillera
nous verouillerons
vous verouillerez
ils/elles verouilleront

Former Future
j'aurai verouillé
tu auras verouillé
il/elle aura verouillé
nous aurons verouillé
vous aurez verouillé
ils/elles auront verouillé

Subjunctive

Present
que je verouille
que tu verouilles
qu'il/qu'elle verouille
que nous verouillions
que vous verouilliez
qu'ils/qu'elles verouillent

Past
que j'aie verouillé
que tu aies verouillé
qu'il/qu'elle ait verouillé
que nous ayons verouillé
que vous ayez verouillé
qu'ils/qu'elles aient verouillé

Conditional

Present
je verouillerais
tu veriouillerais
il/elle verouillerait
nous verouillerions
vous verouilleriez
ils/elles verouilleraient

Past
j'aurais verouillé
tu aurais verouillé
il/elle aurait verouillé
nous aurions verouillé
vous auriez verouillé
ils/elles auraient verouillé

Imperative

Present
verouille
verouillons
verouillez

Past
aie verouillé
ayons verouillé
ayez verouillé

Present Infinitive
verouiller

Past Infinitive
avoir verouillé

Present Participle
verouillant

Past Participle
verouillé, ée
ayant verouillé

AFFAIBLIR to weaken

Le manque d'exercice *affaiblira* vos muscles.
The lack of exercise will weaken your muscles.

Indicative

Present
j'affaiblis
tu affaiblis
il/elle affaiblit
nous affaiblissons
vous affaiblissez
ils/elles affaiblissent

Past Indefinite
j'ai affaibli
tu as affaibli
il/elle a affaibli
nous avons affaibli
vous avez affaibli
ils/elles ont affaibli

Imperfect
j'affaiblissais
tu affaiblissais
il/elle affaiblissait
nous affaiblissions
vous affaiblissiez
ils/elles affaiblissaient

Pluperfect
j'avais affaibli
tu avais affaibli
il/elle avait affaibli
nous avions affaibli
vous aviez afaibli
ils/elles avaient affaibli

Future
j'affaiblirai
tu affaibliras
il/elle affaiblira
nous affaiblirons
vous affaiblirez
ils/elles affaibliront

Former Future
j'aurai affaibli
tu auras affaibli
il/elle aura affaibli
nous aurons affaibli
vous aurez affaibli
ils/elles auront affaibli

Subjunctive

Present
que j'affaiblisse
que tu affaiblisses
qu'il/qu'elle affaiblisse
que nous affaiblissions
que vous affaiblissiez
qu'ils/qu'elles affaiblissent

Past
que j'aie affaibli
que tu aies affaibli
qu'il/qu'elle ait affaibli
que nous ayons affaibli
que vous ayez affaibli
qu'ils/qu'elles aient affaibli

Conditional

Present
j'affaiblirais
tu affaiblirais
il/elle affaiblirait
nous affaiblirions
vous affaibliriez
ils/elles affaibliraient

Past
j'aurais affaibli
tu aurais affaibli
il/elle aurait affaibli
nous aurions affaibli
vous auriez affaibli
ils/elles auraient affaibli

Imperative

Present
affaiblis
affaiblissons
affaiblissez

Past
aie affaibli
ayons affaibli
ayez affaibli

Present Infinitive
affaiblir

Past Infinitive
avoir affaibli

Present Participle
affaiblissant

Past Participle
affaibli, ie
ayant affaibli

VERROUILLER
to close, to lock up

Ils *ont verrouillé* la porte après leur départ.
They locked the door after their departure.

Indicative

Present
je vérifie
tu vérifies
il/elle vérifie
nous vérifions
vous vérifiez
ils/elles vérifient

Past Indefinite
j'ai vérifié
tu as vérifié
il/elle a vérifié
nous avons vérifié
vous avez vérifié
ils/elles ont vérifié

Imperfect
je vérifiais
tu vérifiais
il/elle vérifiait
nous vérifiions
vous vérifiiez
ils/elles vérifiaient

Pluperfect
j'avais vérifié
tu avais vérifié
il/elle avait vérifié
nous avions vérifié
vous aviez vérifié
ils/elles avaient vérifié

Future
je vérifierai
tu vérifieras
il/elle vérifiera
nous vérifierons
vous vérifierez
ils/elles vérifieront

Former Future
j'aurai vérifié
tu auras vérifié
il/elle aura vérifié
nous aurons vérifié
vous aurez vérifié
ils/elles auront vérifié

Subjunctive

Present
que je vérifie
que tu vérifies
qu'il/qu'elle vérifie
que nous vérifiions
que vous vérifiiez
qu'ils/qu'elles vérifient

Past
que j'aie vérifié
que tu aies vérifié
qu'il/qu'elle ait vérifié
que nous ayons vérifié
que vous ayez vérifié
qu'ils/qu'elles aient vérifié

Conditional

Present
je vérifierais
tu vérifierais
il/elle vérifierait
nous vérifierions
vous vérifieriez
ils/elles vérifieraient

Past
j'aurais vérifié
tu aurais vérifié
il/elle aurait vérifié
nous aurions vérifié
vous auriez vérifié
ils/elles auraient vérifié

Imperative

Present
vérifie
vérifions
vérifiez

Past
aie vérifié
ayons vérifié
ayez vérifié

Present Infinitive
vérifier

Past Infinitive
avoir vérifié

Present Participle
vérifiant

Past Participle
vérifié, ée
ayant vérifié

Le proviseur a *affiché* les résultats du bac.
The principal put up the Baccalaureate exam results.

Indicative

Present
j'affiche
tu affiches
il/elle affiche
nous affichons
vous affichez
ils/elles affichent

Imperfect
j'affichais
tu affichais
il/elle affichait
nous affichions
vous affichiez
ils/elles affichaient

Future
j'afficherai
tu afficheras
il/elle affichera
nous afficherons
vous afficherez
ils/elles afficheront

Past Indefinite
j'ai affiché
tu as affiché
il/elle a affiché
nous avons affiché
vous avez affiché
ils/elles ont affiché

Pluperfect
j'avais affiché
tu avais affiché
il/elle avait affiché
nous avions affiché
vous aviez affiché
ils/elles avaient affiché

Former Future
j'aurai affiché
tu auras affiché
il/elle aura affiché
nous aurons affiché
vous aurez affiché
ils/elles auront affiché

Subjunctive

Present
que j'affiche
que tu affiches
qu'il/qu'elle affiche
que nous affichions
que vous affichiez
qu'ils/qu'elles affichent

Past
que j'aie affiché
que tu aies affiché
qu'il/qu'elle ait affiché
que nous ayons affiché
que vous ayez affiché
qu'ils/qu'elles aient affiché

Conditional

Present
j'afficherais
tu afficherais
il/elle afficherait
nous afficherions
vous afficheriez
ils/elles afficheraient

Past
j'aurais affiché
tu aurais affiché
il/elle aurait affiché
nous aurions affiché
vous auriez affiché
ils/elles auraient affiché

Imperative

Present
affiche
affichons
affichez

Past
aie affiché
ayons affiché
ayez affiché

Present Infinitive
afficher

Past Infinitive
avoir affiché

Present Participle
affichant

Past Participle
affiché, ée
ayant affiché

VÉRIFIER to verify, to check

Vérifie si tu dois faire le plein.
Check and see if you need to fill up your gas tank.

Indicative

Present
je verdoie
tu verdoies
il/elle verdoie
nous verdoyons
vous verdoyez
ils/elles verdoient

Imperfect
je verdoyais
tu verdoyais
il/elle verdoyait
nous verdoyions
vous verdoyiez
ils/elles verdoyaient

Future
je verdoierai
tu verdoieras
il/elle verdoiera
nous verdoierons
vous verdoierez
ils/elles verdoieront

Past Indefinite
j'ai verdoyé
tu as verdoyé
il/elle a verdoyé
nous avons verdoyé
vous avez verdoyé
ils/elles ont verdoyé

Pluperfect
j'avais verdoyé
tu avais verdoyé
il/elle avait verdoyé
nous avions verdoyé
vous aviez verdoyé
ils/elles avaient verdoyé

Former Future
j'aurai verdoyé
tu auras verdoyé
il/elle aura verdoyé
nous aurons verdoyé
vous aurez verdoyé
ils/elles auront verdoyé

Subjunctive

Present
que je verdoie
que tu verdoies
qu'il/qu'elle verdoie
que nous verdoyions
que vous verdoyiez
qu'ils/qu'elles verdoient

Past
que j'aie verdoyé
que tu aies verdoyé
qu'il/qu'elle ait verdoyé
que nous ayons verdoyé
que vous ayez verdoyé
qu'ils/qu'elles aient verdoyé

Conditional

Present
je verdoierais
tu verdoierais
il/elle verdoierait
nous verdoierions
vous verdoieriez
ils/elles verdoieraient

Past
j'aurais verdoyé
tu aurais verdoyé
il/elle aurait verdoyé
nous aurions verdoyé
vous auriez verdoyé
ils/elles auraient verdoyé

Imperative

Present
verdoie
verdoyons
verdoyez

Past
aie verdoyé
ayons verdoyé
ayez verdoyé

Present Infinitive
verdoyer

Past Infinitive
avoir verdoyé

Present Participle
verdoyant

Past Participle
verdoyé, ée
ayant verdoyé

AGIR
to act

Ces enfants *agissent* mieux quand leurs parents ne sont pas présents.
These children act better when their parents are not around.

Indicative

Present
j'agis
tu agis
il/elle agit
nous agissons
vous agissez
ils/elles agissent

Past Indefinite
j'ai agi
tu as agi
il/elle a agi
nous avons agi
vous avez agi
ils/elles ont agi

Imperfect
j'agissais
tu agissais
il/elle agissait
nous agissions
vous agissiez
ils/elles agissaient

Pluperfect
j'avais agi
tu avais agi
il/elle avait agi
nous avions agi
vous aviez agi
ils/elles avaient agi

Future
j'agirai
tu agiras
il/elle agira
nous agirons
vous agirez
ils/elles agiront

Former Future
j'aurai agi
tu auras agi
il/elle aura agi
nous aurons agi
vous aurez agi
ils/elles auront agi

Subjunctive

Present
que j'agisse
que tu agisses
qu'il/qu'elle agisse
que nous agissions
que vous agissiez
qu'ils/qu'elles agissent

Past
que j'aie agi
que tu aies agi
qu'il/qu'elle ait agi
que nous ayons agi
que vous ayez agi
qu'ils/qu'elles aient agi

Conditional

Present
j'agirais
tu agirais
il/elle agirait
nous agirions
vous agiriez
ils/elles agiraient

Past
j'aurais agi
tu aurais agi
il/elle aurait agi
nous aurions agi
vous auriez agi
ils/elles auraient agi

Imperative

Present
agis
agissons
agissez

Past
aie agi
ayons agi
ayez agi

Present Infinitive
agir

Past Infinitive
avoir agi

Present Participle
agissant

Past Participle
agi, ie
ayant agi

VERDOYER to become verdant

L'herbe *verdoie* en Avril.
The grass becomes verdant in April.

AGITER

to stir, to agitate

Les jeunes étudiants s'*agitent* pendant le cours du professeur Hulot.
The young students stir during Professor Hulot's class.

Indicative

Present
je verdis
tu verdis
il/elle verdit
nous verdissons
vous verdissez
ils/elles verdissent

Past Indefinite
j'ai verdi
tu as verdi
il/elle a verdi
nous avons verdi
vous avez verdi
ils/elles ont verdi

Imperfect
je verdisssais
tu verdissais
il/elle verdissait
nous verdissions
vous verdissiez
ils/elles verdissaient

Pluperfect
j'avais verdi
tu avais verdi
il/elle avait verdi
nous avions verdi
vous aviez verdi
ils/elles avaient verdi

Future
je verdirai
tu verdiras
il/elle verdira
nous verdirons
vous verdirez
ils/elles verdiront

Former Future
j'aurai verdi
tu auras verdi
il/elle aura verdi
nous aurons verdi
vous aurez verdi
ils/elles auront verdi

Subjunctive

Present
que je verdisse
que tu verdisses
qu'il/qu'elle verdisse
que nous verdissions
que vous verdissiez
qu'ils/qu'elles verdissent

Past
que j'aie verdi
que tu aies verdi
qu'il/qu'elle ait verdi
que nous ayons verdi
que vous ayez verdi
qu'ils/qu'elles aient verdi

Conditional

Present
je verdirais
tu verdirais
il/elle verdirait
nous verdirions
vous verdiriez
ils/elles verdiraient

Past
j'aurais verdi
tu aurais verdi
il/elle aurait verdi
nous aurions verdi
vous auriez verdi
ils/elles auraient verdi

Imperative

Present
verdis
verdissons
verdissez

Past
aie verdi
ayons verdi
ayez verdi

Present Infinitive
verdir

Past Infinitive
avoir verdi

Present Participle
verdissant

Past Participle
verdi, ie
ayant verdi

Indicative

Present
j'agite
tu agites
il/elle agite
nous agitons
vous agitez
ils/elles agitent

Imperfect
j'agitais
tu agitais
il/elle agitait
nous agitions
vous agitiez
ils/elles agitaient

Future
j'agiterai
tu agiteras
il/elle agitera
nous agiterons
vous agiterez
ils/elles agiteront

Past Indefinite
j'ai agité
tu as agité
il/elle a agité
nous avons agité
vous avez agité
ils/elles ont agité

Pluperfect
j'avais agité
tu avais agité
il/elle avait agité
nous avions agité
vous aviez agité
ils/elles avaient agité

Former Future
j'aurai agité
tu auras agité
il/elle aura agité
nous aurons agité
vous aurez agité
ils/elles auront agité

Subjunctive

Present
que j'agite
que tu agites
qu'il/qu'elle agite
que nous agitions
que vous agitiez
qu'ils/qu'elles agitent

Past
que j'aie agité
que tu aies agité
qu'il/qu'elle ait agité
que nous ayons agité
que vous ayez agité
qu'ils/qu'elles aient agité

Conditional

Present
j'agiterais
tu agiterais
il/elle agiterait
nous agiterions
vous agiteriez
ils/elles agiteraient

Past
j'aurais agité
tu aurais agité
il/elle aurait agité
nous aurions agité
vous auriez agité
ils/elles auraient agité

Imperative

Present
agite
agitons
agitez

Past
aie agité
ayons agité
ayez agité

Present Infinitive
agiter

Past Infinitive
avoir agité

Present Participle
agitant

Past Participle
agité, ée
ayant agité

VERDIR
to turn green

Les prés *verdissent* au printemps.
The meadows turn green in the spring.

Indicative

Present
je venge
tu venges
il/elle venge
nous vengeons
vous vengez
ils/elles vengent

Imperfect
je vengeais
tu vengeais
il/elle vengeait
nous vengions
vous vengiez
ils/elles vengeaient

Future
je vengerai
tu vengeras
il/elle vengera
nous vengerons
vous vengerez
ils/elles vengeront

Past Indefinite
j'ai vengé
tu as vengé
il/elle a vengé
nous avons vengé
vous avez vengé
ils/elles ont vengé

Pluperfect
j'avais vengé
tu avais vengé
il/elle avait vengé
nous avions vengé
vous aviez vengé
ils/elles avaient vengé

Former Future
j'aurai vengé
tu auras vengé
il/elle aura vengé
nous aurons vengé
vous aurez vengé
ils/elles auront vengé

Subjunctive

Present
que je venge
que tu venges
qu'il/qu'elle venge
que nous vengions
que vous vengiez
qu'ils/qu'elles vengent

Past
que j'aie vengé
que tu aies vengé
qu'il/qu'elle ait vengé
que nous ayons vengé
que vous ayez vengé
qu'ils/qu'elles aient vengé

Conditional

Present
je vengerais
tu vengerais
il/elle vengerait
nous vengerions
vous vengeriez
ils/elles vengeraient

Past
j'aurais vengé
tu aurais vengé
il/elle aurait vengé
nous aurions vengé
vous auriez vengé
ils/elles auraient vengé

Imperative

Present
venge
vengeons
vengez

Past
aie vengé
ayons vengé
ayez vengé

Present Infinitive
venger

Past Infinitive
avoir vengé

Present Participle
vengeant

Past Participle
vengé, ée
ayant vengé

AGRANDIR
to widen, to enlarge

Les Formont *ont agrandi* leur salle à manger.
The Formonts enlarged their dining room.

Indicative

Present
j'agrandis
tu agrandis
il/elle agrandit
nous agrandissons
vous agrandissez
ils/elles agrandissent

Past Indefinite
j'ai agrandi
tu as agrandi
il/elle a agrandi
nous avons agrandi
vous avez agrandi
ils/elles ont agrandi

Imperfect
j'agrandissais
tu agrandissais
il/elle agrandissait
nous agrandissions
vous agrandissiez
ils/elles agrandissaient

Pluperfect
j'avais agrandi
tu avais agrandi
il/elle avait agrandi
nous avions agrandi
vous aviez agrandi
ils/elles avaient agrandi

Future
j'agrandirai
tu agrandiras
il/elle agrandira
nous agrandirons
vous agrandirez
ils/elles agrandiront

Former Future
j'aurai agrandi
tu auras agrandi
il/elle aura agrandi
nous aurons agrandi
vous aurez agrandi
ils/elles auront agrandi

Subjunctive

Present
que j'agrandisse
que tu agrandisses
qu'il/qu'elle agrandisse
que nous agrandissions
que vous agrandissiez
qu'ils/qu'elles agrandissent

Past
que j'aie agrandi
que tu aies agrandi
qu'il/qu'elle ait agrandi
que nous ayons agrandi
que vous ayez agrandi
qu'ils/qu'elles aient agrandi

Conditional

Present
j'agrandirais
tu agrandirais
il/elle agrandirait
nous agrandirions
vous agrandiriez
ils/elles agrandiraient

Past
j'aurais agrandi
tu aurais agrandi
il/elle aurait agrandi
nous aurions agrandi
vous auriez agrandi
ils/elles auraient agrandi

Imperative

Present
agrandis
agrandissons
agrandissez

Past
aie agrandi
ayons agrandi
ayez agrandi

Present Infinitive
agrandir

Past Infinitive
avoir agrandi

Present Participle
agrandissant

Past Participle
agrandi, ie
ayant agrandi

Venge yourself if you can.
Vengetoi si tu le peux.

to avenge
VENGER

Indicative

Present
je vendange
tu vendanges
il/elle vendange
nous vendangeons
vous vendangez
ils/elles vendangent

Imperfect
je vendageais
tu vendangeais
il/elle vendangeait
nous vendangions
vous vendangiez
ils/elles vendangeaient

Future
je vendangerai
tu vendangeras
il/elle vendangera
nous vendangerons
vous vendangerez
ils/elles vendangeront

Past Indefinite
j'ai vendangé
tu as vendangé
il/elle a vendangé
nous avons vendangé
vous avez vendangé
ils/elles ont vendangé

Pluperfect
j'avais vendangé
tu avais vendangé
il/elle avait vendangé
nous avions vendangé
vous aviez vendangé
ils/elles avaient vendangé

Former Future
j'aurai vendangé
tu auras vendangé
il/elle aura vendangé
nous aurons vendangé
vous aurez vendangé
ils/elles auront vendangé

Subjunctive

Present
que je vendange
que tu vendanges
qu'il/qu'elle vendange
que nous vendangions
que vous vendangiez
qu'ils/qu'elles vendangent

Past
que j'aie vendangé
que tu aies vendangé
qu'il/qu'elle ait vendangé
que nous ayons vendangé
que vous ayez vendangé
qu'ils/qu'elles aient vendangé

Conditional

Present
je vendangerais
tu vendangerais
il/elle vendangerait
nous vendangerions
vous vendangeriez
ils/elles vendangeraient

Past
j'aurais vendangé
tu aurais vendangé
il/elle aurait vendangé
nous aurions vendangé
vous auriez vendangé
ils/elles auraient vendangé

Imperative

Present
vendange
vendangeons
vendangez

Past
aie vendangé
ayons vendangé
ayez vendangé

Present Infinitive
vendanger

Past Infinitive
avoir vendangé

Present Participle
vendangeant

Past Participle
vendangé, ée
ayant vendangé

AGRÉMENTER
to embellish

Ils *agrémenteront* leur chambre d'une nouvelle tapisserie.
They will embellish their bedroom with some new wallpaper.

Indicative

Present
j'agrémente
tu agrémentes
il/elle agrémente
nous agrémentons
vous agrémentez
ils/elles agrémentent

Imperfect
j'agrémentais
tu agrémentais
il/elle agrémentais
nous agrémentions
vous agrémentiez
ils/elles agrémentaient

Future
j'agrémenterai
tu agrémenteras
il/elle agrémentera
nous agrémenterons
vous agrémenterez
ils/elles agrémenteront

Past Indefinite
j'ai agrémenté
tu as agrémenté
il/elle a agrémenté
nous avons agrémenté
vous avez agrémenté
ils/elles ont agrémenté

Pluperfect
j'avais agrémenté
tu avais agrémenté
il/elle avait agrémenté
nous avions agrémenté
vous aviez agrémenté
ils/elles avaient agrémenté

Former Future
j'aurai agrémenté
tu auras agrémenté
il/elle aura agrémenté
nous aurons agrémenté
vous aurez agrémenté
ils/elles auront agrémenté

Subjunctive

Present
que j'agrémente
que tu agrémentes
qu'il/qu'elle agrémente
que nous agrémentions
que vous agrémentiez
qu'ils/qu'elles agrémentent

Past
que j'aie agrémenté
que tu aies agrémenté
qu'il/qu'elle ait agrémenté
que nous ayons agrémenté
que vous ayez agrémenté
qu'ils/qu'elles aient agrémenté

Conditional

Present
j'agrémenterais
tu agrémenterais
il/elle agrémenterait
nous agrémenterions
vous agrémenteriez
ils/elles agrémenteraient

Past
j'aurais agrémenté
tu aurais agrémenté
il/elle aurait agrémenté
nous aurions agrémenté
vous auriez agrémenté
ils/elles auraient agrémenté

Imperative

Present
agrémente
agrémentons
agrémentez

Past
aie agrémenté
ayons agrémenté
ayez agrémenté

Present Infinitive
agrémenter

Past Infinitive
avoir agrémenté

Present Participle
agrémentant

Past Participle
agrémenté, ée
ayant agrémenté

VENDANGER
to harvest (grapes)

Ils *vendangeaient* les raisins en Septembre.
They harvested the grapes in September.

Indicative

Present
je veille
tu veilles
il/elle veille
nous veillons
vous veillez
ils/elles veillent

Imperfect
je veillais
tu veillais
il/elle veillait
nous veillions
vous veilliez
ils/elles veillaient

Future
je veillerai
tu veilleras
il/elle veillera
nous veillerons
vous veillerez
ils/elles veilleront

Past Indefinite
j'ai veillé
tu as veillé
il/elle a veillé
nous avons veillé
vous avez veillé
ils/elles ont veillé

Pluperfect
j'avais veillé
tu avais veillé
il/elle avait veillé
nous avions veillé
vous aviez veillé
ils/elles avaient veillé

Former Future
j'aurai veillé
tu auras veillé
il/elle aura veillé
nous aurons veillé
vous aurez veillé
ils/elles auront veillé

Subjunctive

Present
que je veille
que tu veilles
qu'il/qu'elle veille
que nous veillions
que vous veilliez
qu'ils/qu'elles veillent

Past
que j'aie veillé
que tu aies veillé
qu'il/qu'elle ait veillé
que nous ayons veillé
que vous ayez veillé
qu'ils/qu'elles aient veillé

Conditional

Present
je veillerais
tu veillerais
il/elle veillerait
nous veillerions
vous veilleriez
ils/elles veilleraient

Past
j'aurais veillé
tu aurais veillé
il/elle aurait veillé
nous aurions veillé
vous auriez veillé
ils/elles auraient veillé

Imperative

Present
veille
veillons
veillez

Past
aie veillé
ayons veillé
ayez veillé

Present Infinitive
veiller

Past Infinitive
avoir veillé

Present Participle
veillant

Past Participle
veillé, ée
ayant veillé

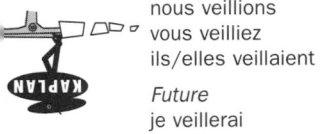

AJOUTER
to add, to add up

Ajoutez de la crème fraîche à votre recette, elle sera meilleure.
Add fresh cream to your recipe, it will taste better.

Indicative

Present
j'ajoute
tu ajoutes
il/elle ajoute
nous ajoutons
vous ajoutez
ils/elles ajoutent

Imperfect
j'ajoutais
tu ajoutais
il/elle ajoutait
nous ajoutions
vous ajoutiez
ils/elles ajoutaient

Future
j'ajouterai
tu ajouteras
il/elle ajoutera
nous ajouterons
vous ajouterez
ils/elles ajouteront

Past Indefinite
j'ai ajouté
tu as ajouté
il/elle a ajouté
nous avons ajouté
vous avez ajouté
ils/elles ont ajouté

Pluperfect
j'avais ajouté
tu avais ajouté
il/elle avait ajouté
nous avions ajouté
vous aviez ajouté
ils/elles avaient ajouté

Former Future
j'aurai ajouté
tu auras ajouté
il/elle aura ajouté
nous aurons ajouté
vous aurez ajouté
ils/elles auront ajouté

Subjunctive

Present
que j'ajoute
que tu ajoutes
qu'il/qu'elle ajoute
que nous ajoutions
que vous ajoutiez
qu'ils/qu'elles ajoutent

Past
que j'aie ajouté
que tu aies ajouté
qu'il/qu'elle ait ajouté
que nous ayons ajouté
que vous ayez ajouté
qu'ils/qu'elles aient ajouté

Conditional

Present
j'ajouterais
tu ajouterais
il/elle ajouterait
nous ajouterions
vous ajouteriez
ils/elles ajouteraient

Past
j'aurais ajouté
tu aurais ajouté
il/elle aurait ajouté
nous aurions ajouté
vous auriez ajouté
ils/elles auraient ajouté

Imperative

Present
ajoute
ajoutons
ajoutez

Past
aie ajouté
ayons ajouté
ayez ajouté

Present Infinitive
ajouter

Past Infinitive
avoir ajouté

Present Participle
ajoutant

Past Participle
ajouté, ée
ayant ajouté

VEILLER

to stay awake, to sit up

Nous *aurions veillé* tard si nous n'avions pas eu sommeil.
We would have stayed up late if we had not been sleepy.

Indicative

Present
je vaque
tu vaques
il/elle vaque
nous vaquons
vous vaquez
ils/elles vaquent

Imperfect
je vaquais
tu vaquais
il/elle vaquait
nous vaquions
vous vaquiez
ils/elles vaquaient

Future
je vaquerai
tu vaqueras
il/elle vaquera
nous vaquerons
vous vaquerez
ils/elles vaqueront

Past Indefinite
j'ai vaqué
tu as vaqué
il/elle a vaqué
nous avons vaqué
vous avez vaqu
ils/elles ont vaqué

Pluperfect
j'avais vaqué
tu avais vaqué
il/elle avait vaqué
nous avions vaqué
vous aviez vaqué
ils/elles avaient vaqué

Former Future
j'aurai vaqué
tu auras vaqué
il/elle aura vaqué
nous aurons vaqué
vous aurez vaqué
ils/elles auront vaqué

Subjunctive

Present
que je vaque
que tu vaques
qu'il/qu'elle vaque
que nous vaquions
que vous vaquiez
qu'ils/qu'elles vaquent

Past
que j'aie vaqué
que tu aies vaqué
qu'il/qu'elle ait vaqué
que nous ayons vaqué
que vous ayez vaqué
qu'ils/qu'elles aient vaqué

Conditional

Present
je vaquerais
tu vaquerais
il/elle vaquerais
nous vaquerions
vous vaqueriez
ils/elles vaqueraient

Past
j'aurais vaqué
tu aurais vaqué
il/elle aurait vaqué
nous aurions vaqué
vous auriez vaqué
ils/elles auraient vaqué

Imperative

Present
vaque
vaquons
vaquez

Past
aie vaqué
ayons vaqué
ayez vaqué

Present Infinitive
vaquer

Past Infinitive
avoir vaqué

Present Participle
vaquant

Past Participle
vaqué, ée
ayant vaqué

Alimentez-vous d'une nourriture saine pour rester en bonne santé.
Feed yourself healthy food to remain in good health.

ALIMENTER
to feed, to nourish

Indicative

Present
j'alimente
tu alimentes
il/elle alimente
nous alimentons
vous alimentez
ils/elles alimentent

Imperfect
j'alimentais
tu alimentais
il/elle alimentait
nous alimentions
vous alimentiez
ils/elles alimentaient

Future
j'alimenterai
tu alimenteras
il/elle alimentera
nous alimenterons
vous alimenterez
ils/elles alimenteront

Past Indefinite
j'ai alimenté
tu as alimenté
il/elle a alimenté
nous avons alimenté
vous avez alimenté
ils/elles ont alimenté

Pluperfect
j'avais alimenté
tu avais alimenté
il/elle avait alimenté
nous avions alimenté
vous aviez alimenté
ils/elles avaient alimenté

Former Future
j'aurai alimenté
tu auras alimenté
il/elle aura alimenté
nous aurons alimenté
vous aurez alimenté
ils/elles auront alimenté

Subjunctive

Present
que j'alimente
que tu alimentes
qu'il/qu'elle alimente
que nous alimentions
que vous alimentiez
qu'ils/qu'elles alimentent

Past
que j'aie alimenté
que tu aies alimenté
qu'il/qu'elle ait alimenté
que nous ayons alimenté
que vous ayez alimenté
qu'ils/qu'elles aient alimenté

Conditional

Present
j'alimenterais
tu alimenterais
il/elle alimenterait
nous alimenterions
vous alimenteriez
ils/elles alimenteraient

Past
j'aurais alimenté
tu aurais alimenté
il/elle aurait alimenté
nous aurions alimenté
vous auriez alimenté
ils/elles auraient alimenté

Imperative

Present
alimente
alimentons
alimentez

Past
aie alimenté
ayons alimenté
ayez alimenté

Present Infinitive
alimenter

Past Infinitive
avoir alimenté

Present Participle
alimentant

Past Participle
alimenté, ée
ayant alimenté

VAQUER (À) to attend to

Elle *vaquait* à ses tâches.
She attended to her tasks.

Indicative

Present
je vante
tu vantes
il/elle vante
nous vantons
vous vantez
ils/elles vantent

Imperfect
je vantais
tu vantais
il/elle vantait
nous vantions
vous vantiez
ils/elles vantaient

Future
je vanterai
tu vanteras
il/elle vantera
nous vanterons
vous vanterez
ils/elles vanteront

Past Indefinite
j'ai vanté
tu as vanté
il/elle a vanté
nous avons vanté
vous avez vanté
ils/elles ont vanté

Pluperfect
j'avais vanté
tu avais vanté
il/elle avait vanté
nous avions vanté
vous aviez vanté
ils/elles avaient vanté

Former Future
j'aurai vanté
tu auras vanté
il/elle aura vanté
nous aurons vanté
vous aurez vanté
ils/elles auront vanté

Subjunctive

Present
que je vante
que tu vantes
qu'il/qu'elle vante
que nous vantions
que vous vantiez
qu'ils/qu'elles vantent

Past
que j'aie vanté
que tu aies vanté
qu'il/qu'elle ait vanté
que nous ayons vanté
que vous ayez vanté
qu'ils/qu'elles aient vanté

Conditional

Present
je vanterais
tu vanterais
il/elle vanterait
nous vanterions
vous vanteriez
ils/elles vanteraient

Past
j'aurais vanté
tu aurais vanté
il/elle aurait vanté
nous aurions vanté
vous auriez vanté
ils/elles auraient vanté

Imperative

Present
vante
vantons
vantez

Past
aie vanté
ayons vanté
ayez vanté

Present Infinitive
vanter

Past Infinitive
avoir vanté

Present Participle
vantant

Past Participle
vanté, ée
ayant vanté

ALLUMER
to light, to switch on, to light up

Ils *avaient allumé* un grand feu pour se réchauffer.
They had lit a big fire to warm up.

Indicative

Present
j'allume
tu allumes
il/elle allume
nous allumons
vous allumez
ils/elles allument

Imperfect

j'allumais
tu allumais
il/elle allumait
nous allumions
vous allumiez
ils/elles allumaient

Future
j'allumerai
tu allumeras
il/elle allumera
nous allumerons
vous allumerez
ils/elles allumeront

Past Indefinite
j'ai allumé
tu as allumé
il/elle a allumé
nous avons allumé
vous avez allumé
ils/elles ont allumé

Pluperfect
j'avais allumé
tu avais allumé
il/elle avait allumé
nous avions allumé
vous aviez allumé
ils/elles avaient allumé

Former Future
j'aurai allumé
tu auras allumé
il/elle aura allumé
nous aurons allumé
vous aurez allumé
ils/elles auront allumé

Subjunctive

Present
que j'allume
que tu allumes
qu'il/qu'elle allume
que nous allumions
que vous allumiez
qu'ils/qu'elles allument

Past
que j'aie allumé
que tu aies allumé
qu'il/qu'elle ait allumé
que nous ayons allumé
que vous ayez allumé
qu'ils/qu'elles aient allumé

Conditional

Present
j'allumerais
tu allumerais
il/elle allumerait
nous allumerions
vous allumeriez
ils/elles allumeraient

Past
j'aurais allumé
tu aurais allumé
il/elle aurait allumé
nous aurions allumé
vous auriez allumé
ils/elles auraient allumé

Imperative

Present
allume
allumons
allumez

Past
aie allumé
ayons allumé
ayez allumé

Present Infinitive
allumer

Past Infinitive
avoir allumé

Present Participle
allumant

Past Participle
allumé, ée
ayant allumé

VANTER to praise

Monsieur Dupuis *vantait* sans cesse les mérites de son épouse.
Mr. Dupuis unceasingly praised his wife's merits.

Indicative

Present
je valorise
tu valorises
il/elle valorise
nous valorisons
vous valorisez
ils/elles valorisent

Past Indefinite
j'ai valorisé
tu as valorisé
il/elle a valorisé
nous avons valorisé
vous avez valorisé
ils/elles ont valorisé

Imperfect
je valorisais
tu valorisait
il/elle valorisait
nous valorisions
vous valorisiez
ils/elles valorisaient

Pluperfect
j'avais valorisé
tu avais valorisé
il/elle avait valorisé
nous avions valorisé
vous aviez valorisé
ils/elles avaient valorisé

Future
je valoriserai
tu valoriseras
il/elle valorisera
nous valoriserons
vous valoriserez
ils/elles valoriseront

Former Future
j'aurai valorisé
tu auras valorisé
il/elle aura valorisé
nous aurons valorisé
vous aurez valorisé
ils/elles auront valorisé

Subjunctive

Present
que je valorise
que tu valorises
qu'il/qu'elle valorise
que nous valorisions
que vous valorisiez
qu'ils/qu'elles valorisent

Past
que j'aie valorisé
que tu aies valorisé
qu'il/qu'elle ait valorisé
que nous ayons valorisé
que vous ayez valorisé
qu'ils/qu'elles aient valorisé

Conditional

Present
je valoriserais
tu valoriserais
il/elle valoriserait
nous valoriserions
vous valoriseriez
ils/elles valoriseraient

Past
j'aurais valorisé
tu aurais valorisé
il/elle aurait valorisé
nous aurions valorisé
vous auriez valorisé
ils/elles auraient valorisé

Imperative

Present
valorise
valorisons
valorisez

Past
aie valorisé
ayons valorisé
ayez valorisé

Present Infinitive
valoriser

Past Infinitive
avoir valorisé

Present Participle
valorisant

Past Participle
valorisé, ée
ayant valorisé

APPRIVOISER
to tame

Le Petit Prince a *apprivoisé* le renard.
The Little Prince tamed the fox.

Indicative

Present
j'apprivoise
tu apprivoises
il/elle apprivoise
nous apprivoisons
vous apprivoisez
ils/elles apprivoisent

Past Indefinite
j'ai apprivoisé
tu as apprivoisé
il/elle a apprivoisé
nous avons apprivoisé
vous avez apprivoisé
ils/elles ont apprivoisé

Imperfect
j'apprivoisais
tu apprivoisais
il/elle apprivoisait
nous apprivoisions
vous apprivoisiez
ils/elles apprivoisaient

Pluperfect
j'avais apprivoisé
tu avais apprivoisé
il/elle avait apprivoisé
nous avions apprivoisé
vous aviez apprivoisé
ils/elles avaient apprivoisé

Future
j'apprivoiserai
tu apprivoiseras
il/elle apprivoisera
nous apprivoiserons
vous apprivoiserez
ils/elles apprivoiseront

Former Future
j'aurai apprivoisé
tu auras apprivoisé
il/elle aura apprivoisé
nous aurons apprivoisé
vous aurez apprivoisé
ils/elles auront apprivoisé

Subjunctive

Present
que j'apprivoise
que tu apprivoises
qu'il/qu'elle apprivoise
que nous apprivoisions
que vous apprivoisiez
qu'ils/qu'elles apprivoisent

Past
que j'aie apprivoisé
que tu aies apprivoisé
qu'il/qu'elle ait apprivoisé
que nous ayons apprivoisé
que vous ayez apprivoisé
qu'ils/qu'elles aient apprivoisé

Conditional

Present
j'apprivoiserais
tu apprivoiserais
il/elle apprivoiserait
nous apprivoiserions
vous apprivoiseriez
ils/elles apprivoiseraient

Past
j'aurais apprivoisé
tu aurais apprivoisé
il/elle aurait apprivoisé
nous aurions apprivoisé
vous auriez apprivoisé
ils/elles auraient apprivoisé

Imperative

Present
apprivoise
apprivoisons
apprivoisez

Past
aie apprivoisé
ayons apprivoisé
ayez apprivopisé

Present Infinitive
apprivoiser

Past Infinitive
avoir apprivoisé

Present Participle
apprivoisant

Past Participle
apprivoisé, ée
ayant apprivoisé

VALORISER
to add value, to enhance

Sa nouvelle coupe de cheveux *valorisait* son visage.
Her new haircut enhanced her face.

Indicative

Present
je valide
tu valides
il/elle valide
nous validons
vous validez
ils/elles valident

Imperfect
je validais
tu validais
il/elle validait
nous validions
vous validiez
ils/elles validaient

Future
je validerai
tu valideras
il/elle validera
nous validerons
vous validerez
ils/elles valideront

Past Indefinite
j'ai validé
tu as validé
il/elle a validé
nous avons validé
vous avez validé
ils/elles ont validé

Pluperfect
j'avais validé
tu avais validé
il/elle avait validé
nous avions validé
vous aviez validé
ils/elles avaient validé

Former Future
j'aurai validé
tu auras validé
il/elle aura validé
nous aurons validé
vous aurez validé
ils/elles auront validé

Subjunctive

Present
que je valide
que tu valides
qu'il/qu'elle valide
que nous validions
que vous validiez
qu'ils/qu'elles valident

Past
que j'aie validé
que tu aies validé
qu'il/qu'elle ait validé
que nous ayons validé
que vous ayez validé
qu'ils/qu'elles aient validé

Conditional

Present
je validerais
tu validerais
il/elle validerait
nous validerions
vous valideriez
ils/elles valideraient

Past
j'aurais validé
tu aurais validé
il/elle aurait validé
nous aurions validé
vous auriez validé
ils/elles auraient validé

Imperative

Present
valide
validons
validez

Past
aie validé
ayons validé
ayez validé

Present Infinitive
valider

Past Infinitive
avoir validé

Present Participle
validant

Past Participle
validé, ée
ayant validé

ARGUMENTER
to argue

L'avocat *argumentait* bien sa plaidoirie et son client a été satifait.

The attorney *argued* his case to his client's satisfaction.

Indicative

Present
j'argumente
tu argumentes
il/elle argumente
nous argumentons
vous argumentez
ils/elles argumentent

Past Indefinite
j'ai argumenté
tu as argumenté
il/elle a argumenté
nous avons argumenté
vous avez argumenté
ils/elles ont argumenté

Imperfect
j'argumentais
tu argumentais
il/elle argumentait
nous argumentions
vous argumentiez
ils/elles argumentaient

Pluperfect
j'avais argumenté
tu avais argumenté
il/elle avait argumenté
nous avions argumenté
vous aviez argumenté
ils/elles avaient argumenté

Future
j'argumenterai
tu argumenteras
il/elle argumentera
nous argumenterons
vous argumenterez
ils/elles argumenteront

Former Future
j'aurai argumenté
tu auras argumenté
il/elle aura argumenté
nous aurons argumenté
vous aurez argumenté
ils/elles auront argumenté

Subjunctive

Present
que j'argumente
que tu argumentes
qu'il/qu'elle argumente
que nous argumentions
que vous argumentiez
qu'ils/qu'elles argumentent

Past
que j'aie argumenté
que tu aies argumenté
qu'il/qu'elle ait argumenté
que nous ayons argumenté
que vous ayez argumenté
qu'ils/qu'elles aient argumenté

Conditional

Present
j'argumenterais
tu argumenterais
il/elle argumenterait
nous argumenterions
vous argumenteriez
ils/elles argumenteraient

Past
j'aurais argumenté
tu aurais argumenté
il/elle aurait argumenté
nous aurions argumenté
vous auriez argumenté
ils/elles auraient argumenté

Imperative

Present
argumente
argumentons
argumentez

Past
aie argumenté
ayons argumenté
ayez argumenté

Present Infinitive
argumenter

Past Infinitive
avoir argumenté

Present Participle
argumentant

Past Participle
argumenté, ée
ayant argumenté

VALIDER
to validate

Nous validerons nos billets avant de monter dans le train.
We will validate our tickets before getting on the train.

Indicative

Present
je vaincs
tu vaincs
il/elle vainc
nous vainquons
vous vainquez
ils/elles vainquent

Imperfect
je vainquais
tu vainquais
il/elle vainquait
nous vainquions
vous vainquiez
ils/elles vainquaient

Future
je vancrai
tu vaincras
il/elle vaincra
nous vaincrons
vous vaincrez
ils/elles vaincront

Past Indefinite
j'ai vaincu
tu as vaincu
il/elle a vaincu
nous avons vaincu
vous avez vaincu
ils/elles ont vaincu

Pluperfect
j'avais vaincu
tu avais vaincu
il/elle avait vaincu
nous avions vaincu
vous aviez vaincu
ils/elles avaient vaincu

Former Future
j'aurai vaincu
tu auras vaincu
il/elle aura vaincu
nous aurons vaincu
vous aurez vaincu
ils/elles auront vaincu

Subjunctive

Present
que je vainque
que tu vainques
qu'il/qu'elle vainque
que nous vainquions
que vous vainquiez
qu'ils/qu'elles vainquent

Past
que j'aie vaincu
que tu aies vaincu
qu'il/qu'elle ait vaincu
que nous ayons vaincu
que vous ayez vaincu
qu'ils/qu'elles aient vaincu

Conditional

Present
je vaincrais
tu vaincrais
il/elle vaincrait
nous vaincrions
vous vaincriez
ils/elles vaincraient

Past
j'aurais vaincu
tu aurais vaincu
il/elle aurait vaincu
nous aurions vaincu
vous auriez vaincu
ils/elles auraient vaincu

Imperative

Present
vaincs
vainquons
vainquez

Past
aie vaincu
ayons vaincu
ayez vaincu

Present Infinitive
vaincre

Past Infinitive
avoir vaincu

Present Participle
vainquant

Past Participle
vaincu, ue
ayant vaincu

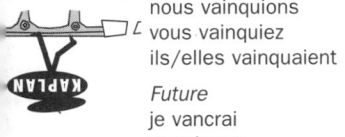

ARRACHER

to pull up, to tear out

Il faut que nous *arrachions* les mauvaises herbes du jardin.

We must pull out the weeds in the garden.

Indicative

Present
j'arrache
tu arraches
il/elle arrache
nous arrachons
vous arrachez
ils/elles arrachent

Past Indefinite
j'ai arraché
tu as arraché
il/elle a arraché
nous avons arraché
vous avez arraché
ils/elles ont arraché

Imperfect
j'arrachais
tu arrachais
il/elle arrachait
nous arrachions
vous arrachiez
ils/elles arrachaient

Pluperfect
j'avais arraché
tu avais arraché
il/elle avait arraché
nous avions arraché
vous aviez arraché
ils/elles avaient arraché

Future
j'arracherai
tu arracheras
il/elle arrachera
nous arracherons
vous arracherez
ils/elles arracheront

Former Future
j'aurai arraché
tu auras arraché
il/elle aura arraché
nous aurons arraché
vous aurez arraché
ils/elles auront arraché

Subjunctive

Present
que j'arrache
que tu arraches
qu'il/qu'elle arrache
que nous arrachions
que vous arrachiez
qu'ils/qu'elles arrachent

Past
que j'aie arraché
que tu aies arraché
qu'il/qu'elle ait arraché
que nous ayons arraché
que vous ayez arraché
qu'ils/qu'elles aient arraché

Conditional

Present
j'arracherais
tu arracherais
il/elle arracherait
nous arracherions
vous arracheriez
ils/elles arracheraient

Past
j'aurais arraché
tu aurais arraché
il/elle aurait arraché
nous aurions arraché
vous auriez arraché
ils/elles auraient arraché

Imperative

Present
arrache
arrachons
arrachons

Past
aie arraché
aies arraché
ait arraché

Present Infinitive
arracher

Past Infinitive
avoir arraché

Present Participle
arrachant

Past Participle
arraché, ée
ayant arraché

VAINCRE to overcome, to defeat

L'armée du roi *a vaincu* le ennemi.
The king's army defeated the enemy.

Indicative

Present
je vagabonde
tu vagabondes
il/elle vagabonde
nous vagabondons
vous vagabondez
ils/elles vagabondent

Past Indefinite
j'ai vagabondé
tu as vagabondé
il/elle a vagabondé
nous avons vagabondé
vous avez vagabondé
ils/elles ont vagabondé

Imperfect
je vagabondais
tu vagabondais
il/elle vagabondait
nous vagabondions
vous vagabondiez
ils/elles vagabondaient

Pluperfect
j'avais vagabondé
tu avais vagabondé
il/elle avait vagabondé
nous avions vagabondé
vous aviez vagabondé
ils/elles avaient vagabondé

Future
je vagabonderai
tu vagabonderas
il/elle vagabondera
nous vagabonderons
vous vagabonderez
ils/elles vagabonderont

Former Future
j'aurai vagabondé
tu auras vagabondé
il/elle aura vagabondé
nous aurons vagabondé
vous aurez vagabondé
ils/elles auront vagabondé

Subjunctive

Present
que je vagabonde
que tu vagabondes
qu'il/qu'elle vagabonde
que nous vagabondions
que vous vagabondiez
qu'ils/qu'elles vagabondent

Past
que j'aie vagabondé
que tu aies vagabondé
qu'il/qu'elle ait vagabondé
que nous ayons vagabondé
que vous ayez vagabondé
qu'ils/qu'elles aient vagabondé

Conditional

Present
je vagabonderais
tu vagabonderais
il/elle vagabonderait
nous vagabonderions
vous vagabonderiez
ils/elles vagabonderaient

Past
j'aurais vagabondé
tu aurais vagabondé
il/elle aurait vagabondé
nous aurions vagabondé
vous auriez vagabondé
ils/elles auraient vagabondé

Imperative

Present
vagabonde
vagabondons
vagabondez

Past
aie vagabondé
ayons vagabondé
ayez vagabondé

Present Infinitive
vagabonder

Past Infinitive
avoir vagabondé

Present Participle
vagabondant

Past Participle
vagabondé, ée
ayant vagabondé

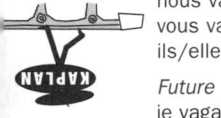

ARROSER to water

Ils *avaient arrosé* les fleurs avant le coucher du soleil.
They had watered the flowers before sunset.

Indicative

Present
j'arrose
tu arroses
il/elle arrose
nous arrosons
vous arrosez
ils/elles arrosent

Past
j'ai arrosé
tu as arrosé
il/elle a arrosé
nous avons arrosé
vous avez arrosé
ils/elles ont arrosé

Imperfect
j'arrosais
tu arrosais
il/elle arrosait
nous arrosions
vous arrosiez
ils/elles arrosaient

Pluperfect
j'avais arrosé
tu avais arrosé
il/elle avait arrosé
nous avions arrosé
vous aviez arrosé
ils/elles avaient arrosé

Future
j'arroserai
tu arroseras
il/elle arrosera
nous arroserons
vous arroserez
ils/elles arroseront

Former Future
j'aurai arrosé
tu auras arrosé
il/elle aura arrosé
nous aurons arrosé
vous aurez arrosé
ils/elles auront arrosé

Subjunctive

Present
que j'arrose
que tu arroses
qu'il/qu'elle arrose
que nous arrosions
que vous arrosiez
qu'ils/qu'elles arrosent

Past
que j'aie arrosé
que tu aies arrosé
qu'il/qu'elle ait arrosé
que nous ayons arrosé
que vous ayez arrosé
qu'ils/qu'elles aient arrosé

Conditional

Present
j'arroserais
tu arroserais
il/elle arroserait
nous arroserions
vous arroseriez
ils/elles arroseraient

Past
j'aurais arrosé
tu aurais arrosé
il/elle aurait arrosé
nous aurions arrosé
vous auriez arrosé
ils/elles auraient arrosé

Imperative

Present
arrose
arrosons
arrosez

Past
aie arrosé
ayons arrosé
ayez arrosé

Present Infinitive
arroser

Past Infinitive
avoir arrosé

Present Participle
arrosant

Past Participle
arrosé, ée
ayant arrosé

VAGABONDER to roam

Ils *vagabondaient* dans la campagne pendant leurs vacances.
They roamed the countryside during their vacation.

Indicative

Present
J'utilise
tu utilises
il/elle utilise
nous utilisons
vous utilisez
ils/elles utilisent

Imperfect
J'utilisais
tu utilisais
il/elle utilisait
nous utilisions
vous utilisiez
ils/elles utilisaient

Future
J'utiliserai
tu utiliseras
il/elle utilisera
nous utiliserons
vous utiliserez
ils/elles utiliseront

Past Indefinite
j'ai utilisé
tu as utilisé
il/elle a utilisé
nous avons utilisé
vous avez utilisé
ils/elles ont utilisé

Pluperfect
j'avais utilisé
tu avais utilisé
il/elle avait utilisé
nous avions utilisé
vous aviez utilisé
ils/elles avaient utilisé

Former Future
j'aurai utilisé
tu auras utilisé
il/elle aura utilisé
nous aurons utilisé
vous aurez utilisé
ils/elles auront utilisé

Subjunctive

Present
que j'utilise
que tu utilises
qu'il/qu'elle utilise
que nous utilisions
que vous utilisiez
qu'ils/qu'elles utilisent

Past
que j'aie utilisé
que tu aies utilisé
qu'il/qu'elle ait utilisé
que nous ayons utilisé
que vous ayez utilisé
qu'ils/qu'elles aient utilisé

Conditional

Present
J'utiliserais
tu utiliserais
il/elle utiliserait
nous utiliserions
vous utiliseriez
ils/elles utiliseraient

Past
j'aurais utilisé
tu aurais utilisé
il/elle aurait utilisé
nous aurions utilisé
vous auriez utilisé
ils/elles auraient utilisé

Imperative

Present
utilise
utilisons
utilisez

Past
aie utilisé
ayons utilisé
ayez utilisé

Present Infinitive
utiliser

Past Infinitive
avoir utilisé

Present Participle
utilisant

Past Participle
utilisé, ée
ayant utilisé

ASSORTIR
to match

J'assortirai ma jupe noire d'un pull en cashemire blanc.
I will match my black skirt with a white cashmere sweater.

Indicative

Present
j'assortis
tu assortis
il/elle assortit
nous assortissons
vous assortissez
ils/elles assortissent

Imperfect
j'assortissais
tu assortissais
il/elle assortissait
nous assortissions
vous assortissiez
ils/elles assortissaient

Future
j'assortirai
tu assortiras
il/elle assortira
nous assortirons
vous assortirez
ils/elles assortiront

Past Indefinite
j'ai assorti
tu as assorti
il/elle a assorti
nous avons assorti
vous avez assorti
ils/elles ont assorti

Pluperfect
j'avais assorti
tu avais assorti
il/elle avait assorti
nous avions assorti
vous aviez assorti
ils/elles avaient assorti

Former Future
j'aurai assorti
tu auras assorti
il/elle aura assorti
nous aurons assorti
vous aurez assorti
ils/elles auront assorti

Subjunctive

Present
que j'assortisse
que tu assortisses
qu'il/qu'elle assortisse
que nous assortissions
que vous assortissiez
qu'ils/qu'elles assortissent

Past
que j'aie assorti
que tu aies assorti
qu'il/qu'elle ait assorti
que nous ayons assorti
que vous ayez assorti
qu'ils/qu'elles aient assorti

Conditional

Present
j'assortirais
tu assortirais
il/elle assortirait
nous assortirions
vous assortiriez
ils/elles assortiraient

Past
j'aurais assorti
tu aurais assorti
il/elle aurait assorti
nous aurions assorti
vous auriez assorti
ils/elles auraient assorti

Imperative

Present
assortis
assortissons
assortissez

Past
aie assorti
ayons assorti
ayez assorti

Present Infinitive
assortir

Past Infinitive
avoir assorti

Present Participle
assortissant

Past Participle
assorti, ie
ayant assorti

UTILISER to use

Elle a utilisé tout l'argent que son père lui a donné.
She used all of the money that her father gave her.

Indicative

Present
j'use
tu uses
il/elle use
nous usons
vous usez
ils/elles usent

Imperfect
j'usais
tu usais
il/elle usait
nous usions
vous usiez
ils/elles usaient

Future
j'userai
tu useras
il/elle usera
nous userons
vous userez
ils/elles useront

Past Indefinite
j'ai usé
tu as usé
il/elle a usé
nous avons usé
vous avez usé
ils/elles ont usé

Pluperfect
j'avais usé
tu avais usé
il/elle avait usé
nous avions usé
vous aviez usé
ils/elles avaient usé

Former Future
j'aurai usé
tu auras usé
il/elle aura usé
nous aurons usé
vous aurez usé
ils/elles auront usé

Subjunctive

Present
que j'use
que tu uses
qu'il/qu'elle use
que nous usions
que vous usiez
qu'ils/qu'elles usent

Past
que j'aie usé
que tu aies usé
qu'il/qu'elle ait usé
que nous ayons usé
que vous ayez usé
qu'ils/qu'elles aient usé

Conditional

Present
j'userais
tu userais
il/elle userait
nous userions
vous useriez
ils/elles useraient

Past
j'aurais usé
tu aurais usé
il/elle aurait usé
nous aurions usé
vous auriez usé
ils/elles auraient usé

Imperative

Present
use
usons
usez

Past
aie usé
ayons usé
ayez usé

Present Infinitive
user

Past Infinitive
avoir usé

Present Participle
usant

Past Participle
usé, ée
ayant usé

ATTERRIR
to land, to touch ground

Nous atterrirons à l'aéroport Charles de Gaulle à 8 heures du matin.
We will land at Charles de Gaulle airport at 8:00 A.M.

Indicative

Present
j'atterris
tu atterris
il/elle atterrit
nous atterrissons
vous atterrissez
ils/elles atterrissent

Past Indefinite
j'ai atterri
tu asatterri
il/elle a atterri
nous avons atterri
vous avez atterri
ils/elles ont atterri

Imperfect
j'atterrissais
tu atterrissais
il/elle atterrissait
nous atterrissons
vous atterrissez
ils/elles atterrissent

Pluperfect
j'avais atterri
tu avais atterri
il/elle avait atterri
nous avions atterri
vous aviez atterri
ils/elles avaient atterri

Future
j'atterrirai
tu atterriras
il/elle atterrira
nous atterrirons
vous atterrirez
ils/elles atterriront

Former Future
j'aurai atterri
tu auras atterri
il/elle aura atterri
nous aurons atterri
vous aurez atterri
ils/elles auront atterri

Subjunctive

Present
que j'atterrisse
que tu atterrisses
qu'il/qu'elle atterrisse
que nous atterrissions
que vous atterrissiez
qu'ils/qu'elles atterrissent

Past
que j'aie atterri
que tu aies atterri
qu'il/qu'elle ait atterri
que nous ayons atterri
que vous ayez atterri
qu'ils/qu'elles aient atterri

Conditional

Present
j'atterrirais
tu atterrirais
il/elle atterrirait
nous atterririons
vous atterririez
ils/elles atterriraient

Past
j'aurais atterri
tu aurais atterri
il/elle aurait atterri
nous aurions atterri
vous auriez atterri
ils/elles auraient atterri

Imperative

Present
atterris
atterrissons
atterrissez

Past
aie atterri
ayons atterri
ayez atterri

Present Infinitive
atterrir

Past Infinitive
avoir atterri

Present Participle
atterrissant

Past Participle
atterri, ie
ayant atterri

Vous *avez usé* de diplomacie pour vous tirer de cette affaire.
You used diplomacy to get out of this bad business deal.

USER
to use, to wear away

Indicative

Present
J'unis
tu unis
il/elle unit
nous unissons
vous unissez
ils/elles unissent

Past Indefinite
j'ai uni
tu as uni
il/elle a uni
nous avons uni
vous avez uni
ils/elles ont uni

Imperfect
j'unissais
tu unissais
il/elle unissait
nous unissions
vous unissiez
ils/elles unissaient

Pluperfect
j'avais uni
tu avais uni
il/elle avait uni
nous avions uni
vous aviez uni
ils/elles avaient uni

Future
J'unirai
tu uniras
il/elle unira
nous unirons
vous unirez
ils/elles uniront

Former Future
j'aurai uni
tu auras uni
il/elle aura uni
nous aurons uni
vous aurez uni
ils/elles auront uni

Subjunctive

Present
que j'unisse
que tu unisses
qu'il/qu'elle unisse
que nous unissions
que vous unissiez
qu'ils/qu'elles unissent

Past
que j'aie uni
que tu aies uni
qu'il/qu'elle ait uni
que nous ayons uni
que vous ayez uni
qu'ils/qu'elles aient uni

Conditional

Present
j'unirais
tu unirais
il/elle unirait
nous unirions
vous uniriez
ils/elles uniraient

Past
j'aurais uni
tu aurais uni
il/elle aurait uni
nous aurions uni
vous auriez uni
ils/elles auraient uni

Imperative

Present
unis
unissons
unissez

Past
aie uni
ayons uni
ayez uni

Present Infinitive
unir

Past Infinitive
avoir uni

Present Participle
unissant

Past Participle
uni, ie
ayant uni

ATTIRER to draw, to attract

Emma a *attiré* l'attention du garçon blond qui était dans son cours d'histoire.

Emma drew the attention of the blond boy who was in her history class.

Indicative

Present
j'attire
tu attires
il/elle attire
nous attirons
vous attirez
ils/elles attirent

Past Indefinite
j'ai attiré
tu as attiré
il/elle a attiré
nous avons attiré
vous avez attiré
ils/elles ont attiré

Imperfect
j'attirais
tu attirais
il/elle attirait
nous attirions
vous attiriez
ils/elles attiraient

Pluperfect
j'avais attiré
tu avais attiré
il/elle avait attiré
nous avions attiré
vous aviez attiré
ils/elles avaient attiré

Future
j'attirerai
tu attireras
il/elle attirera
nous attirerons
vous attirerez
ils/elles attireront

Former Future
j'aurai attiré
tu auras attiré
il/elle aura attiré
nous aurons attiré
vous aurez attiré
ils/elles auront attiré

Subjunctive

Present
que j'attire
que tu attires
qu'il/qu'elle attire
que nous attirions
que vous attiriez
qu'ils/qu'elles attirent

Past
que j'aie attiré
que tu aies attiré
qu'il/qu'elle ait attiré
que nous ayons attiré
que vous ayez attiré
qu'ils/qu'elles aient attiré

Conditional

Present
j'attirerais
tu attirerais
il/elle attirerait
nous attirerions
vous attireriez
ils/elles attireraient

Past
j'aurais attiré
tu aurais attiré
il/elle aurait attiré
nous aurions attiré
vous auriez attiré
ils/elles auraient attiré

Imperative

Present
attire
attirons
attirez

Past
aie attiré
ayons attiré
ayez attiré

Present Infinitive
attirer

Past Infinitive
avoir attiré

Present Participle
attirant

Past Participle
attiré, ée
ayant attiré

Le prêtre a *uni* les époux.
The priest united the bride and groom in marriage.

UNIR
to unite

Indicative

Present
je tutoie
tu tutoies
il/elle tutoie
nous tutoyons
vous tutoyez
ils/elles tutoient

Imperfect
je tutoyais
tu tutoyais
il/elle tutoyait
nous tutoyions
vous tutoyiez
ils/elles tutoyaient

Future
je tutoierai
tu tutoieras
il/elle tutoiera
nous tutoierons
vous tutoierez
ils/elles tutoieront

Past Indefinite
j'ai tutoyé
tu as tutoyé
il/elle a tutoyé
nous avons tutoyé
vous avez tutoyé
ils/elles ont tutoyé

Pluperfect
j'avais tutoyé
tu avais tutoyé
il/elle avait tutoyé
nous avions tutoyé
vous aviez tutoyé
ils/elles avaient tutoyé

Former Future
j'aurai tutoyé
tu auras tutoyé
il/elle aura tutoyé
nous aurons tutoyé
vous aurez tutoyé
ils/elles auront tutoyé

Subjunctive

Present
que je tutoie
que tu tutoies
qu'il/qu'elle tutoie
que nous tutoyions
que vous tutoyiez
qu'ils/qu'elles tutoient

Past
que j'aie tutoyé
que tu aies tutoyé
qu'il/qu'elle ait tutoyé
que nous ayons tutoyé
que vous ayez tutoyé
qu'ils/qu'elles aient tutoyé

Conditional

Present
je tutoierais
tu tutoierais
il/elle tutoierait
nous tutoierions
vous tutoieriez
ils/elles tutoieraient

Past
j'aurais tutoyé
tu aurais tutoyé
il/elle aurait tutoyé
nous aurions tutoyé
vous auriez tutoyé
ils/elles auraient tutoyé

Imperative

Present
tutoie
tutoyons
tutoyez

Past
aie tutoyé
ayons tutoyé
ayez tutoyé

Present Infinitive
tutoyer

Past Infinitive
avoir tutoyé

Present Participle
tutoyant

Past Participle
tutoyé, ée
ayant tutoyé

AVALER
to swallow

Le serpent boa *avait avalé* sa proie toute entière.
The boa constrictor would have swallowed his entire prey.

Indicative

Present
j'avale
tu avales
il/elle avale
nous avalons
vous avalez
ils/elles avalent

Imperfect
j'avalais
tu avalais
il/elle avalait
nous avalions
vous avaliez
ils/elles avalaient

Future
j'avalerai
tu avaleras
il/elle avalera
nous avalerons
vous avalerez
ils/elles avaleront

Past Indefinite
j'ai avalé
tu as avalé
il/elle a valé
nous avons avalé
vous avez avalé
ils/elles ont avalé

Pluperfect
j'avais avalé
tu avais avalé
il/elle avait avalé
nous avions avalé
vous aviez avalé
ils/elles avaient avalé

Former Future
j'aurai avalé
tu auras avalé
il/elle aura avalé
nous aurons avalé
vous aurez avalé
ils/elles auront avalé

Subjunctive

Present
que j'avale
que tu avales
qu'il/qu'elle avale
que nous avalions
que vous avaliez
qu'ils/qu'elles avalent

Past
que j'aie avalé
que tu aies avalé
qu'il/qu'elle ait avalé
que nous ayons avalé
que vous ayez avalé
qu'ils/qu'elles aient avalé

Conditional

Present
j'avalerais
tu avalerais
il/elle avalerait
nous avalerions
vous avaleriez
ils/elles avaleraient

Past
j'aurais avalé
tu aurais avalé
il/elle aurait avalé
nous aurions avlé
vous auriez avlé
ils/elles auraient avalé

Imperative

Present
avale
avalons
avalez

Past
aie avalé
ayons avalé
ayez avalé

Present Infinitive
avaler

Past Infinitive
avoir avalé

Present Participle
avalant

Past Participle
avalé, ée
ayant avalé

TUTOYER
to be on familiar terms

Chez les Dupont-Seymour, les enfants ne *tutoyaient* pas leurs parents.
In the Dupont-Seymour family, the children were not on familiar terms with their parents.

Indicative

Present
je tue
tu tues
il/elle tue
nous tuons
vous tuez
ils/elles tuent

Imperfect
je tuais
tu tuais
il/elle tuait
nous tuions
vous tuiez
ils/elles tuaient

Future
je tuerai
tu tueras
il/elle tuera
nous tuerons
vous tuerez
ils/elles tueront

Past Indefinite
j'ai tué
tu as tué
il/elle a tué
nous avons tué
vous avez tué
ils/elles ont tué

Pluperfect
j'avais tué
tu avais tué
il/elle avait tué
nous avions tué
vous aviez tué
ils/elles avaient tué

Former Future
j'aurai tué
tu auras tué
il/elle aura tué
nous aurons tué
vous aurez tué
ils/elles auront tué

Subjunctive

Present
que je tue
que tu tues
qu'il/qu'elle tue
que nous tuions
que vous tuiez
qu'ils/qu'elles tuent

Past
que j'aie tué
que tu aies tué
qu'il/qu'elle ait tué
que nous ayons tué
que vous ayez tué
qu'ils/qu'elles aient tué

Conditional

Present
je tuerais
tu tuerais
il/elle tuerait
nous tuerions
vous tueriez
ils/elles tueraient

Past
j'aurais tué
tu aurais tué
il/elle aurait tué
nous aurions tué
vous auriez tué
ils/elles auraient tué

Imperative

Present
tue
tuons
tuez

Past
aie tué
ayons tué
ayez tué

Present Infinitive
tuer

Past Infinitive
avoir tué

Present Participle
tuant

Past Participle
tué, ée
ayant tué

AVERTIR
to warn

Sa mère l'a *averti* que s'il ne réussissait pas au bac, il resterait chez lui tout l'été.

His mother warned him that if he failed the Baccalaureate exam, he would stay home all summer.

Indicative

Present
j'avertis
tu averis
il/elle avertit
nous avertissons
vous avertissez
ils/elles avertissent

Past Indefinite
j'ai averti
tu as averti
il/elle a averti
nous avons averti
vous avez averti
ils/elles avaient averti

Imperfect
j'avertissais
tu avertissais
il/elle avertissait
nous avertissions
vous avertissiez
ils/elles avertissaient

Pluperfect
j'avais averti
tu avais avert
il/elle avait averti
nous avions averti
vous aviez averti
ils/elles avaient averti

Future
j'avertirai
tu avertiras
il/elle avertira
nous avertirons
vous avertirez
ils/elles avertiront

Former Future
j'aurai averti
tu auras averti
il/elle aura averti
nous aurons averti
vous aurez averti
ils/elles auront averti

Subjunctive

Present
que j'avertisse
que tu avertisses
qu'il/qu'elle avertisse
que nous avertissions
que vous avertissiez
qu'ils/qu'elles avertissent

Past
que j'aie averti
que tu aies averti
qu'il/qu'elle ait averti
que nous ayons averti
que vous ayez averti
qu'ils/qu'elles aient averti

Conditional

Present
j'avertirais
tu avertirais
il/elle avertirait
nous avertirions
vous avertiriez
ils/elles avertiraient

Past
j'aurais averti
tu aurais averti
il/elle aurait averti
nous aurions averti
vous auriez averti
ils/elles auraient averti

Imperative

Present
avertis
avertissons
avertissez

Past
aie averti
ayons averti
ayez averti

Present Infinitive
avertir

Past Infinitive
avoir averti

Present Participle
avertissant

Past Participle
averti, ie
ayant averti

Michel ne voulait pas savoir combien de soldats ennemis il *avait tué*.
Michael did not want to know how many enemy soldiers he had killed.

TUER **to kill**

Indicative

Present
je truque
tu truques
il/elle truque
nous truquons
vous truquez
ils/elles truquent

Past Indefinite
j'ai truqué
tu as truqué
il/elle a truqué
nous avons truqué
vous avez truqué
ils/elles ont truqué

Imperfect
je truquais
tu truquais
il/elle truquait
nous truquions
vous truquiez
ils/elles truquaient

Pluperfect
j'avais truqué
tu avais truqué
il/elle avait truqué
nous avions truqué
vous aviez truqué
ils/elles avaient truqué

Future
je truquerai
tu truqueras
il/elle truquera
nous truquerons
vous truquerez
ils/elles truqueront

Former Future
j'aurai truqué
tu auras truqué
il/elle aura truqué
nous aurons truqué
vous aurez truqué
ils/elles auront truqué

Subjunctive

Present
que je truque
que tu truques
qu'il/qu'elle truque
que nous truquions
que vous truquiez
qu'ils/qu'elles truquent

Past
que j'aie truqué
que tu aies truqué
qu'il/qu'elle ait truqué
que nous ayons truqué
que vous ayez truqué
qu'ils/qu'elles aient truqué

Conditional

Present
je truquerais
tu truquerais
il/elle truquerait
nous truquerions
vous truqueriez
ils/elles truqueraient

Past
j'aurais truqué
tu aurais truqué
il/elle aurait truqué
nous aurions truqué
vous auriez truqué
ils/elles auraient truqué

Imperative

Present
truque
truquons
truquez

Past
aie truqué
ayons truqué
ayez truqué

Present Infinitive
truquer

Past Infinitive
avoir truqué

Present Participle
truquant

Past Participle
truqué, ée
ayant truqué

AVISER to inform

Le proviseur a *avisé* les étudiants que le lycée serait fermé Lundi matin.
The principal informed the students that the school would be closed Monday morning.

Indicative

Present
j'avise
tu avises
il/elle avise
nous avisons
vous avisez
ils/elles avisent

Imperfect
j'avisais
tu avisais
il/elle avisait
nous avisions
vous avisiez
ils/elles avisaient

Future
j'aviserai
tu aviseras
il/elle avisera
nous aviserons
vous aviserez
ils/elles aviseront

Past Indefinite
j'ai avisé
tu as avisé
il/elle a avisé
nous avons avisé
vous avez avisé
ils/elles ont avisé

Pluperfect
j'avais avisé
tu avais avisé
il/elle avait avisé
nous avions avisé
vous aviez avisé
ils/elles avaient avisé

Former Future
j'aurai avisé
tu auras avisé
il/elle aura avisé
nous aurons avisé
vous aurez avisé
ils/elles auront avisé

Subjunctive

Present
que j'avise
que tu avises
qu'il/qu'elle avise
que nous avisions
que vous avisiez
qu'ils/qu'elles avisent

Past
que j'aie avisé
que tu aies avisé
qu'il/qu'elle ait avisé
que nous ayons avisé
que vous ayez avisé
qu'ils/qu'elles aient avisé

Conditional

Present
j'aviserais
tu aviserais
il/elle aviserait
nous aviserions
vous aviseriez
ils/elles aviseraient

Past
j'aurais avisé
tu aurais avisé
il/elle aurait avisé
nous aurions avisé
vous auriez avisé
ils/elles auraient avisé

Imperative

Present
avise
avisons
avisez

Past
aie avisé
ayons avisé
ayez avisé

Present Infinitive
aviser

Past Infinitive
avoir avisé

Present Participle
avisant

Past Participle
avisé, ée
ayant avisé

TRUQUER
to fake, to rig, to create special effects (film)

Le magicien a *truqué* beaucoup de ses tours.
The magician has rigged many of his tricks.

Indicative

Present
je truande
tu truandes
il/elle truande
nous truandons
vous truandez
ils/elles truandent

Imperfect
je truandais
tu truandais
il/elle truandait
nous truandions
vous truandiez
ils/elles truandaient

Future
je truanderai
tu truanderas
il/elle truandera
nous truanderons
vous truanderez
ils/elles truanderont

Past Indefinite
j'ai truandé
tu as truandé
il/elle a truandé
nous avons truandé
vous avez truandé
ils/elles ont truandé

Pluperfect
j'avais truandé
tu avais truandé
il/elle avait truandé
nous avions truandé
vous aviez truandé
ils/elles avaient truandé

Former Future
j'aurai truandé
tu auras truandé
il/elle aura truandé
nous aurons truandé
vous aurez truandé
ils/elles auront truandé

Subjunctive

Present
que je truande
que tu truandes
qu'il/qu'elle truande
que nous truandions
que vous truandiez
qu'ils/qu'elles truandent

Past
que j'aie truandé
que tu aies truandé
qu'il/qu'elle ait truandé
que nous ayons truandé
que vous ayez truandé
qu'ils/qu'elles aient truandé

Conditional

Present
je truanderais
tu truanderais
il/elle truanderait
nous truanderions
vous truanderiez
ils/elles truanderaient

Past
j'aurais truandé
tu aurais truandé
il/elle aurait truandé
nous aurions truandé
vous auriez truandé
ils/elles auraient truandé

Imperative

Present
truande
truandons
truandez

Past
aie truandé
ayons truandé
ayez truandé

Present Infinitive
truander

Past Infinitive
avoir truandé

Present Participle
truandant

Past Participle
truandé, ée
ayant truandé

AVOUER
to acknowledge, to admit

Le prévenu a *avoué* son crime.
The defendant admitted to his crime.

Indicative

Present
j'avoue
tu avoues
il/elle avoue
nous avouons
vous avouez
ils/elles avouent

Past Indefinite
j'ai avoué
tu as avoué
il/elle a avoué
nous avons avoué
vous avez avoué
ils/elles ont avoué

Imperfect
j'avouais
tu avouais
il/elle avouait
nous avouions
vous avouiez
ils/elles avouaient

Pluperfect
j'avais avoué
tu avais avoué
il/elle avait avoué
nous avions avoué
vous aviez avoué
ils/elles avaient avoué

Future
j'avouerai
tu avoueras
il/elle avouera
nous avouerons
vous avouerez
ils/elles avoueront

Former Future
j'aurai avoué
tu auras avoué
il/elle aura avoué
nous aurons avoué
vous aurez avoué
ils/elles auront avoué

Subjunctive

Present
que j'avoue
que tu avoues
qu'il/qu'elle avoue
que nous avouions
que vous avouiez
qu'ils/qu'elles avouent

Past
que j'aie avoué
que tu aies avoué
qu'il/qu'elle ait avoué
que nous ayons avoué
que vous ayez avoué
qu'ils/qu'elles aient avoué

Conditional

Present
j'avouerais
tu avouerais
il/elle avouerait
nous avouerions
vous avoueriez
ils/elles avoueraient

Past
j'aurais avoué
tu aurais avoué
il/elle aurait avoué
nous aurions avoué
vous auriez avoué
ils/elles auraient avoué

Imperative

Present
avoue
avouons
avouez

Past
aie avoué
ayons avoué
ayez avoué

Present Infinitive
avouer

Past Infinitive
avoir avoué

Present Participle
avouant

Past Participle
avoué, ée
ayant avoué

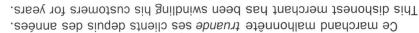

TRUANDER to swindle

Ce marchand malhonnête *truande* ses clients depuis des années.
This dishonest merchant has been swindling his customers for years.

Indicative

Present
je troue
tu troues
il/elle troue
nous trouons
vous trouez
ils/elles trouent

Imperfect
je trouais
tu trouais
il/elle trouait
nous trouions
vous trouiez
ils/elles trouaient

Future
je trouerai
tu troueras
il/elle trouera
nous trouerons
vous trouerez
ils/elles troueront

Past Indefinite
j'ai troué
tu as troué
il/elle a troué
nous avons troué
vous avez troué
ils/elles ont troué

Pluperfect
j'avais troué
tu avais troué
il/elle avait troué
nous avions troué
vous aviez troué
ils/elles avaient troué

Former Future
j'aurai troué
tu auras troué
il/elle aura troué
nous aurons troué
vous aurez troué
ils/elles auront troué

Subjunctive

Present
que je troue
que tu troues
qu'il/qu'elle troue
que nous trouions
que vous trouiez
qu'ils/qu'elles trouent

Past
que j'aie troué
que tu aies troué
qu'il/qu'elle ait troué
que nous ayons troué
que vous ayez troué
qu'ils/qu'elles aient troué

Conditional

Present
je trouerais
tu trouerais
il/elle trouerait
nous trouerions
vous troueriez
ils/elles troueraient

Past
j'aurais troué
tu aurais troué
il/elle aurait troué
nous aurions troué
vous auriez troué
ils/elles auraient troué

Imperative

Present
troue
trouons
trouez

Past
aie troué
ayons troué
ayez troué

Present Infinitive
trouer

Past Infinitive
avoir troué

Present Participle
trouant

Past Participle
troué, ée
ayant troué

BÂCLER
to botch

Ne *bâclez* pas votre travail!
Do not botch your work!

Indicative

Present
je bâcle
tu bâcles
il/elle bâcle
nous bâclons
vous bâclez
ils/elles bâclent

Past Indefinite
j'ai bâclé
tu as bâclé
il/elle a bâclé
nous avons bâclé
vous avez bâclé
ils/elles ont bâclé

Imperfect
je bâclais
tu bâclais
il/elle bâclait
nous bâclions
vous bâcliez
ils/elles bâclaient

Pluperfect
j'avais bâclé
tu avais bâclé
il/elle avait bâclé
nous avions bâclé
vous aviez bâclé
ils/elles avaient bâclé

Future
je bâclerai
tu bâcleras
il/elle bâclera
nous bâclerons
vous bâclerez
ils/elles bâcleront

Former Future
j'aurai bâclé
tu auras bâclé
il/elle aura bâclé
nous aurons bâclé
vous aurez bâclé
ils/elles auront bâclé

Subjunctive

Present
que je bâcle
que tu bâcles
qu'il/qu'elle bâcle
que nous bâclions
que vous bâcliez
qu'ils/qu'elles bâclent

Past
que j'aie bâclé
que tu aies bâclé
qu'il/qu'elle ait bâclé
que nous ayons bâclé
que vous ayez bâclé
qu'ils/qu'elles aient bâclé

Conditional

Present
je bâclerais
tu bâclerais
il/elle bâclerait
nous bâclerions
vous bâcleriez
ils/elles bâcleraient

Past
j'aurais bâclé
tu aurais bâclé
il/elle aurait bâclé
nous aurions bâclé
vous auriez bâclé
ils/elles auraient bâclé

Imperative

Present
bâcle
bâclons
bâclez

Past
aie bâclé
ayons bâclé
ayez bâclé

Present Infinitive
bâcler

Past Infinitive
avoir bâclé

Present Participle
bâclant

Past Participle
bâclé, ée
ayant bâclé

TROUER to make a hole

J'ai troué mon bas; que vais-je faire?
I have a hole in my stocking; what shall I do?

BAISSER

to lower, to decline

Demain soir, la température *baissera* de 10 degrés.
Tomorrow night, the temperature will go down 10 degrees.

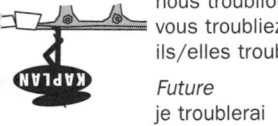

Indicative

Present
je trouble
tu troubles
il/elle trouble
nous troublons
vous troublez
ils/elles troublent

Imperfect
je troublais
tu troublais
il/elle troublait
nous troublions
vous troubliez
ils/elles troublaient

Future
je troublerai
tu troubleras
il/elle troublera
nous troublerons
vous troublerez
ils/elles troubleront

Past Indefinite
j'ai troublé
tu as troublé
il/elle a troublé
nous avons troublé
vous avez troublé
ils/elles ont troublé

Pluperfect
j'avais troublé
tu avais troublé
il/elle avait troublé
nous avions troublé
vous aviez troublé
ils/elles avaient troublé

Former Future
j'aurai troublé
tu auras troublé
il/elle aura troublé
nous aurons troublé
vous aurez troublé
ils/elles auront troublé

Subjunctive

Present
que je trouble
que tu troubles
qu'il/qu'elle trouble
que nous troublions
que vous troubliez
qu'ils/qu'elles troublent

Past
que j'aie troublé
que tu aies troublé
qu'il/qu'elle ait troublé
que nous ayons troublé
que vous ayez troublé
qu'ils/qu'elles aient troublÉ

Conditional

Present
je troublerais
tu troublerais
il/elle troublerait
nous troublerions
vous troubleriez
ils/elles troubleraient

Past
j'aurais troublé
tu aurais troublé
il/elle aurait troublé
nous aurions troublé
vous auriez troublé
ils/elles auraient troublé

Imperative

Present
trouble
troublons
troublez

Past
aie troublé
ayons troublé
ayez troublé

Present Infinitive
troubler

Past Infinitive
avoir troublé

Present Participle
troublant

Past Participle
troublé, ée
ayant troublé

Indicative

Present
je baisse
tu baisses
il/elle baisse
nous baissons
vous baissez
ils/elles baissent

Imperfect
je baissais
tu baissais
il/elle baissait
nous baissions
vous baissiez
ils/elles baissaient

Future
je baisserai
tu baisseras
il/elle baissera
nous baisserons
vous baisserez
ils/elles baisseront

Past Indefinite
j'ai bassé
tu as baissé
il/elle a baissé
nous avons baissé
vous avez baissé
ils/elles ont baissé

Pluperfect
j'avais baissé
tu avais baissé
il/elle avait baissé
nous avions baissé
vous aviez baissé
ils/elles avaient baissé

Former Future
j'aurai baissé
tu auras baissé
il/elle aura baissé
nous aurons baissé
vous aurez baissé
ils/elles auront baissé

Subjunctive

Present
que je baisse
que tu baisses
qu'il/qu'elle baisse
que nous baissions
que vous baissiez
qu'ils/qu'elles baissent

Past
que j'aie baissé
que tu aies baissé
qu'il/qu'elle ait baissé
que nous ayons baissé
que vous ayez baissé
qu'ils/qu'elles aient baissé

Conditional

Present
je baisserais
tu baisserais
il/elle baisserait
nous baisserions
vous baisseriez
ils/elles baisseraient

Past
j'aurais baissé
tu aurait baissé
il/elle aurait baissé
nous aurions baissé
vous auriez baissé
ils/elles auriez baissé

Imperative

Present
baisse
baissons
baissez

Past
aie baissé
ayons baissé
ayez baissé

Present Infinitive
baissser

Past Infinitive
avoir baissé

Present Participle
baissant

Past Participle
baissé, ée
ayant baissé

TROUBLER
to disturb

Le loup a dit à l'agneau qu'il *troublait* son eau pure.
The wolf said to the lamb that he disturbed his pure water.

Indicative

Present
je trompe
tu trompes
il/elle trompe
nous trompons
vous trompez
ils/elles trompent

Imperfect
je trompais
tu trompais
il/elle trompait
nous trompions
vous trompiez
ils/elles trompaient

Future
je tromperai
tu tromperas
il/elle trompera
nous tromperons
vous tromperez
ils/elles tromperont

Past Indefinite
j'ai trompé
tu as trompé
il/elle a trompé
nous avons trompé
vous avez trompé
ils/elles ont trompé

Pluperfect
j'avais trompé
tu avais trompé
il/elle avait trompé
nous avions trompé
vous aviez trompé
ils/elles avaient trompé

Former Future
j'aurai trompé
tu auras trompé
il/elle aura trompé
nous aurons trompé
vous aurez trompé
ils/elles auront trompé

Subjunctive

Present
que je trompe
que tu trompes
qu'il/qu'elle trompe
que nous trompions
que vous trompiez
qu'ils/qu'elles trompent

Past
que j'aie trompé
que tu aies trompé
qu'il/qu'elle ait trompé
que nous ayons trompé
que vous ayez trompé
qu'ils/qu'elles aient trompé

Conditional

Present
je tromperais
tu tromperais
il/elle tromperait
nous tromperions
vous tromperiez
ils/elles tromperaient

Past
j'aurais trompé
tu aurais trompé
il/elle aurait trompé
nous aurions trompé
vous auriez trompé
ils/elles auraient trompé

Imperative

Present
trompe
trompons
trompez

Past
aie trompé
ayons trompé
ayez trompé

Present Infinitive
tromper

Past Infinitive
avoir trompé

Present Participle
trompant

Past Participle
trompé, ée
ayant trompé

BALBUTIER
to mumble

L'élève surpris a *balbutié* une réponse fausse.
The surprised student mumbled an incorrect answer.

Indicative

Present
je balbutie
tu balbuties
il/elle balbutie
nous balbutions
vous balbutiez
ils/elles balbutient

Past Indefinite
j'ai balbutié
tu as balbutié
il/elle a balbutié
nous avons balbutié
vous avez balbutié
ils/elles ont balbutié

Imperfect
je balbutiais
tu balbutiais
il/elle balbutiait
nous balbutiions
vous balbutiiez
ils/elles balbutiaient

Pluperfect
j'avais balbutié
tu avais balbutié
il/elle avait balbutié
nous avions balbutié
vous aviez balbutié
ils/elles avaient balbutié

Future
je balbutierai
tu balbutieras
il/elle balbutiera
nous balbutierons
vous balbutierez
ils/elles balbutieront

Former Future
j'aurai balbutié
tu auras balbutié
il/elle aura balbutié
nous aurons balbutié
vous aurez balbutié
ils/elles auront balbutié

Subjunctive

Present
que je balbutie
que tu balbuties
qu'il/qu'elle balbutie
que nous balbutiions
que vous balbutiiez
qu'ils/qu'elles balbutient

Past
que j'aie balbutié
que tu aies balbutié
qu'il/qu'elle ait balbutié
que nous ayons balbutié
que vous ayez balbutié
qu'ils/qu'elles aient balbutié

Conditional

Present
je balbutierais
tu balbutierais
il/elle balbutierait
nous balbutierions
vous balbutieriez
ils/elles balbutieraient

Past
j'aurais balbutié
tu aurais balbutié
il/elle aurait balbutié
nous aurions balbutié
vous auriez balbutié
ils/elles auraient balbutié

Imperative

Present
balbutie
balbutions
balbutiez

Past
aie balbutié
ayons balbutié
ayez balbutié

Present Infinitive
balbutier

Past Infinitive
avoir balbutié

Present Participle
balbutiant

Past Participle
balbutié, ée
ayant balbutié

TROMPER to deceive, to mislead

Si elle le *trompait*, il s'en apercevrait.
If she deceived him, he would notice it.

Indicative

Present
je trime
tu trimes
il/elle trime
nous trimons
vous trimez
ils/elles triment

Imperfect
je trimais
tu trimais
il/elle trimait
nous trimions
vous trimiez
ils/elles trimaient

Future
je trimerai
tu trimeras
il/elle trimera
nous trimerons
vous trimerez
ils/elles trimeront

Past Indefinite
j'ai trimé
tu as trimé
il/elle a trimé
nous avons trimé
vous avez trimé
ils/elles ont trimé

Pluperfect
j'avais trimé
tu avais trimé
il/elle avait trimé
nous avions trimé
vous aviez trimé
ils/elles avaient trimé

Former Future
j'aurai trimé
tu auras trimé
il/elle aura trimé
nous aurons trimé
vous aurez trimé
ils/elles auront trimé

Subjunctive

Present
que je trime
que tu trimes
qu'il/qu'elle trime
que nous trimions
que vous trimiez
qu'ils/qu'elles triment

Past
que j'aie trimé
que tu aies trimé
qu'il/qu'elle ait trimé
que nous ayons trimé
que vous ayez trimé
qu'ils/qu'elles aient trimé

Conditional

Present
je trimerais
tu trimerais
il/elle trimerait
nous trimerions
vous trimeriez
ils/elles trimeraient

Past
j'aurais trimé
tu aurais trimé
il/elle aurait trimé
nous aurions trimé
vous auriez trimé
ils/elles auraient trimé

Imperative

Present
trime
trimons
trimez

Past
aie trimé
ayons trimé
ayez trimé

Present Infinitive
trimer

Past Infinitive
avoir trimé

Present Participle
trimant

Past Participle
trimé, ée
ayant trimé

BÉNIR
to bless, to glorify

Pour leur noce, un prêtre les a *bénis* dans la petite chapelle du château.
For their wedding, a priest blessed them in the castle's little chapel.

Indicative

Present
je bénis
tu bénis
il/elle bénit
nous bénissons
vous bénissez
ils/elles bénissent

Past Indefinite
j'ai béni
tu as bénis
il/elle a bénit
nous avons béni
vous avez béni
ils/elles ont béni

Imperfect
je bénissais
tu bénissais
il/elle bénissait
nous bénissions
vous bénissiez
ils/elles bénissaient

Pluperfect
j'avais béni
tu avais béni
il/elle avait béni
nous avions béni
vous aviez béni
ils/elles avaient béni

Future
je bénirai
tu béniras
il/elle bénira
nous bénirons
vous bénirez
ils/elles béniront

Former Future
j'aurai béni
tu auras béni
il/elle aura béni
nous aurons béni
vous aurez béni
ils/elles auront béni

Subjunctive

Present
que je bénisse
que tu bénisses
qu'il/qu'elle bénisse
que nous bénissions
que vous bénissiez
qu'ils/qu'elles bénissent

Past
que j'aie béni
que tu aies béni
qu'il/qu'elle ait béni
que nous ayons béni
que vous ayez béni
qu'ils/qu'elles aient béni

Conditional

Present
je bénirais
tu bénirais
il/elle bénirait
nous bénirions
vous béniriez
ils/elles béniraient

Past
j'aurais béni
tu aurais béni
il/elle aurait béni
nous aurions béni
vous auriez béni
ils/elles auraient béni

Imperative

Present
bénis
bénissons
bénissez

Past
aie béni
ayons béni
ayez béni

Present Infinitive
bénir

Past Infinitive
avoir béni

Present Participle
bénissant

Past Participle
béni, ie
ayant béni

TRIMER
to slave away

Madame Robert était contente que son mari *trime* pour elle dans le jardin.
Mrs. Robert was pleased that her husband slaved away for her in the garden.

Indicative

Present
je trie
tu tries
il/elle trie
nous trions
vous triez
ils/elles trient

Imperfect
je triais
tu triais
il/elle triait
nous triions
vous triiez
ils/elles triaient

Future
je trierai
tu trieras
il/elle triera
nous trierons
vous trierez
ils/elles trieront

Past Indefinite
j'ai trié
tu as trié
il/elle a trié
nous avons trié
vous avez trié
ils/elles ont trié

Pluperfect
j'avais trié
tu avais trié
il/elle avait trié
nous avions trié
vous aviez trié
ils/elles avaient trié

Former Future
j'aurai trié
tu auras trié
il/elle aura trié
nous aurons trié
vous aurez trié
ils/elles auront trié

Subjunctive

Present
que je trie
que tu tries
qu'il/qu'elle trie
que nous triions
que vous triiez
qu'ils/qu'elles trient

Past
que j'aie trié
que tu aies trié
qu'il/qu'elle ait trié
que nous ayons trié
que vous ayez trié
qu'ils/qu'elles aient trié

Conditional

Present
je trierais
tu trierais
il/elle trierait
nous trierions
vous trieriez
ils/elles trieraient

Past
j'aurais trié
tu aurais trié
il/elle aurait trié
nous aurions trié
vous auriez trié
ils/elles auraient trié

Imperative

Present
trie
trions
triez

Past
aie trié
ayons trié
ayez trié

Present Infinitive
trier

Past Infinitive
avoir trié

Present Participle
triant

Past Participle
trié, ée
ayant trié

BERCER
to rock, to lull

La Méditerranée *berçait* le yacht dans la baie des anges.
The Mediterranean Sea lulled the yacht in Angels Bay.

Indicative

Present
je berce
tu berces
il/elle berce
nous berçons
vous bercez
ils/elles bercent

Imperfect
je berçais
tu berçais
il/elle berçait
nous bercions
vous berciez
ils/elles berçaient

Future
je bercerai
tu berceras
il/elle bercera
nous bercerons
vous bercerez
ils/elles berceront

Past Indefinite
j'ai bercé
tu as bercé
il/elle a bercé
nous avons bercé
vous avez bercez
ils/elles ont bercé

Pluperfect
j'avais bercé
tu avais bercé
il/elle avait bercé
nous avions bercé
vous aviez bercé
ils/elles avaient bercé

Former Future
j'aurai bercé
tu auras bercé
il/elle aura bercé
nous aurons bercé
vous aurez bercé
ils/elles auront bercé

Subjunctive

Present
que je berce
que tu berces
qu'il/qu'elle berce
que nous bercions
que vous berciez
qu'ils/qu'elles bercent

Past
que j'aie bercé
que tu aies bercé
qu'il/qu'elle ait bercé
que nous ayons bercé
que vous ayez bercé
qu'ils/qu'elles aient bercé

Conditional

Present
je bercerais
tu bercerais
il/elle bercerait
nous bercerions
vous berceriez
ils/elles berceraient

Past
j'aurais bercé
tu aurais bercé
il/elle aurait bertcé
nous aurions bercé
vous auriez bercé
ils/elles auraient bercé

Imperative

Present
berce
berçons
bercez

Past
aie bercé
ayons bercé
ayez bercé

Present Infinitive
bercer

Past Infinitive
avoir bercé

Present Participle
berçant

Past Participle
bercé, ée
ayant bercé

TRIER
to sort out

Il aura trié les meilleurs joueurs de basket pour le tournoi.
He will have sorted out the best basketball players for the tournament.

Indicative

Present
je tricote
tu tricotes
il/elle tricote
nous tricotons
vous tricotez
ils/elles tricotent

Imperfect
je tricotais
tu tricotais
il/elle tricotait
nous tricotions
vous tricotiez
ils/elles tricotaient

Future
je tricoterai
tu tricoteras
il/elle tricotera
nous tricoterons
vous tricoterez
ils/elles tricoteront

Past Indefinite
j'ai tricoté
tu as tricoté
il/elle a tricoté
nous avons tricoté
vous avez tricoté
ils/elles ont tricoté

Pluperfect
j'avais tricoté
tu avais tricoté
il/elle avait tricoté
nous avions tricoté
vous aviez tricoté
ils/elles avaient tricoté

Former Future
j'aurai tricoté
tu auras tricoté
il/elle aura tricoté
nous aurons tricoté
vous aurez tricoté
ils/elles auront tricoté

Subjunctive

Present
que je tricote
que tu tricotes
qu'il/qu'elle tricote
que nous tricotions
que vous tricotiez
qu'ils/qu'elles tricotent

Past
que j'aie tricoté
que tu aies tricoté
qu'il/qu'elle ait tricoté
que nous ayons tricoté
que vous ayez tricoté
qu'ils/qu'elles aient tricoté

Conditional

Present
je tricoterais
tu tricoterais
il/elle tricoterait
nous tricoterions
vous tricoteriez
ils/elles tricoteraient

Past
j'aurais tricoté
tu aurais tricoté
il/elle aurait tricoté
nous aurions tricoté
vous auriez tricoté
ils/elles auraient tricoté

Imperative

Present
tricote
tricotons
tricotez

Past
aie tricoté
ayons tricoté
ayez tricoté

Present Infinitive
tricoter

Past Infinitive
avoir tricoté

Present Participle
tricotant

Past Participle
tricoté, ée
ayant tricoté

BLANCHIR
to wash, to turn white

Les cheveux de M. Durand ont blanchi avec l'âge.
Mr. Durand's hair turned white with age.

Indicative

Present
je blanchis
tu blanchis
il/elle blanchit
nous blanchissons
vous blanchissez
ils/elles blanchissent

Imperfect
je blanchissais
tu blanchissais
il/elle blanchissait
nous blanchissions
vous blanchissiez
ils/elles blanchissaient

Future
je blanchirai
tu blanchiras
il/elle blanchira
nous blanchirons
vous blanchirez
ils/elles blanchiront

Past Indefinite
j'ai blanchi
tu as blanchi
il/elle a blanchi
nous avons blanchi
vous avez blanchi
ils/elles ont blanchi

Pluperfect
j'avais blanchi
tu avais blanchi
il/elle avait blanchi
nous avions blanchi
vous aviez blanchi
ils/elles avaient blanchi

Former Future
j'aurai blanchi
tu auras blanchi
il/elle aura blanchi
nous aurons blanchi
vous aurez blanchi
ils/elles auront blanchi

Subjunctive

Present
que je blanchisse
que tu blanchisses
qu'il/qu'elle blanchisse
que nous blanchissions
que vous blanchissiez
qu'ils/qu'elles blanchissent

Past
que j'aie blanchi
que tu aies blanchi
qu'il/qu'elle ait blanchi
que nous ayons blanchi
que vous ayez blanchi
qu'ils/qu'elles aient blanchi

Conditional

Present
je blanchirais
tu blanchirais
il/elle blanchirait
nous blanchirions
vous blanchiriez
ils/elles blanchiraient

Past
j'aurais blanchi
tu aurais blanchi
il/elle aurait blanchi
nous aurions blanchi
vous auriez blanchi
ils/elles auraient blanchi

Imperative

Present
blanchis
blanchissons
blanchissez

Past
aie blanchi
ayons blanchi
ayez blanchi

Present Infinitive
blanchir

Past Infinitive
avoir blanchi

Present Participle
blanchissant

Past Participle
blanchi, ie
ayant blanchi

TRICOTER to knit

Elle *tricotait* des écharpes de couleurs.
She knit colorful scarves.

Indicative

Present
je triche
tu triches
il/elle triche
nous trichons
vous trichez
ils/elles trichent

Imperfect
je trichais
tu trichais
il/elle trichait
nous trichions
vous trichiez
ils/elles trichaient

Future
je tricherai
tu tricheras
il/elle trichera
nous tricherons
vous tricherez
ils/elles tricheront

Past Indefinite
j'ai triché
tu as triché
il/elle a triché
nous avons triché
vous avez triché
ils/elles ont triché

Pluperfect
j'avais triché
tu avais triché
il/elle avait triché
nous avions triché
vous aviez triché
ils/elles avaient triché

Former Future
j'aurai triché
tu auras triché
il/elle aura triché
nous aurons triché
vous aurez triché
ils/elles auront triché

Subjunctive

Present
que je triche
que tu triches
qu'il/qu'elle triche
que nous trichions
que vous trichiez
qu'ils/qu'elles trichent

Past
que j'aie triché
que tu aies triché
qu'il/qu'elle ait triché
que nous ayons triché
que vous ayez triché
qu'ils/qu'elles aient triché

Conditional

Present
je tricherais
tu tricherais
il/elle tricherait
nous tricherions
vous tricheriez
ils/elles tricheraient

Past
j'aurais triché
tu aurais triché
il/elle aurait triché
nous aurions triché
vous auriez triché
ils/elles auraient triché

Imperative

Present
triche
trichons
trichez

Past
aie triché
ayons triché
ayez triché

Present Infinitive
tricher

Past Infinitive
avoir triché

Present Participle
trichant

Past Participle
triché, ée
ayant triché

BLÊMIR
to turn pale, to grow dim

La lumière du jour *blêmissait* quand les voiliers entrèrent dans le port.
The light of the day was growing dim when the boats entered the harbour.

Indicative

Present
je blémis
tu blémis
il/elle blémit
nous blémissons
vous blémissez
ils/elles blémissent

Past Indefinite
j'ai blémi
tu as blémi
il/elle a blémi
nous avons blémi
vous avez blémi
ils/elles ont blémi

Imperfect
je blémissais
tu blémissais
il/elle blémissait
nous blémissions
vous blémissiez
ils/elles blémissait

Pluperfect
j'avais blémi
tu avais blémi
il/elle avait blémi
nous avions blémi
vous aviez blémi
ils/elles avaient blémi

Future
je blémirai
tu blémiras
il/elle blémira
nous blémirons
vous blémirez
ils/elles blémiront

Former Future
j'aurai blémi
tu auras blémi
il/elle aura blémi
nous aurons blémi
vous aurez blémi
ils/elles auront blémi

Subjunctive

Present
que je blémisse
que tu blémisses
qu'il/qu'elle blémisse
que nous blémissions
que vous blémissiez
qu'ils/qu'elles blémissent

Past
que j'aie blémi
que tu aies blémi
qu'il/qu'elle ait blémi
que nous ayons blémi
que vous ayez blémi
qu'ils/qu'elles aient blémi

Conditional

Present
je blémirais
tu blémirais
il/elle blémirait
nous blémirions
vous blémiriez
ils/elles blémiraient

Past
j'aurais blémi
tu aurais blémi
il/elle aurait blémi
nous aurions blémi
vous auriez blémi
ils/elles auraient blémi

Imperative

Present
blémis
blémissons
blémissez

Past
aie blémi
ayons blémi
ayez blémi

Present Infinitive
blémir

Past Infinitive
avoir blémi

Present Participle
blémissant

Past Participle
blémi, ie
ayant blémi

TRICHER (À/SUR) to cheat at/on

Ces types *tricheraient* aux cartes s'ils le pouvaient.
These guys would cheat at cards if they could.

Indicative

Present
je trempe
tu trempes
il/elle trempe
nous trempons
vous trempez
ils/elles trempent

Imperfect
je trempais
tu trempais
il/elle trempait
nous trempions
vous trempiez
ils/elles trempaient

Future
je tremperai
tu tremperas
il/elle trempera
nous tremperons
vous tremperez
ils/elles tremperont

Past Indefinite
j'ai trempé
tu as trempé
il/elle a trempé
nous avons trempé
vous avez trempé
ils/elles ont trempé

Pluperfect
j'avais trempé
tu avais trempé
il/elle avait trempé
nous avions trempé
vous aviez trempé
ils/elles avaient trempé

Former Future
j'aurai trempé
tu auras trempé
il/elle aura trempé
nous aurons trempé
vous aurez trempé
ils/elles auront trempé

Subjunctive

Present
que je trempe
que tu trempes
qu'il/qu'elle trempe
que nous trempions
que vous trempiez
qu'ils/qu'elles trempent

Past
que j'aie trempé
que tu aies trempé
qu'il/qu'elle ait trempé
que nous ayons trempé
que vous ayez trempé
qu'ils/qu'elles aient trempé

Conditional

Present
je tremperais
tu tremperais
il/elle tremperait
nous tremperions
vous tremperiez
ils/elles tremperaient

Past
j'aurais trempé
tu aurais trempé
il/elle aurait trempé
nous aurions trempé
vous auriez trempé
ils/elles auraient trempé

Imperative

Present
trempe
trempons
trempez

Past
aie trempé
ayons trempé
ayez trempé

Present Infinitive
tremper

Past Infinitive
avoir trempé

Present Participle
trempant

Past Participle
trempé, ée
ayant trempé

BLOTTIR (SE)
to cower, to squat

Elle s'est *blottie* auprès du feu pour se réchauffer.
She squatted near the fire to warm herself up.

Indicative

Present
je blottis
tu blottis
il/elle blottit
nous blotissons
vous blotissez
ils/elles blotissent

Past Indefinite
j'ai blotti
tu as blotti
il/elle a blotti
nous avons blotti
vous avez blotti
ils/elles ont blotti

Imperfect
je blotissais
tu blottissais
il/elle blotissait
nous blottissions
vous blotissiez
ils/elles blotissaient

Pluperfect
j'avais blotti
tu avais blotti
il/elle avait blotti
nous avions blotti
vous aviez blotti
ils/elles avaient blotti

Future
je blottirai
tu blottiras
il/elle blottira
nous blottirons
vous blottirez
ils/elles blottiront

Former Future
j'aurai blotti
tu auras blotti
il/elle aura blotti
nous aurons blotti
vous aurez blotti
ils/elles auront blotti

Subjunctive

Present
que je blottisse
que tu blottisses
qu'il/qu'elle blottisse
que nous blottissions
que vous blottissiez
qu'ils/qu'elles blottissent

Past
que j'aie blotti
que tu aies blotti
qu'il/qu'elle ait blotti
que nous ayons blotti
que vous ayez blotti
qu'ils/qu'elles aient blotti

Conditional

Present
je blottirais
tu blottirais
il/elle blottirait
nous blottirions
vous blottiriez
ils/elles blottiraient

Past
j'aurais blotti
tu aurais blotti
il/elle aurait blotti
nous aurions blotti
vous auriez blotti
ils/elles auraient blotti

Imperative

Present
blottis
blottissons
blottissez

Past
aie blotti
ayons blotti
ayez blotti

Present Infinitive
blottir

Past Infinitive
avoir blotti

Present Participle
blottissant

Past Participle
blotti, ie
ayant blotti

She soaked cookies in milk to make the cake.
Elle a *trempé* les biscuits dans le lait pour faire le gâteau.

TREMPER
to soak

Indicative

Present
je trébuche
tu trébuches
il/elle trébuche
nous trébuchons
vous trébuchez
ils/elles trébuchent

Imperfect
je trébuchais
tu trébuchais
il/elle trébuchait
nous trébuchions
vous trébuchiez
ils/elles trébuchaient

Future
je trébucherai
tu trébucheras
il/elle trébuchera
nous trébucherons
vous trébucherez
ils/elles trébucheront

Past Indefinite
j'ai trébuché
tu as trébuché
il/elle a trébuché
nous avons trébuché
vous avez trébuché
ils/elles ont trébuché

Pluperfect
j'avais trébuché
tu avais trébuché
il/elle avait trébuché
nous avions trébuché
vous aviez trébuché
ils/elles avaient trébuché

Former Future
j'aurai trébuché
tu auras trébuché
il/elle aura trébuché
nous aurons trébuché
vous aurez trébuché
ils/elles auront trébuché

Subjunctive

Present
que je trébuche
que tu trébuches
qu'il/qu'elle trébuche
que nous trébuchions
que vous trébuchiez
qu'ils/qu'elles trébuchent

Past
que j'aie trébuché
que tu aies trébuché
qu'il/qu'elle ait trébuché
que nous ayons trébuché
que vous ayez trébuché
qu'ils/qu'elles aient trébuché

Conditional

Present
je trébucherais
tu trébucherais
il/elle trébucherait
nous trébucherions
vous trébucheriez
ils/elles trébucheraient

Past
j'aurais trébuché
tu aurais trébuché
il/elle aurait trébuché
nous aurions trébuché
vous auriez trébuché
ils/elles auraient trébuché

Imperative

Present
trébuche
trébuchons
trébuchez

Past
aie trébuché
ayons trébuché
ayez trébuché

Present Infinitive
trébucher

Past Infinitive
avoir trébuché

Present Participle
trébuchant

Past Participle
trébuché, ée
ayant trébuché

BOITER
to limp

L'inspecteur Maigret avait remarqué que le suspect *boitait* légèrement.
Inspector Maigret had noticed that the suspect limped slightly.

Indicative

Present
je boite
tu boites
il/elle boite
nous boitons
vous boitez
ils/elles boitent

Imperfect
je boitais
tu boitais
il/elle boitait
nous boitions
vous boitiez
ils/elles boitaient

Future
je boiterai
tu boiteras
il/elle boitera
nous boiterons
vous boiterez
ils/elles boiteront

Past Indefinite
j'ai boité
tu as boité
il/elle a boité
nous avons boité
vous avez boité
ils/elles ont boité

Pluperfect
j'avais boité
tu avais boité
il/elle avait boité
nous avions boité
vous aviez boité
ils/elles avaient boité

Former Future
j'aurai boité
tu auras boité
il/elle aura boité
nous aurons boité
vous aurez boité
ils/elles auront boité

Subjunctive

Present
que je boite
que tu boites
qu'il/qu'elle boite
que nous boitions
que vous boitiez
qu'ils/qu'elles boitent

Past
que j'aie boité
que tu aies boité
qu'il/qu'elle ait boité
que nous ayons boité
que vous ayez boité
qu'ils/qu'elles aient boité

Conditional

Present
je boiterais
tu boiterais
il/elle boiterait
nous boiterions
vous boiteriez
ils/elles boiteraient

Past
j'aurais boité
tu aurais boité
il/elle aurait boité
nous aurions boité
vous auriez boité
ils/elles auraient boité

Imperative

Present
boite
boitons
boitez

Past
aie boité
ayons boité
ayez boité

Present Infinitive
boiter

Past Infinitive
avoir boité

Present Participle
boitant

Past Participle
boité, ée
ayant boité

Elle était bouleversée et elle est sortie de la salle en trébuchant.
She was upset and she left the room stumbling.

TRÉBUCHER to stumble

Indicative

Present
je traverse
tu traverses
il/elle traverse
nous traversons
vous traversez
ils/elles traversent

Past Indefinite
j'ai traversé
tu as traversé
il/elle a traversé
nous avons traversé
vous avez traversé
ils/elles ont traversé

Imperfect
je traversais
tu traversais
il/elle traversait
nous traversions
vous traversiez
ils/elles traversaient

Pluperfect
j'avais traversé
tu avais traversé
il/elle avait traversé
nous avions traversé
vous aviez traversé
ils/elles avaient traversé

Future
je traverserai
tu traverseras
il/elle traversera
nous traverserons
vous traverserez
ils/elles traverseront

Former Future
j'aurai traversé
tu auras traversé
il/elle aura traversé
nous aurons traversé
vous aurez traversé
ils/elles auront traversé

Subjunctive

Present
que je traverse
que tu traverses
qu'il/qu'elle traverse
que nous traversions
que vous traversiez
qu'ils/qu'elles traversent

Past
que j'aie traversé
que tu aies traversé
qu'il/qu'elle ait traversé
que nous ayons traversé
que vous ayez traversé
qu'ils/qu'elles aient traversé

Conditional

Present
je traverserais
tu traverserais
il/elle traverserait
nous traverserions
vous traverseriez
ils/elles traverseraient

Past
j'aurais traversé
tu aurais traversé
il/elle aurait traversé
nous aurions traversé
vous auriez traversé
ils/elles auraient traversé

Imperative

Present
traverse
traversons
traversez

Past
aie traversé
ayons traversé
ayez traversé

Present Infinitive
traverser

Past Infinitive
avoir traversé

Present Participle
traversant

Past Participle
traversé, ée
ayant traversé

BONDIR
to leap, to spring

Nous avons bondi de joie à l'annonce des résultats de l'examen.
We leaped with joy upon the announcement of the exam results.

Indicative

Present
je bondis
tu bondis
il/elle bondit
nous bondissons
vous bondissez
ils/elles bondissent

Imperfect
je bondissais
tu bondissais
il/elle bondissait
nous bondissions
vous bondissiez
ils/elles bondissaient

Future
je bondirai
tu bondiras
il/elle bondira
nous bondirons
vous bondirez
ils/elles bondiront

Past Indefinite
j'ai bondi
tu as bondi
il/elle a bondi
nous avons bondi
vous avez bondi
ils/elles ont bondi

Pluperfect
j'avais bondi
tu avais bondi
il/elle avait bondi
nous avions bondi
vous aviez bondi
ils/elles avaient bondi

Former Future
j'aurai bondi
tu auras bondi
il/elle aura bondi
nous aurons bondi
vous aurez bondi
ils/elles auront bondi

Subjunctive

Present
que je bondisse
que tu bondisses
qu'il/qu'elle bondisse
que nous bondissions
que vous bondissiez
qu'ils/qu'elles bondissent

Past
que j'aie bondi
que tu aies bondi
qu'il/qu'elle ait bondi
que nous ayons bondi
que vous ayez bondi
qu'ils/qu'elles aient bondi

Conditional

Present
je bondirais
tu bondirais
il/elle bondirait
nous bondirions
vous bondiriez
ils/elles bondiraient

Past
j'aurais bondi
tu aurais bondi
il/elle aurait bondi
nous aurions bondi
vous auriez bondi
ils/elles auraient bondi

Imperative

Present
bondis
bondissons
bondissez

Past
aie bondi
ayons bondi
ayez bondi

Present Infinitive
bondir

Past Infinitive
avoir bondi

Present Participle
bondissant

Past Participle
bondi, ie
ayant bondi

Il faut que les enfants *traversent* la rue avec attention et regarde les feux.
It is necessary for children to cross the street with care and to watch the lights.

TRAVERSER to cross

Indicative

Present
je traque
tu traques
il/elle traque
nous traquons
vous traquez
ils/elles traquent

Imperfect
je traquais
tu traquais
il/elle traquait
nous traquions
vous traquiez
ils/elles traquaient

Future
je traquerai
tu traqueras
il/elle traquera
nous traquerons
vous traquerez
ils/elles traqueront

Past Indefinite
j'ai traqué
tu as traqué
il/elle a traqué
nous avons traqué
vous avez traqué
ils/elles ont traqué

Pluperfect
j'avais traqué
tu avais traqué
il/elle avait traqué
nous avions traqué
vous aviez traqué
ils/elles avaient traqué

Former Future
j'aurai traqué
tu auras traqué
il/elle aura traqué
nous aurons traqué
vous aurez traqué
ils/elles auront traqué

Subjunctive

Present
que je traque
que tu traques
qu'il/qu'elle traque
que nous traquions
que vous traquiez
qu'ils/qu'elles traquent

Past
que j'aie traqué
que tu aies traqué
qu'il/qu'elle ait traqué
que nous ayons traqué
que vous ayez traqué
qu'ils/qu'elles aient traqué

Conditional

Present
je traquerais
tu traquerais
il/elle traquerait
nous traquerions
vous traqueriez
ils/elles traqueraient

Past
j'aurais traqué
tu aurais traqué
il/elle aurait traqué
nous aurions traqué
vous auriez traqué
ils/elles auraient traqué

Imperative

Present
traque
traquons
traquez

Past
aie traqué
ayons traqué
ayez traqué

Present Infinitive
traquer

Past Infinitive
avoir traqué

Present Participle
traquant

Past Participle
traqué, ée
ayant traqué

BORNER (SE/À)
to mark out, to limit, to restrict oneself to

Ne vous *bornez* pas à simplement traduire le premier paragraphe.
Do not restrict yourself to translate only the first paragraph.

Indicative

Present
je borne
tu bornes
il/elle borne
nous bornons
vous bornez
ils/elles bornent

Imperfect
je bornais
tu bornais
il/elle bornait
nous bornions
vous borniez
ils/elles bornaient

Future
je bornerai
tu borneras
il/elle bornera
nous bornerons
vous bornerez
ils/elles borneront

Past Indefinite
j'ai borné
tu as borné
il/elle a borné
nous avons borné
vous avez borné
ils/elles ont borné

Pluperfect
j'avais borné
tu avais borné
il/elle avait borné
nous avions borné
vous aviez borné
ils/elles avaient borné

Former Future
j'aurai borné
tu auras borné
il/elle aura borné
nous aurons borné
vous aurez borné
ils/elles auront borné

Subjunctive

Present
que je borne
que tu bornes
qu'il/qu'elle borne
que nous bornions
que vous borniez
qu'ils/qu'elles bornent

Past
que j'aie borné
que tu aies borné
qu'il/qu'elle ait borné
que nous ayons borné
que vous ayez borné
qu'ils/qu'elles aient borné

Conditional

Present
je bornerais
tu bornerais
il/elle bornerait
nous bornerions
vous borneriez
ils/elles borneraient

Past
j'aurais borné
tu aurais borné
il/elle aurait borné
nous aurions borné
vous auriez borné
ils/elles auraient borné

Imperative

Present
borne
bornons
bornez

Past
aie borné
ayons borné
ayez borné

Present Infinitive
borner

Past Infinitive
avoir borné

Present Participle
bornant

Past Participle
borné, ée
ayant borné

Les chasseurs *avaient traqué* le gibier.
The hunters had tracked down the game.

TRAQUER to track down

Indicative

Present
je transpire
tu transpires
il/elle transpire
nous transpirons
vous transpirez
ils/elles transpirent

Past Indefinite
j'ai transpiré
tu as transpiré
il/elle a transpiré
nous avons transpiré
vous avez transpiré
ils/elles ont transpiré

Imperfect
je transpirais
tu transpirais
il/elle transpirait
nous transpirions
vous transpiriez
ils/elles transpiraient

Pluperfect
j'avais transpiré
tu avais transpiré
il/elle avait transpiré
nous avions transpiré
vous aviez transpiré
ils/elles avaient transpiré

Future
je transpirerai
tu transpireras
il/elle transpirera
nous transpirerons
vous transpirerez
ils/elles transpireront

Former Future
j'aurai transpiré
tu auras transpiré
il/elle aura transpiré
nous aurons transpiré
vous aurez transpiré
ils/elles auront transpiré

Subjunctive

Present
que je transpire
que tu transpires
qu'il/qu'elle transpire
que nous transpirions
que vous transpiriez
qu'ils/qu'elles transpirent

Past
que j'aie transpiré
que tu aies transpiré
qu'il/qu'elle ait transpiré
que nous ayons transpiré
que vous ayez transpiré
qu'ils/qu'elles aient transpiré

Conditional

Present
je transpirerais
tu transpirerais
il/elle transpirerait
nous transpirerions
vous transpireriez
ils/elles transpireraient

Past
j'aurais transpiré
tu aurais transpiré
il/elle aurait transpiré
nous aurions transpiré
vous auriez transpiré
ils/elles auraient transpiré

Imperative

Present
transpire
transpirons
transpirez

Past
aie transpiré
ayons transpiré
ayez transpiré

Present Infinitive
transpirer

Past Infinitive
avoir transpiré

Present Participle
transpirant

Past Participle
transpiré, ée
ayant transpiré

BOUDER to sulk

Paul *a boudé* tout l'après-midi car sa mère ne lui avait pas permis de sortir.

Paul sulked all afternoon since his mother had not given him permission to go out.

Indicative

Present
je boude
tu boudes
il/elle boude
nous boudons
vous boudez
ils/elles boudent

Past Indefinite
j'ai boudé
tu as boudé
il/elle a boudé
nous avons boudé
vous avez boudé
ils/elles ont boudé

Imperfect
je boudais
tu boudais
il/elle boudait
nous boudions
vous boudiez
ils/elles boudaient

Pluperfect
j'avais boudé
tu avais boudé
il/elle avait boudé
nous avions boudé
vous aviez boudé
ils/elles avaient boudé

Future
je bouderai
tu bouderas
il/elle boudera
nous bouderons
vous bouderez
ils/elles bouderont

Former Future
j'aurai boudé
tu auras boudé
il/elle aura boudé
nous aurons boudé
vous aurez boudé
ils/elles auront boudé

Subjunctive

Present
que je boude
que tu boudes
qu'il/qu'elle boude
que nous boudions
que vous boudiez
qu'ils/qu'elles boudent

Past
que j'aie boudé
que tu aies boudé
qu'il/qu'elle ait boudé
que nous ayons boudé
que vous ayez boudé
qu'ils/qu'elles aient boudé

Conditional

Present
je bouderais
tu bouderais
il/elle bouderait
nous bouderions
vous bouderiez
ils/elles bouderaient

Past
j'aurais boudé
tu aurais boudé
il/elle aurait boudé
nous aurions boudé
vous auriez boudé
ils/elles auraient boudé

Imperative

Present
boude
boudons
boudez

Past
aie boudé
ayons boudé
ayez boudé

Present Infinitive
bouder

Past Infinitive
avoir boudé

Present Participle
boudant

Past Participle
boudé, ée
ayant boudé

TRANSPIRER to perspire, to transpire

Il *transpirait* beaucoup quand il jouait au tennis et sa chemise est trempée.
He perspired a lot while playing tennis and his shirt is soaked.

Indicative

Present
je transige
tu transiges
il/elle transige
nous transigeons
vous transigez
ils/elles transigent

Past Indefinite
j'ai transigé
tu as transigé
il/elle a transigé
nous avons transigé
vous avez transigé
ils/elles ont transigé

Imperfect
je transigeais
tu transigeais
il/elle transigeait
nous transigions
vous transigiez
ils/elles transigeaient

Pluperfect
j'avais transigé
tu avais transigé
il/elle avait transigé
nous avions transigé
vous aviez transigé
ils/elles avaient transigé

Future
je transigerai
tu transigeras
il/elle transigera
nous transigerons
vous transigerez
ils/elles transigeront

Former Future
j'aurai transigé
tu auras transigé
il/elle aura transigé
nous aurons transigé
vous aurez transigé
ils/elles auront transigé

Subjunctive

Present
que je transige
que tu transiges
qu'il/qu'elle transige
que nous transigions
que vous transigiez
qu'ils/qu'elles transigent

Past
que j'aie transigé
que tu aies transigé
qu'il/qu'elle ait transigé
que nous ayons transigé
que vous ayez transigé
qu'ils/qu'elles aient transigé

Conditional

Present
je transigerais
tu transigerais
il/elle transigerait
nous transigerions
vous transigeriez
ils/elles transigeraient

Past
j'aurais transigé
tu aurais transigé
il/elle aurait transigé
nous aurions transigé
vous auriez transigé
ils/elles auraient transigé

Imperative

Present
transige
transigeons
transigez

Past
aie transigé
ayons transigé
ayez transigé

Present Infinitive
transiger

Past Infinitive
avoir transigé

Present Participle
transigeant

Past Participle
transigé, ée
ayant transigé

BOUGER
to stir, to move

"Ne *bougez* pas!" a dit le photographe.
"Do not move!" said the photographer.

Indicative

Present
je bouge
tu bouges
il/elle bouge
nous bougeons
vous bougez
ils/elles bougent

Imperfect
je bougeais
tu bougeais
il/elle bougeait
nous bougions
vous bougiez
ils/elles bougeaient

Future
je bougerai
tu bougeras
il/elle bougera
nous bougerons
vous bougerez
ils/elles bougeront

Past Indefinite
j'ai bougé
tu as bougé
il/elle a bougé
nous avons bougé
vous avez bougé
ils/elles ont bougé

Pluperfect
j'avais bougé
tu avais bougé
il/elle avait bougé
nous avions bougé
vous aviez bougé
ils/elles avaient bougé

Former Future
j'aurai bougé
tu auras bougé
il/elle aura bougé
nous aurons bougé
vous aurez bougé
ils/elles auront bougé

Subjunctive

Present
que je bouge
que tu bouges
qu'il/qu'elle bouge
que nous bougions
que vous bougiez
qu'ils/qu'elles bougent

Past
que j'aie bougé
que tu aies bougé
qu'il/qu'elle ait bougé
que nous ayons bougé
que vous ayez bougé
qu'ils/qu'elles aient bougé

Conditional

Present
je bougerais
tu bougerais
il/elle bougerait
nous bougerions
vous bougeriez
ils/elles bougeraient

Past
j'aurais bougé
tu aurais bougé
il/elle aurait bougé
nous aurions bougé
vous auriez bougé
ils/elles auraient bougé

Imperative

Present
bouge
bougeons
bougez

Past
aie bougé
ayons bougé
ayez bougé

Present Infinitive
bouger

Past Infinitive
avoir bougé

Present Participle
bougeant

Past Participle
bougé, ée
ayant bougé

TRANSIGER to compromise

Les parents *transigeaient* avec leurs enfants quand ils devenaient adolescents.
The parents compromised with their children when they became adolescents.

Indicative

Present
je transgresse
tu transgresses
il/elle transgresse
nous transgressons
vous transgressez
ils/elles transgressent

Past Indefinite
j'ai transgressé
tu as transgressé
il/elle a transgressé
nous avons transgressé
vous avez transgressé
ils/elles ont transgressé

Imperfect
je transgressais
tu transgressais
il/elle transgressait
nous transgressions
vous transgressiez
ils/elles transgressaient

Pluperfect
j'avais transgressé
tu avais transgressé
il/elle avait transgressé
nous avions transgressé
vous aviez transgressé
ils/elles avaient transgressé

Future
je transgresserai
tu transgresseras
il/elle transgressera
nous transgresserons
vous transgresserez
ils/elles transgresseront

Former Future
j'aurai transgressé
tu auras transgressé
il/elle aura transgressé
nous aurons transgressé
vous aurez transgressé
ils/elles auront transgressé

Subjunctive

Present
que je transgresse
que tu transgresses
qu'il/qu'elle transgresse
que nous transgressions
que vous transgressiez
qu'ils/qu'elles transgressent

Past
que j'aie transgressé
que tu aies transgressé
qu'il/qu'elle ait transgressé
que nous ayons transgressé
que vous ayez transgressé
qu'ils/qu'elles aient transgressé

Conditional

Present
je transgresserais
tu transgresserais
il/elle transgresserait
nous transgresserions
vous transgresseriez
ils/elles transgresseraient

Past
j'aurais transgressé
tu aurais transgressé
il/elle aurait transgressé
nous aurions transgressé
vous auriez transgressé
ils/elles auraient transgressé

Imperative

Present
transgresse
transgressons
transgressez

Past
aie transgressé
ayons transgressé
ayez transgressé

Present Infinitive
transgresser

Past Infinitive
avoir transgressé

Present Participle
transgressant

Past Participle
transgressé, ée
ayant transgressé

BOUILLIR
to boil

Le matin, dès que je me levais, ma mère *bouillait* de l'eau pour le thé.

In the morning, as soon as I got up, my mother was boiling water for tea.

Indicative

Present
je bous
tu bous
il/elle bout
nous bouillons
vous bouillez
ils/elles bouillent

Past Indefinite
j'ai bouilli
tu as bouilli
il/elle a bouilli
nous avons bouilli
vous avez bouilli
ils/elles ont bouilli

Imperfect
je bouillais
tu bouillais
il/elle bouillait
nous bouillions
vous bouilliez
ils/elles bouillaient

Pluperfect
j'avais bouilli
tu avais bouilli
il/elle avait bouilli
nous avions bouilli
vous aviez bouilli
ils/elles avaient bouilli

Future
je bouillirai
tu bouilliras
il/elle bouillira
nous bouillirons
vous bouillirez
ils/elles bouilliront

Former Future
j'aurai bouilli
tu auras bouilli
il/elle aura bouilli
nous aurons bouilli
vous aurez bouilli
ils/elles auront bouilli

Subjunctive

Present
que je bouille
que tu bouilles
qu'il/qu'elle bouille
que nous bouillions
que vous bouilliez
qu'ils/qu'elles bouillent

Past
que j'aie bouilli
que tu aies bouilli
qu'il/qu'elle ait bouilli
que nous ayons bouilli
que vous ayez bouilli
qu'ils/qu'elles aient bouilli

Conditional

Present
je bouillirais
tu bouillirais
il/elle bouillirait
nous bouillirions
vous bouilliriez
ils/elles bouilliraient

Past
j'aurais bouilli
tu aurais bouilli
il/elle aurait bouilli
nous aurions bouilli
vous auriez bouilli
ils/elles auraient bouilli

Imperative

Present
bous
bouillons
bouillez

Past
aie bouilli
ayons bouilli
ayez bouilli

Present Infinitive
bouillir

Past Infinitive
avoir bouilli

Present Participle
bouillant

Past Participle
bouilli, ie
ayant bouilli

TRANSGRESSER to transgress

Souvent, le héros du roman *transgresse* les lois imposées par la société.

Often, the hero of a novel *transgresses* the laws imposed by society.

Indicative

Present
je transfère
tu transfères
il/elle transfère
nous transférons
vous transférez
ils/elles transfèrent

Imperfect
je transférais
tu transférais
il/elle transférait
nous transférions
vous transfériez
ils/elles transféraient

Future
je transférerai
tu transféreras
il/elle transférera
nous transférerons
vous transférerez
ils/elles transféreront

Past Indefinite
j'ai transféré
tu as transféré
il/elle a transféré
nous avons transféré
vous avez transféré
ils/elles ont transféré

Pluperfect
j'avais transféré
tu avais transféré
il/elle avait transféré
nous avions transféré
vous aviez transféré
ils/elles avaient transféré

Former Future
j'aurai transféré
tu auras transféré
il/elle aura transféré
nous aurons transféré
vous aurez transféré
ils/elles auront transféré

Subjunctive

Present
que je transfère
que tu transfères
qu'il/qu'elle transfère
que nous transférions
que vous transfériez
qu'ils/qu'elles transfèrent

Past
que j'aie transféré
que tu aies transféré
qu'il/qu'elle ait transféré
que nous ayons transféré
que vous ayez transféré
qu'ils/qu'elles aient transféré

Conditional

Present
je transférerais
tu transférerais
il/elle transférerait
nous transférerions
vous transféreriez
ils/elles transféreraient

Past
j'aurais transféré
tu aurais transféré
il/elle aurait transféré
nous aurions transféré
vous auriez transféré
ils/elles auraient transféré

Imperative

Present
transfère
transférons
transférez

Past
aie transféré
ayons transféré
ayez transféré

Present Infinitive
transférer

Past Infinitive
avoir transféré

Present Participle
transférant

Past Participle
transféré, ée
ayant transféré

BOULEVERSER
to upset, to bowl over

Le déménagement de sa meilleure amie *bouleversera* Jean-Luc.
His best friend's moving will upset Jean-Luc.

Indicative

Present
je bouleverse
tu bouleverses
il/elle bouleverse
nous bouleversons
vous bouleversez
ils/elles bouleversent

Past Indefinite
j'ai bouleversé
tu as bouleversé
il/elle a bouleversé
nous avons bouleversé
vous avez bouleversé
ils/elles ont bouleversé

Imperfect
je bouleversais
tu bouleversais
il/elle bouleversait
nous bouleversions
vous bouleversiez
ils/elles bouleversaient

Pluperfect
j'avais bouleversé
tu avais bouleversé
il/elle avait bouleversé
nous avions bouleversé
vous aviez bouleversé
ils/elles avaient bouleversé

Future
je bouleverserai
tu bouleverseras
il/elle bouleversera
nous bouleverserons
vous bouleverserez
ils/elles bouleverseront

Former Future
j'aurai bouleversé
tu auras bouleversé
il/elle aura bouleversé
nous aurons bouleversé
vous aurez bouleversé
ils/elles auront bouleversé

Subjunctive

Present
que je bouleverse
que tu bouleverses
qu'il/qu'elle bouleverse
que nous bouleversions
que vous bouleversiez
qu'ils/qu'elles bouleversent

Past
que j'aie bouleversé
que tu aies boulebversé
qu'il/qu'elle ait bouleversé
que nous ayons bouleversé
que vous ayez bouleversé
qu'ils/qu'elles aient bouleversé

Conditional

Present
je bouleverserais
tu bouleverserais
il/elle bouleverserait
nous bouleverserions
vous bouleverseriez
ils/elles bouleverseraient

Past
j'aurais bouleversé
tu aurais bouleversé
il/elle aurait bouleversé
nous aurions bouleversé
vous auriez bouleversé
ils/elles auraient bouleversé

Imperative

Present
bouleverse
bouleversons
bouleversez

Past
aie bouleversé
ayons bouleversé
ayez bouleversé

Present Infinitive
bouleverser

Past Infinitive
avoir bouleversé

Present Participle
bouleversant

Past Participle
bouleversé, ée
ayant bouleversé

TRANSFÉRER to transfer

On a *transféré* les passagers à l'Hôtel Royal.
The passengers were transfered to the Royal Hotel.

Indicative

Present
je transcris
tu transcris
il/elle transcrit
nous transcrivons
vous transcrivez
ils/elles transcrivent

Past Indefinite
j'ai transcrit
tu as transcrit
il/elle a transcrit
nous avons transcrit
vous avez transcrit
ils/elles ont transcrit

Imperfect
je transcrivais
tu transcrivais
il/elle transcrivait
nous transcrivions
vous transcriviez
ils/elles transcrivaient

Pluperfect
j'avais transcrit
tu avais transcrit
il/elle avait transcrit
nous avions transcrit
vous aviez transcrit
ils/elles avaient transcrit

Future
je transcrirai
tu transcriras
il/elle transcrira
nous transcrirons
vous transcrirez
ils/elles transcriront

Former Future
j'aurai transcrit
tu auras transcrit
il/elle aura transcrit
nous aurons transcrit
vous aurez transcrit
ils/elles auront transcrit

Subjunctive

Present
que je transcrive
que tu transcrives
qu'il/qu'elle transcrive
que nous transcrivions
que vous transcriviez
qu'ils/qu'elles transcrivent

Past
que j'aie transcrit
que tu aies transcrit
qu'il/qu'elle ait transcrit
que nous ayons transcrit
que vous ayez transcrit
qu'ils/qu'elles aient transcrit

Conditional

Present
je transcrirais
tu transcrirais
il/elle transcrirait
nous transcririons
vous transcririez
ils/elles transcriraient

Past
j'aurais transcrit
tu aurais transcrit
il/elle aurait transcrit
nous aurions transcrit
vous auriez transcrit
ils/elles auraient transcrit

Imperative

Present
transcris
transcrivons
transcrivez

Past
aie transcrit
ayons transcrit
ayez transcrit

Present Infinitive
transcrire

Past Infinitive
avoir transcrit

Present Participle
transcrivant

Past Participle
transcrit, te
ayant transcrit

BOUQUINER
to read, to browse through books

Il bouquinait des heures avant de s'endormir.
He read for hours before falling asleep.

Indicative

Present
je bouquine
tu bouquines
il/elle bouquine
nous bouquinons
vous bouquinez
ils/elles bouquinent

Past Indefinite
j'ai bouquiné
tu as bouquiné
il/elle a bouquiné
nous avons bouquiné
vous avez bouquiné
ils/elles ont bouquiné

Imperfect
je bouquinais
tu bouquinais
il/elle bouquinait
nous bouquinions
vous bouquiniez
ils/elles bouquinaient

Pluperfect
j'avais bouquiné
tu avais bouquiné
il/elle avait bouquiné
nous avions bouquiné
vous aviez bouquiné
ils/elles avaient bouquiné

Future
je bouquinerai
tu bouquineras
il/elle bouquinera
nous bouquinerons
vous bouquinerez
ils/elles bouquineront

Former Future
j'aurai bouquiné
tu auras bouquiné
il/elle aura bouquiné
nous aurons bouquiné
vous aurez bouquiné
ils/elles auront bouquiné

Subjunctive

Present
que je bouquine
que tu bouquines
qu'il/qu'elle bouquine
que nous bouquinions
que vous bouquiniez
qu'ils/qu'elles bouquinent

Past
que j'aie bouquiné
que tu aies bouquiné
qu'il/qu'elle ait bouquiné
que nous ayons bouquiné
que vous ayez bouquiné
qu'ils/qu'elles aient bouquiné

Conditional

Present
je bouquinerais
tu bouquinerais
il/elle bouquinerait
nous bouquinerions
vous bouquineriez
ils/elles bouquineraient

Past
j'aurais bouquiné
tu aurais bouquiné
il/elle aurait bouquiné
nous aurions bouquiné
vous auriez bouquiné
ils/elles auraient bouquiné

Imperative

Present
bouquine
bouquinons
bouquinez

Past
aie bouquiné
ayons bouquiné
ayez bouquiné

Present Infinitive
bouquiner

Past Infinitive
avoir bouquiné

Present Participle
bouquinant

Past Participle
bouquiné, ée
ayant bouquiné

TRANSCRIRE to transcribe
Elle *a transcrit* la traduction.
She transcribed the translation.

Indicative

Present
je tranquillise
tu tranquillises
il/elle tranquillise
nous tranquillisons
vous tranquillisez
ils/elles tranquillisent

Imperfect
je tranquillisais
tu tranquillisais
il/elle tranquillisait
nous tranquillisions
vous tranquillisiez
ils/elles tranquillisaient

Future
je tranquilliserai
tu tranquilliseras
il/elle tranquillisera
nous tranquilliserons
vous tranquilliserez
ils/elles tranquilliseront

Past Indefinite
j'ai tranquillisé
tu as tranquillisé
il/elle a tranquillisé
nous avons tranquillisé
vous avez tranquillisé
ils/elles ont tranquillisé

Pluperfect
j'avais tranquillisé
tu avais tranquillisé
il/elle avait tranquillisé
nous avions tranquillisé
vous aviez tranquillisé
ils/elles avaient tranquillisé

Former Future
j'aurai tranquillisé
tu auras tranquillisé
il/elle aura tranquillisé
nous aurons tranquillisé
vous aurez tranquillisé
ils/elles auront tranquillisé

Subjunctive

Present
que je tranquillise
que tu tranquillises
qu'il/qu'elle tranquillise
que nous tranquillisions
que vous tranquillisiez
qu'ils/qu'elles tranquillisent

Past
que j'aie tranquillisé
que tu aies tranquillisé
qu'il/qu'elle ait tranquillisé
que nous ayons tranquillisé
que vous ayez tranquillisé
qu'ils/qu'elles aient tranquillisé

Conditional

Present
je tranquilliserais
tu tranquilliserais
il/elle tranquilliserait
nous tranquilliserions
vous tranquilliseriez
ils/elles tranquilliseraient

Past
j'aurais tranquillisé
tu aurais tranquillisé
il/elle aurait tranquillisé
nous aurions tranquillisé
vous auriez tranquillisé
ils/elles auraient tranquillisé

Imperative

Present
tranquillise
tranquillisons
tranquillisez

Past
aie tranquillisé
ayons tranquillisé
ayez tranquillisé

Present Infinitive
tranquilliser

Past Infinitive
avoir tranquillisé

Present Participle
tranquillisant

Past Participle
tranquillisé, ée
ayant tranquillisé

BRANCHER
to plug in, to connect (familiar: to be in the know)

Branche ton séchoir dans la prise.
Plug your hair dryer into the outlet.

Indicative

Present
je branche
tu branches
il/elle branche
nous branchons
vous branchez
ils/elles branchent

Past Indefinite
j'ai branché
tu as branché
il/elle a branché
nous avons branché
vous avez branché
ils/elles ont branché

Imperfect
je branchais
tu branchais
il/elle branchait
nous branchions
vous branchiez
ils/elles branchaient

Pluperfect
j'avais branché
tu avais branché
il/elle avait branché
nous avions branché
vous aviez branché
ils/elles avaient branché

Future
je brancherai
tu brancheras
il/elle branchera
nous brancherons
vous brancherez
ils/elles brancheront

Former Future
j'aurai branché
tu auras branché
il/elle aura branché
nous aurons branché
vous aurez branché
ils/elles auront branché

Subjunctive

Present
que je branche
que tu branches
qu'il/qu'elle branche
que nous branchions
que vous branchiez
qu'ils/qu'elles branchent

Past
que j'aie branché
que tu aies branché
qu'il/qu'elle ait branché
que nous ayons branché
que vous ayez branché
qu'ils/qu'elles aient branché

Conditional

Present
je brancherais
tu brancherais
il/elle brancherait
nous brancherions
vous brancheriez
ils/elles brancheraient

Past
j'aurais branché
tu aurais branché
il/elle aurait branché
nous aurions branché
vous auriez branché
ils/elles auraient branché

Imperative

Present
branche
branchons
branchez

Past
aie branché
ayons branché
ayez branché

Present Infinitive
brancher

Past Infinitive
avoir branché

Present Participle
branchant

Past Participle
branché, ée
ayant branché

TRANQUILLISER to reassure

Julien a *tranquillisé* ses parents, il sera de retour pour les vacances de Noël.

Julian reassured his parents that he will return for Christmas break.

Indicative

Present
je tranche
tu tranches
il/elle tranche
nous tranchons
vous tranchez
ils/elles tranchent

Imperfect
je tranchais
tu tranchais
il/elle tranchait
nous tranchions
vous tranchiez
ils/elles tranchaient

Future
je trancherai
tu trancheras
il/elle tranchera
nous trancherons
vous trancherez
ils/elles trancheront

Past Indefinite
j'ai tranché
tu as tranché
il/elle a tranché
nous avons tranché
vous avez tranché
ils/elles ont tranché

Pluperfect
j'avais tranché
tu avais tranché
il/elle avait tranché
nous avions tranché
vous aviez tranché
ils/elles avaient tranché

Former Future
j'aurai tranché
tu auras tranché
il/elle aura tranché
nous aurons tranché
vous aurez tranché
ils/elles auront tranché

Subjunctive

Present
que je tranche
que tu tranches
qu'il/qu'elle tranche
que nous tranchions
que vous tranchiez
qu'ils/qu'elles tranchent

Past
que j'aie tranché
que tu aies tranché
qu'il/qu'elle ait tranché
que nous ayons tranché
que vous ayez tranché
qu'ils/qu'elles aient tranché

Conditional

Present
je trancherais
tu trancherais
il/elle trancherait
nous trancherions
vous trancheriez
ils/elles trancheraient

Past
j'aurais tranché
tu aurais tranché
il/elle aurait tranché
nous aurions tranché
vous auriez tranché
ils/elles auraient tranché

Imperative

Present
tranche
tranchons
tranchez

Past
aie tranché
ayons tranché
ayez tranché

Present Infinitive
trancher

Past Infinitive
avoir tranché

Present Participle
tranchant

Past Participle
tranché, ée
ayant tranché

BRASSER
to brew, to mix, to handle business

Monsieur Renoir *brasse* de grosses affaires à Wall Street.
Mr. Renoir makes big deals on Wall Street.

Indicative

Present
je brasse
tu brasses
il/elle brasse
nous brassons
vous brassez
ils/elles brassent

Imperfect
je brassais
tu brassais
il/elle brassait
nous brassions
vous brassiez
ils/elles brassaient

Future
je brasserai
tu brasseras
il/elle brassera
nous brasserons
vous brasserez
ils/elles brasseront

Past Indefinite
j'ai brassé
tu as brassé
il/elle a brassé
nous avons brassé
vous avez brassé
ils/elles ont brassé

Pluperfect
j'avais brassé
tu avais brassé
il/elle avait brasssé
nous avions brassé
vous aviez brassé
ils/elles avaient brassé

Former Future
j'aurai brassé
tu auras brassé
il/elle aura brassé
nous aurons brassé
vous aurez brassé
ils/elles auront brassé

Subjunctive

Present
que je brasse
que tu brasses
qu'il/qu'elle brasse
que nous brassions
que vous brassiez
qu'ils/qu'elles brassent

Past
que j'aie brassé
que tu aies brassé
qu'il/qu'elle ait brassé
que nous ayons brassé
que vous ayez brassé
qu'ils/qu'elles aient brassé

Conditional

Present
je brasserais
tu brasserais
il/elle brasserait
nous brasserions
vous brasseriez
ils/elles brasseraient

Past
j'aurais brassé
tu aurais brassé
il/elle aurait brassé
nous aurions brassé
vous auriez brassé
ils/elles auraient brassé

Imperative

Present
brasse
brassons
brassez

Past
aie brassé
ayons brassé
ayez brassé

Present Infinitive
brasser

Past Infinitive
avoir brassé

Present Participle
brassant

Past Participle
brassé, ée
ayant brassé

TRANCHER
to slice, to settle, to contrast

Le directeur *a tranché* la question; Alex sera engagé.
The director settled the argument; Alex will be hired.

BRAVER
to brave, to defy

Bravant les ordres de son capitaine, il a réussi à libérer les prisonniers.
Defying his captain's orders, he successfully freed the prisoners.

Indicative

Present
je trahis
tu trahis
il/elle trahit
nous trahissons
vous trahissez
ils/elles trahissent

Imperfect
je trahissais
tu trahissais
il/elle trahissait
nous trahissions
vous trahissiez
ils/elles trahissaient

Future
je trahirai
tu trahiras
il/elle trahira
nous trahirons
vous trahirez
ils/elles trahiront

Past Indefinite
j'ai trahi
tu as trahi
il/elle a trahi
nous avons trahi
vous avez trahi
ils/elles ont trahi

Pluperfect
j'avais trahi
tu avais trahi
il/elle avait trahi
nous avions trahi
vous aviez trahi
ils/elles avaient trahi

Former Future
j'aurai trahi
tu auras trahi
il/elle aura trahi
nous aurons trahi
vous aurez trahi
ils/elles auront trahi

Subjunctive

Present
que je trahisse
que tu trahisses
qu'il/qu'elle trahisse
que nous trahissions
que vous trahissiez
qu'ils/qu'elles trahissent

Past
que j'aie trahi
que tu aies trahi
qu'il/qu'elle ait trahi
que nous ayons trahi
que vous ayez trahi
qu'ils/qu'elles aient trahi

Conditional

Present
je trahirais
tu trahirais
il/elle trahirait
nous trahirions
vous trahiriez
ils/elles trahiraient

Past
j'aurais trahi
tu aurais trahi
il/elle aurait trahi
nous aurions trahi
vous auriez trahi
ils/elles auraient trahi

Imperative

Present
trahis
trahissons
trahissez

Past
aie trahi
ayons trahi
ayez trahi

Present Infinitive
trahir

Past Infinitive
avoir trahi

Present Participle
trahissant

Past Participle
trahi, ie
ayant trahi

Indicative

Present
je brave
tu braves
il/elle brave
nous bravons
vous bravez
ils/elles bravent

Imperfect
je bravais
tu bravais
il/elle bravait
nous bravions
vous braviez
ils/elles bravaient

Future
je braverai
tu braveras
il/elle bravera
nous braverons
vous braverez
ils/elles braveront

Past Indefinite
j'ai bravé
tu as bravé
il/elle a bravé
nous avons bravé
vous avez bravé
ils/elles ont bravé

Pluperfect
j'avais bravé
tu avais bravé
il/elle avait bravé
nous avions bravé
vous aviez bravé
ils/elles avaient bravé

Former Future
j'aurai bravé
tu auras bravé
il/elle aura bravé
nous aurons bravé
vous aurez bravé
ils/elles auront bravé

Subjunctive

Present
que je brave
que tu braves
qu'il/qu'elle brave
que nous bravions
que vous braviez
qu'ils/qu'elles bravent

Past
que j'aie bravé
que tu aies bravé
qu'il/qu'elle ait bravé
que nous ayons bravé
que vous ayez bravé
qu'ils/qu'elles aient bravé

Conditional

Present
je braverais
tu braverais
il/elle braverait
nous braverions
vous braveriez
ils/elles braveraient

Past
j'aurais bravé
tu aurais bravé
il/elle aurait bravé
nous aurions bravé
vous auriez bravé
ils/elles auraient bravé

Imperative

Present
brave
bravons
bravez

Past
aie bravé
ayons bravé
ayez bravé

Present Infinitive
braver

Past Infinitive
avoir bravé

Present Participle
bravant

Past Participle
bravé, ée
ayant bravé

TRAHIR to betray

Il est difficile de croire que son premier ministre l'*avait trahi*.
It is difficult to believe that his prime minister had betrayed him.

Indicative

Present
je traduis
tu traduis
il/elle traduit
nous traduisons
vous traduisez
ils/elles traduisent

Imperfect
je traduisais
tu traduisais
il/elle traduisait
nous traduisions
vous traduisiez
ils/elles traduisaient

Future
je traduirai
tu traduiras
il/elle traduira
nous traduirons
vous traduirez
ils/elles traduiront

Past Indefinite
j'ai traduit
tu as traduit
il/elle a traduit
nous avons traduit
vous avez traduit
ils/elles ont traduit

Pluperfect
j'avais traduit
tu avais traduit
il/elle avait traduit
nous avions traduit
vous aviez traduit
ils/elles avaient traduit

Former Future
j'aurai traduit
tu auras traduit
il/elle aura traduit
nous aurons traduit
vous aurez traduit
ils/elles auront traduit

Subjunctive

Present
que je traduise
que tu traduises
qu'il/qu'elle traduise
que nous traduisions
que vous traduisiez
qu'ils/qu'elles traduisent

Past
que j'aie traduit
que tu aies traduit
qu'il/qu'elle ait traduit
que nous ayons traduit
que vous ayez traduit
qu'ils/qu'elles aient traduit

Conditional

Present
je traduirais
tu traduirais
il/elle traduirait
nous traduirions
vous traduiriez
ils/elles traduiraient

Past
j'aurais traduit
tu aurais traduit
il/elle aurait traduit
nous aurions traduit
vous auriez traduit
ils/elles auraient traduit

Imperative

Present
traduis
traduisons
traduisez

Past
aie traduit
ayons traduit
ayez traduit

Present Infinitive
traduire

Past Infinitive
avoir traduit

Present Participle
traduisant

Past Participle
traduit, te
ayant traduit

BREDOUILLER
to mumble

Jean a *bredouillé* quelques excuses puis il est sorti rapidement.
John mumbled a few words of excuse, then left quickly.

Indicative

Present
je bredouille
tu bredouilles
il/elle bredouille
nous bredouillons
vous bredouillez
ils/elles bredouillent

Past Indefinite
j'ai bredouillé
tu as bredouillé
il/elle a bredouillé
nous avons bredouillé
vous avez bredouillé
ils/elles ont bredouillé

Imperfect
je bredouillais
tu bredouillais
il/elle bredouillait
nous bredouillions
vous bredouilliez
ils/elles bredouillaient

Pluperfect
j'avais bredouillé
tu avais bredouillé
il/elle avait bredouillé
nous avions bredouillé
vous aviez bredouillé
ils/elles avaient bredouillé

Future
je bredouillerai
tu bredouilleras
il/elle bredouillera
nous bredouillerons
vous bredouillerez
ils/elles bredouilleront

Former Future
j'aurai bredouillé
tu auras bredouillé
il/elle aura bredouillé
nous aurons bredouillé
vous aurez bredouillé
ils/elles auront bredouillé

Subjunctive

Present
que je bredouille
que tu bredouilles
qu'il/qu'elle bredouille
que nous bredouillions
que vous bredouilliez
qu'ils/qu'elles bredouillent

Past
que j'aie bredouillé
que tu aies bredouillé
qu'il/qu'elle ait bredouillé
que nous ayons bredouillé
que vous ayez bredouillé
qu'ils/qu'elles aient bredouillé

Conditional

Present
je bredouillerais
tu bredouillerais
il/elle bredouillerait
nous bredouillerions
vous bredouilleriez
ils/elles bredouilleraient

Past
j'aurais bredouillé
tu aurais bredouillé
il/elle aurait bredouillé
nous aurions bredouillé
vous auriez bredouillé
ils/elles auraient bredouillé

Imperative

Present
bredouille
bredouillons
bredouillez

Past
aie bredouillé
ayons bredouillé
ayez bredouillé

Present Infinitive
bredouiller

Past Infinitive
avoir bredouilllé

Present Participle
bredouillant

Past Participle
bredouillé, ée
ayant bredouillé

TRADUIRE to translate

Ils *traduisaient* le poème quand la cloche a sonné.
They were translating the poem when the bell rang.

Indicative

Present
je tousse
tu tousses
il/elle tousse
nous toussons
vous toussez
ils/elles toussent

Imperfect
je toussais
tu toussais
il/elle toussait
nous toussions
vous toussiez
ils/elles toussaient

Future
je tousserai
tu tousseras
il/elle toussera
nous tousserons
vous tousserez
ils/elles tousseront

Past Indefinite
j'ai toussé
tu as toussé
il/elle a toussé
nous avons toussé
vous avez toussé
ils/elles ont toussé

Pluperfect
j'avais toussé
tu avais toussé
il/elle avait toussé
nous avions toussé
vous aviez toussé
ils/elles avaient toussé

Former Future
j'aurai toussé
tu auras toussé
il/elle aura toussé
nous aurons toussé
vous aurez toussé
ils/elles auront toussé

Subjunctive

Present
que je tousse
que tu tousses
qu'il/qu'elle tousse
que nous toussions
que vous toussiez
qu'ils/qu'elles toussent

Past
que j'aie toussé
que tu aies toussé
qu'il/qu'elle ait toussé
que nous ayons toussé
que vous ayez toussé
qu'ils/qu'elles aient toussé

Conditional

Present
je tousserais
tu tousserais
il/elle tousserait
nous tousserions
vous tousseriez
ils/elles tousseraient

Past
j'aurais toussé
tu aurais toussé
il/elle aurait toussé
nous aurions toussé
vous auriez toussé
ils/elles auraient toussé

Imperative

Present
tousse
toussons
toussez

Past
aie toussé
ayons toussé
ayez toussé

Present Infinitive
tousser

Past Infinitive
avoir toussé

Present Participle
toussant

Past Participle
toussé, ée
ayant toussé

BRICOLER
to do odd jobs, to tinker with

Madame Duclos adorait quand son mari *bricolait* à la maison.
Mrs. Duclos loved it when her husband did odd jobs around the house.

Indicative

Present
je bricole
tu bricoles
il/elle bricole
nous bricolons
vous bricolez
ils/elles bricolent

Past Indefinite
j'ai bricolé
tu as bricolé
il/elle a bricolé
nous avons bricolé
vous avez bricolé
ils/elles ont bricolé

Imperfect
je bricolais
tu bricolais
il/elle bricolait
nous bricolions
vous bricoliez
ils/elles bricolaient

Pluperfect
j'avais bricolé
tu avais bricolé
il/elle avait bricolé
nous avions bricolé
vous aviez bricolé
ils/elles avaient bricolé

Future
je bricolerai
tu bricoleras
il/elle bricolera
nous bricolerons
vous bricolerez
ils/elles bricoleront

Former Future
j'aurai bricolé
tu auras bricolé
il/elle aura bricolé
nous aurons bricolé
vous aurez bricolé
ils/elles auront bricolé

Subjunctive

Present
que je bricole
que tu bricoles
qu'il/qu'elle bricole
que nous bricolions
que vous bricoliez
qu'ils/qu'elles bricolent

Past
que j'aie bricolé
que tu aies bricolé
qu'il/qu'elle ait bricolé
que nous ayons bricolé
que vous ayez bricolé
qu'ils/qu'elles aient bricolé

Conditional

Present
je bricolerais
tu bricolerais
il/elle bricolerait
nous bricolerions
vous bricoleriez
ils/elles bricoleraient

Past
j'aurais bricolé
tu aurais bricolé
il/elle aurait bricolé
nous aurions bricolé
vous auriez bricolé
ils/elles auraient bricolé

Imperative

Present
bricole
bricolons
bricolez

Past
aie bricolé
ayons bricolé
ayez bricolé

Present Infinitive
bricoler

Past Infinitive
avoir bricolé

Present Participle
bricolant

Past Participle
bricolé, ée
ayant bricolé

If you cough, take some cough medicine.
Si vous *toussez*, prenez du sirop pour la toux.

TOUSSER to cough

Indicative

Present
je tourne
tu tournes
il/elle tourne
nous tournons
vous tournez
ils/elles tournent

Imperfect
je tournais
tu tournais
il/elle tournait
nous tournions
vous tourniez
ils/elles tournaient

Future
je tournerai
tu tourneras
il/elle tournera
nous tournerons
vous tournerez
ils/elles tourneront

Past Indefinite
j'ai tourné
tu as tourné
il/elle a tourné
nous avons tourné
vous avez tourné
ils/elles ont tourné

Pluperfect
j'avais tourné
tu avais tourné
il/elle avait tourné
nous avions tourné
vous aviez tourné
ils/elles avaient tourné

Former Future
j'aurai tourné
tu auras tourné
il/elle aura tourné
nous aurons tourné
vous aurez tourné
ils/elles auront tourné

Subjunctive

Present
que je tourne
que tu tournes
qu'il/qu'elle tourne
que nous tournions
que vous tourniez
qu'ils/qu'elles tournent

Past
que j'aie tourné
que tu aies tourné
qu'il/qu'elle ait tourné
que nous ayons tourné
que vous ayez tourné
qu'ils/qu'elles aient tourné

Conditional

Present
je tournerais
tu tournerais
il/elle tournerait
nous tournerions
vous tourneriez
ils/elles tourneraient

Past
j'aurais tourné
tu aurais tourné
il/elle aurait tourné
nous aurions tourné
vous auriez tourné
ils/elles auraient tourné

Imperative

Present
tourne
tournons
tournez

Past
aie tourné
ayons tourné
ayez tourné

Present Infinitive
tourner

Past Infinitive
avoir tourné

Present Participle
tournant

Past Participle
tourné, ée
ayant tourné

BRIQUER
to scrub clean

Madame Deluc *avait briqué* sa cuisine car sa belle-mère venait pour le déjeuner.

Mrs. Deluc had scrubbed her kitchen because her mother-in-law was coming for lunch.

Indicative

Present
je brique
tu briques
il/elle brique
nous briquons
vous briquez
ils/elles briquent

Past Indefinite
j'ai briqué
tu as briqué
il/elle a briqué
nous avons briqué
vous avez briqué
ils/elles ont briqué

Imperfect
je briquais
tu briquais
il/elle briquait
nous briquions
vous briquiez
ils/elles briquaient

Pluperfect
j'avais briqué
tu avais briqué
il/elle avait briqué
nous avions briqué
vous aviez briqué
ils/elles avaient briqué

Future
je briquerai
tu briqueras
il/elle briquera
nous briquerons
vous briquerez
ils/elles briqueront

Former Future
j'aurai briqué
tu auras briqué
il/elle aura briqué
nous aurons briqué
vous aurez briqué
ils/elles auront briqué

Subjunctive

Present
que je brique
que tu briques
qu'il/qu'elle brique
que nous briquions
que vous briquiez
qu'ils/qu'elles briquent

Past
que j'aie briqué
que tu aies briqué
qu'il/qu'elle ait briqué
que nous ayons briqué
que vous ayez briqué
qu'ils/qu'elles aient briqué

Conditional

Present
je briquerais
tu briquerais
il/elle briquerait
nous briquerions
vous briqueriez
ils/elles briqueraient

Past
j'aurais briqué
tu aurais briqué
il/elle aurait briqué
nous aurions briqué
vous auriez briqué
ils/elles auraient briqué

Imperative

Present
brique
briquons
briquez

Past
aie briqué
ayons briqué
ayez briqué

Present Infinitive
briquer

Past Infinitive
avoir briqué

Present Participle
briquant

Past Participle
briqué, ée
ayant briqué

TOURNER
to turn, to shape (clay), to shoot (film)

Le metteur en scène a tourné le film à la Nouvelle-Orléans.
The director shot the film in New Orleans.

Indicative

Present
je tourbillonne
tu tourbillonnes
il/elle tourbillonne
nous tourbillonnons
vous tourbillonnez
ils/elles tourbillonnent

Imperfect
je tourbillonnais
tu tourbillonnais
il/elle tourbillonnait
nous tourbillonnions
vous tourbillonniez
ils/elles tourbillonnaient

Future
je tourbillonnerai
tu tourbillonneras
il/elle tourbillonnera
nous tourbillonnerons
vous tourbillonnerez
ils/elles tourbillonneront

Past Indefinite
j'ai tourbillonné
tu as tourbillonné
il/elle a tourbillonné
nous avons tourbillonné
vous avez tourbillonné
ils/elles ont tourbillonné

Pluperfect
j'avais tourbillonné
tu avais tourbillonné
il/elle avait tourbillonné
nous avions tourbillonné
vous aviez tourbillonné
ils/elles avaient tourbillonné

Former Future
j'aurai tourbillonné
tu auras tourbillonné
il/elle aura tourbillonné
nous aurons tourbillonné
vous aurez tourbillonné
ils/elles auront tourbillonné

Subjunctive

Present
que je tourbillonne
que tu tourbillonnes
qu'il/qu'elle tourbillonne
que nous tourbillonnions
que vous tourbillonniez
qu'ils/qu'elles tourbillonnent

Past
que j'aie tourbillonné
que tu aies tourbillonné
qu'il/qu'elle ait tourbillonné
que nous ayons tourbillonné
que vous ayez tourbillonné
qu'ils/qu'elles aient tourbillonné

Conditional

Present
je tourbillonnerais
tu tourbillonnerais
il/elle tourbillonnerait
nous tourbillonnerions
vous tourbillonneriez
ils/elles tourbillonneraient

Past
j'aurais tourbillonné
tu aurais tourbillonné
il/elle aurait tourbillonné
nous aurions tourbillonné
vous auriez tourbillonné
ils/elles auraient tourbillonné

Imperative

Present
tourbillonne
tourbillonnons
tourbillonnez

Past
aie tourbillonné
ayons tourbillonné
ayez tourbillonné

Present Infinitive
tourbillonner

Past Infinitive
avoir tourbillonné

Present Participle
tourbillonnant

Past Participle
tourbillonné, ée
ayant tourbillonné

Tu as remarqué combien elle *a brodé* son histoire?
Did you notice how much she embellished her story?

BRODER
to embroider, to embellish (a story)

Indicative

Present
je brode
tu brodes
il/elle brode
nous brodons
vous brodez
ils/elles brodent

Imperfect
je brodais
tu brodais
il/elle brodait
nous brodions
vous brodiez
ils/elles brodaient

Future
je broderai
tu broderas
il/elle brodera
nous broderons
vous broderez
ils/elles broderont

Past Indefinite
j'ai brodé
tu as brodé
il/elle a brodé
nous avons brodé
vous avez brodé
ils/elles ont brodé

Pluperfect
j'avais brodé
tu avais brodé
il/elle avait brodé
nous avions brodé
vous aviez brodé
ils/elles avaient brodé

Former Future
j'aurai brodé
tu auras brodé
il/elle aura brodé
nous aurons brodé
vous aurez brodé
ils/elles auront brodé

Subjunctive

Present
que je brode
que tu brodes
qu'il/qu'elle brode
que nous brodions
que vous brodiez
qu'ils/qu'elles brodent

Past
que j'aie brodé
que tu aies brodé
qu'il/qu'elle ait brodé
que nous ayons brodé
que vous ayez brodé
qu'ils/qu'elles aient brodé

Conditional

Present
je broderais
tu broderais
il/elle broderait
nous broderions
vous broderiez
ils/elles broderaient

Past
j'aurais brodé
tu aurais brodé
il/elle aurait brodé
nous aurions brodé
vous auriez brodé
ils/elles auraient brodé

Imperative

Present
brode
brodons
brodez

Past
aie brodé
ayons brodé
ayez brodé

Present Infinitive
broder

Past Infinitive
avoir brodé

Present Participle
brodant

Past Participle
brodé, ée
ayant brodé

Les robes des danseuses *tourbillonnaient* dans l'air du soir.
The dancers' gowns swirled in the night air.

TOURBILLONNER
to swirl

Indicative

Present
je touche
tu touches
il/elle touche
nous touchons
vous touchez
ils/elles touchent

Imperfect
je touchais
tu touchais
il/elle touchait
nous touchions
vous touchiez
ils/elles touchaient

Future
je toucherai
tu toucheras
il/elle touchera
nous toucherons
vous toucherez
ils/elles toucheront

Past Indefinite
j'ai touché
tu as touché
il/elle a touché
nous avons touché
vous avez touché
ils/elles ont touché

Pluperfect
j'avais touché
tu avais touché
il/elle avait touché
nous avions touché
vous aviez touché
ils/elles avaient touché

Former Future
j'aurai touché
tu auras touché
il/elle aura touché
nous aurons touché
vous aurez touché
ils/elles auront touché

Subjunctive

Present
que je touche
que tu touches
qu'il/qu'elle touche
que nous touchions
que vous touchiez
qu'ils/qu'elles touchent

Past
que j'aie touché
que tu aies touché
qu'il/qu'elle ait touché
que nous ayons touché
que vous ayez touché
qu'ils/qu'elles aient touché

Conditional

Present
je toucherais
tu toucherais
il/elle toucherait
nous toucherions
vous toucheriez
ils/elles toucheraient

Past
j'aurais touché
tu aurais touché
il/elle aurait touché
nous aurions touché
vous auriez touché
ils/elles auraient touché

Imperative

Present
touche
touchons
touchez

Past
aie touché
ayons touché
ayez touché

Present Infinitive
toucher

Past Infinitive
avoir touché

Present Participle
touchant

Past Participle
touché, ée
ayant touché

The detective understood that the culprit had mixed up the tracks.

Le détective a compris que le coupable *avait brouillé* les pistes.

BROUILLER (SE)
to blur, to mix up, to jumble

Indicative

Present
je brouille
tu brouilles
il/elle brouille
nous brouillons
vous brouillez
ils/elles brouillent

Imperfect
je brouillais
tu brouillais
il/elle brouillait
nous brouillions
vous brouiiliez
ils/elles brouillaient

Future
je brouillerai
tu brouilleras
il/elle brouillera
nous brouillerons
vous brouillerez
ils/elles brouilleront

Past Indefinite
j'ai brouillé
tu as brouillé
il/elle a brouillé
nous avons brouillé
vous avez brouillé
ils/elles ont brouillé

Pluperfect
j'avais brouillé
tu avais brouillé
il/elle avait brouillé
nous avions brouillé
vous aviez brouillé
ils/elles avaient brouillé

Former Future
j'aurai brouillé
tu auras brouillé
il/elle aura brouillé
nous aurions brouillé
vous auriez brouillé
ils/elles auront brouillé

Subjunctive

Present
que je brouille
que tu brouilles
qu'il/qu'elle brouille
que nous brouillions
que vous brouilliez
qu'ils/qu'elles brouillent

Past
que j'aie brouillé
que tu aies brouillé
qu'il/qu'elle ait brouillé
que nous ayons brouillé
que vous ayez brouillé
qu'ils/qu'elles aient brouillé

Conditional

Present
je brouillerais
tu brouillerais
il/elle brouillerait
nous brouillerions
vous brouilleriez
ils/elles brouilleraient

Past
j'aurais brouillé
tu aurais brouillé
il/elle aurait brouillé
nous aurions brouillé
vous auriez brouillé
ils/elles auraient brouillé

Imperative

Present
brouille
brouillons
brouillez

Past
aie brouillé
ayons brouillé
ayez brouillé

Present Infinitive
brouiller

Past Infinitive
avoir brouillé

Present Participle
brouillant

Past Participle
brouillé, ée
ayant brouillé

All his tears will not affect me.
Toutes ses larmes ne me *toucheront* point.

TOUCHER
to touch, to affect, to concern, to get (money)

Indicative

Present
je tords
tu tords
il/elle tord
nous tordons
vous tordez
ils/elles tordent

Imperfect
je tordais
tu tordais
il/elle tordait
nous tordions
vous tordiez
ils/elles tordaient

Future
je tordrai
tu tordras
il/elle tordra
nous tordrons
vous tordrez
ils/elles tordront

Past Indefinite
j'ai tordu
tu as tordu
il/elle a tordu
nous avons tordu
vous avez tordu
ils/elles ont tordu

Pluperfect
j'avais tordu
tu avais tordu
il/elle avait tordu
nous avions tordu
vous aviez tordu
ils/elles avaient tordu

Former Future
j'aurai tordu
tu auras tordu
il/elle aura tordu
nous aurons tordu
vous aurez tordu
ils/elles auront tordu

Subjunctive

Present
que je torde
que tu tordes
qu'il/qu'elle torde
que nous tordions
que vous tordiez
qu'ils/qu'elles tordent

Past
que j'aie tordu
que tu aies tordu
qu'il/qu'elle ait tordu
que nous ayons tordu
que vous ayez tordu
qu'ils/qu'elles aient tordu

Conditional

Present
je tordrais
tu tordrais
il/elle tordrait
nous tordrions
vous tordriez
ils/elles tordraient

Past
j'aurais tordu
tu aurais tordu
il/elle aurait tordu
nous aurions tordu
vous auriez tordu
ils/elles auraient tordu

Imperative

Present
tords
tordons
tordez

Past
aie tordu
ayons tordu
ayez tordu

Present Infinitive
tordre

Past Infinitive
avoir tordu

Present Participle
tordant

Past Participle
tordu, ue
ayant tordu

BROUTER
to graze

Les agneaux *broutaient* paisiblement l'herbe tendre.
The lambs were grazing peacefully on the tender grass.

Indicative

Present
je broute
tu broutes
il/elle broute
nous broutons
vous broutez
ils/elles broutent

Past Indefinite
j'ai brouté
tu as brouté
il/elle a brouté
nous avons brouté
vous avez brouté
ils/elles ont brouté

Imperfect
je broutais
tu broutais
il/elle broutait
nous broutions
vous broutiez
ils/elles broutaient

Pluperfect
j'avais brouté
tu avais brouté
il/elle avait brouté
nous avions brouté
vous aviez brouté
ils/elles avaient brouté

Future
je brouterai
tu brouteras
il/elle broutera
nous brouterons
vous brouterez
ils/elles brouteront

Former Future
j'aurai brouté
tu auras brouté
il/elle aura brouté
nous aurons brouté
vous aurez brouté
ils/elles auront brouté

Subjunctive

Present
que je broute
que tu broutes
qu'il/qu'elle broute
que nous broutions
que vous broutiez
qu'ils/qu'elles broutent

Past
que j'aie brouté
que tu aies brouté
qu'il/qu'elle ait brouté
que nous ayons brouté
que vous ayez brouté
qu'ils/qu'elles aient brouté

Conditional

Present
je brouterais
tu brouterais
il/elle brouterait
nous brouterions
vous brouteriez
ils/elles brouteraient

Past
j'aurais brouté
tu aurais brouté
il/elle aurait brouté
nous aurions brouté
vous auriez brouté
ils/elles auraient brouté

Imperative

Present
broute
broutons
broutez

Past
aie brouté
ayons brouté
ayez brouté

Present Infinitive
brouter

Past Infinitive
avoir brouté

Present Participle
broutant

Past Participle
brouté,ée
ayant brouté

TORDRE
to wring, to twist

Elle tordait la chemise pour la sécher.
She wrung the shirt to dry it.

Indicative

Present
je tonds
tu tonds
il/elle tond
nous tondons
vous tondez
ils/elles tondent

Imperfect
je tondais
tu tondais
il/elle tondait
nous tondions
vous tondiez
ils/elles tondaient

Future
je tondrai
tu tondras
il/elle tondra
nous tondrons
vous tondrez
ils/elles tondront

Past Indefinite
j'ai tondu
tu as tondu
il/elle a tondu
nous avons tondu
vous avez tondu
ils/elles ont tondu

Pluperfect
j'avais tondu
tu avais tondu
il/elle avait tondu
nous avions tondu
vous aviez tondu
ils/elles avaient tondu

Former Future
j'aurai tondu
tu auras tondu
il/elle aura tondu
nous aurons tondu
vous aurez tondu
ils/elles auront tondu

Subjunctive

Present
que je tonde
que tu tondes
qu'il/qu'elle tonde
que nous tondions
que vous tondiez
qu'ils/qu'elles tondent

Past
que j'aie tondu
que tu aies tondu
qu'il/qu'elle ait tondu
que nous ayons tondu
que vous ayez tondu
qu'ils/qu'elles aient tondu

Conditional

Present
je tondrais
tu tondrais
il/elle tondrait
nous tondrions
vous tondriez
ils/elles tondraient

Past
j'aurais tondu
tu aurais tondu
il/elle aurait tondu
nous aurions tondu
vous auriez tondu
ils/elles auraient tondu

Imperative

Present
tonds
tondons
tondez

Past
aie tondu
ayons tondu
ayez tondu

Present Infinitive
tondre

Past Infinitive
avoir tondu

Present Participle
tondant

Past Participle
tondu, ue
ayant tondu

BÛCHER
to work hard at

Les étudiants *bûchaient* leurs révisions avant le bac.
The students worked hard on their review for the Baccalaureate exam.

Indicative

Present
je bûche
tu bûches
il/elle bûche
nous bûchons
vous bûchez
ils/elles bûchent

Past Indefinite
j'ai bûché
tu as bûché
il/elle a bûché
nous avons bûché
vous avez bûché
ils/elles ont bûché

Imperfect
je bûchais
tu bûchais
il/elle bûchait
nous bûchions
vous bûchiez
ils/elles bûchaient

Pluperfect
j'avais bûché
tu avais bûché
il/elle avait bûché
nous avions bûché
vous aviez bûché
ils/elles avaient bûché

Future
je bûcherai
tu bûcheras
il/elle bûchera
nous bûcherons
vous bûcherez
ils/elles bûcheront

Former Future
j'aurai bûché
tu auras bûché
il/elle aura bûché
nous aurons bûché
vous aurez bûché
ils/elles auront bûché

Subjunctive

Present
que je bûche
que tu bûches
qu'il/qu'elle bûche
que nous bûchions
que vous bûchiez
qu'ils/qu'elles bûchent

Past
que j'aie bûché
que tu aies bûché
qu'il/qu'elle ait bûché
que nous ayons bûché
que vous ayez bûché
qu'ils/qu'elles aient bûché

Conditional

Present
je bûcherais
tu bûcherais
il/elle bûcherait
nous bûcherions
vous bûcheriez
ils/elles bûcheraient

Past
j'aurais bûché
tu aurais bûché
il/elle aurait bûché
nous aurions bûché
vous auriez bûché
ils/elles auraient bûché

Imperative

Present
bûche
bûchons
bûchez

Past
aie bûché
ayons bûché
ayez bûché

Present Infinitive
bûcher

Past Infinitive
avoir bûché

Present Participle
bûchant

Past Participle
bûché, ée
ayant bûché

TONDRE   to shear, to cut (grass)

Pour se faire de l'argent, Emile *tondrait* la pelouse de ses voisins.
To make some money, Emile would cut his neighbor's grass.

Indicative

Present
je tisse
tu tisses
il/elle tisse
nous tissons
vous tissez
ils/elles tissent

Imperfect
je tissais
tu tissais
il/elle tissait
nous tissions
vous tissiez
ils/elles tissaient

Future
je tisserai
tu tisseras
il/elle tissera
nous tisserons
vous tisserez
ils/elles tisseront

Past Indefinite
j'ai tissé
tu as tissé
il/elle a tissé
nous avons tissé
vous avez tissé
ils/elles ont tissé

Pluperfect
j'avais tissé
tu avais tissé
il/elle avait tissé
nous avions tissé
vous aviez tissé
ils/elles avaient tissé

Former Future
j'aurai tissé
tu auras tissé
il/elle aura tissé
nous aurons tissé
vous aurez tissé
ils/elles auront tissé

Subjunctive

Present
que je tisse
que tu tisses
qu'il/qu'elle tisse
que nous tissions
que vous tissiez
qu'ils/qu'elles tissent

Past
que j'aie tissé
que tu aies tissé
qu'il/qu'elle ait tissé
que nous ayons tissé
que vous ayez tissé
qu'ils/qu'elles aient tissé

Conditional

Present
je tisserais
tu tisserais
il/elle tisserait
nous tisserions
vous tisseriez
ils/elles tisseraient

Past
j'aurais tissé
tu aurais tissé
il/elle aurait tissé
nous aurions tissé
vous auriez tissé
ils/elles auraient tissé

Imperative

Present
tisse
tissons
tissez

Past
aie tissé
ayons tissé
ayez tissé

Present Infinitive
tisser

Past Infinitive
avoir tissé

Present Participle
tissant

Past Participle
tissé, ée
ayant tissé

CAJOLER
to coax, to cajole

Henri cajole ses parents pour qu'ils le laissent utiliser la voiture.

Henry coaxes his parents to let him use the car.

Indicative

Present
je cajole
tu cajoles
il/elle cajole
nous cajolons
vous cajolez
ils/elles cajolent

Imperfect
je cajolais
tu cajolais
il/elle cajolait
nous cajolions
vous cajoliez
ils/elles cajolaient

Future
je cajolerai
tu cajoleras
il/elle cajolera
nous cajolerons
vous cajolerez
ils/elles cajoleront

Past Indefinite
j'ai cajolé
tu as cajolé
il/elle a cajolé
nous avons cajolé
vous avez cajolé
ils/elles ont cajolé

Pluperfect
j'avais cajolé
tu avais cajolé
il/elle avait cajolé
nous avions cajolé
vous aviez cajolé
ils/elles avaient cajolé

Former Future
j'aurai cajolé
tu auras cajolé
il/elle aura cajolé
nous aurons cajolé
vous aurez cajolé
ils/elles auront cajolé

Subjunctive

Present
que je cajole
que tu cajoles
qu'il/qu'elle cajole
que nous cajolions
que vous cajoliez
qu'ils/qu'elles cajolent

Past
que j'aie cajolé
que tu aies cajolé
qu'il/qu'elle ait cajolé
que nous ayons cajolé
que vous ayez cajolé
qu'ils/qu'elles aient cajolé

Conditional

Present
je cajolerais
tu cajolerais
il/elle cajolerait
nous cajolerions
vous cajoleriez
ils/elles cajoleraient

Past
j'aurais cajolé
tu aurais cajolé
il/elle aurait cajolé
nous aurions cajolé
vous auriez cajolé
ils/elles auraient cajolé

Imperative

Present
cajole
cajolons
cajolez

Past
aie cajolé
ayons cajolé
ayez cajolé

Present Infinitive
cajoler

Past Infinitive
avoir cajolé

Present Participle
cajolant

Past Participle
cajolé, ée
ayant cajolé

Penelope wove her tapestry while waiting for Ulysses.

Pénélope *tissait* la tapisserie en attendant Ulysse.

TISSER to weave

Indicative

Present
je tire
tu tires
il/elle tire
nous tirons
vous tirez
ils/elles tirent

Past Indefinite
j'ai tiré
tu as tiré
il/elle a tiré
nous avons tiré
vous avez tiré
ils/elles ont tiré

Imperfect
je tirais
tu tirais
il/elle tirait
nous tirions
vous tiriez
ils/elles tiraient

Pluperfect
j'avais tiré
tu avais tiré
il/elle avait tiré
nous avions tiré
vous aviez tiré
ils/elles avaient tiré

Future
je tirerai
tu tireras
il/elle tirera
nous tirerons
vous tirerez
ils/elles tireront

Former Future
j'aurai tiré
tu auras tiré
il/elle aura tiré
nous aurons tiré
vous aurez tiré
ils/elles auront tiré

Subjunctive

Present
que je tire
que tu tires
qu'il/qu'elle tire
que nous tirions
que vous tiriez
qu'ils/qu'elles tirent

Past
que j'aie tiré
que tu aies tiré
qu'il/qu'elle ait tiré
que nous ayons tiré
que vous ayez tiré
qu'ils/qu'elles aient tiré

Conditional

Present
je tirerais
tu tirerais
il/elle tirerait
nous tirerions
vous tireriez
ils/elles tireraient

Past
j'aurais tiré
tu aurais tiré
il/elle aurait tiré
nous aurions tiré
vous auriez tiré
ils/elles auraient tiré

Imperative

Present
tire
tirons
tirez

Past
aie tiré
ayons tiré
ayez tiré

Present Infinitive
tirer

Past Infinitive
avoir tiré

Present Participle
tirant

Past Participle
tiré, ée
ayant tiré

The Ledoux villa was broken into last winter.

On a *cambriolé* la villa des Ledoux l'hiver dernier.

CAMBRIOLER
to burgle, to break into

Indicative

Present
je cambriole
tu cambrioles
il/elle cambriole
nous cambriolons
vous cambriolez
ils/elles cambriolent

Past Indefinite
j'ai cambriolé
tu as cambriolé
il/elle a cambriolé
nous avons cambriolé
vous avez cambriolé
ils/elles ont cambriolé

Imperfect
je cambriolais
tu cambriolais
il/elle cambriolait
nous cambriolions
vous cambrioliez
ils/elles cambriolaient

Pluperfect
j'avais cambriolé
tu avais cambriolé
il/elle avait cambriolé
nous avions cambriolé
vous aviez cambriolé
ils/elles avaient cambriolé

Future
je cambriolerai
tu cambrioleras
il/elle cambriolera
nous cambriolerons
vous cambriolerez
ils/elles cambrioleront

Former Future
j'aurai cambriolé
tu auras cambriolé
il/elle aura cambriolé
nous aurons cambriolé
vous aurez cambriolé
ils/elles auront cambriolé

Subjunctive

Present
que je cambriole
que tu cambrioles
qu'il/qu'elle cambriole
que nous cambriolions
que vous cambrioliez
qu'ils/qu'elles cambriolent

Past
que j'aie cambriolé
que tu aies cambriolé
qu'il/qu'elle ait cambriolé
que nous ayons cambriolé
que vous ayez cambriolé
qu'ils/qu'elles aient cambriolé

Conditional

Present
je cambriolerais
tu cambriolerais
il/elle cambriolerait
nous cambriolerions
vous cambrioleriez
ils/elles cambrioleraient

Past
j'aurais cambriolé
tu aurais cambriolé
il/elle aurait cambriolé
nous aurions cambriolé
vous auriez cambriolé
ils/elles auraient cambriolé

Imperative

Present
cambriole
cambriolons
cambriolez

Past
aie cambriolé
ayons cambriolé
ayez cambriolé

Present Infinitive
cambrioler

Past Infinitive
avoir cambriolé

Present Participle
cambriolant

Past Participle
cambriolé, ée
ayant cambriolé

TIRER
to pull out, to draw (a sword), to fire (a gun)

Le cambrioleur avait *tiré* le premier.
The burglar had fired first.

Indicative

Present
je termine
tu termines
il/elle termine
nous terminons
vous terminez
ils/elles terminent

Imperfect
je terminais
tu terminais
il/elle terminait
nous terminions
vous terminiez
ils/elles terminaient

Future
je terminerai
tu termineras
il/elle terminera
nous terminerons
vous terminerez
ils/elles termineront

Past Indefinite
j'ai terminé
tu as terminé
il/elle a terminé
nous avons terminé
vous avez terminé
ils/elles ont terminé

Pluperfect
j'avais terminé
tu avais terminé
il/elle avait terminé
nous avions terminé
vous aviez terminé
ils/elles avaient terminé

Former Future
j'aurai terminé
tu auras terminé
il/elle aura terminé
nous aurons terminé
vous aurez terminé
ils/elles auront terminé

Subjunctive

Present
que je termine
que tu termines
qu'il/qu'elle termine
que nous terminions
que vous terminiez
qu'ils/qu'elles terminent

Past
que j'aie terminé
que tu aies terminé
qu'il/qu'elle ait terminé
que nous ayons terminé
que vous ayez terminé
qu'ils/qu'elles aient terminé

Conditional

Present
je terminerais
tu terminerais
il/elle terminerait
nous terminerions
vous termineriez
ils/elles termineraient

Past
j'aurais terminé
tu aurais terminé
il/elle aurait terminé
nous aurions terminé
vous auriez terminé
ils/elles auraient terminé

Imperative

Present
termine
terminons
terminez

Past
aie terminé
ayons terminé
ayez terminé

Present Infinitive
terminer

Past Infinitive
avoir terminé

Present Participle
terminant

Past Participle
terminé, ée
ayant terminé

CÉDER
to give up, to yield

Les parents d'Annie *ont finalement cédé* à ses demandes.

Annie's parents finally *gave in* to her requests.

Indicative

Present
je cède
tu cèdes
il/elle cède
nous cédons
vous cédez
ils/elles cèdent

Past Indefinite
j'ai cédé
tu as cédé
il/elle a cédé
nous avons cédé
vous avez cédé
ils/elles ont cédé

Imperfect
je cédais
tu cédais
il/elle cédait
nous cédions
vous cédiez
ils/elles cédaient

Pluperfect
j'avais cédé
tu avais cédé
il/elle avait cédé
nous avions cédé
vous aviez cédé
ils/elles avaient cédé

Future
je céderai
tu céderas
il/elle cédera
nous céderons
vous céderez
ils/elles céderont

Former Future
j'aurai cédé
tu auras cédé
il/elle aura cédé
nous aurons cédé
vous aurez cédé
ils/elles auront cédé

Subjunctive

Present
que je cède
que tu cèdes
qu'il/qu'elle cède
que nous cédions
que vous cédiez
qu'ils/qu'elles cèdent

Past
que j'aie cédé
que tu aies cédé
qu'il/qu'elle ait cédé
que nous ayons cédé
que vous ayez cédé
qu'ils/qu'elles aient cédé

Conditional

Present
je céderais
tu céderais
il/elle céderait
nous céderions
vous céderiez
ils/elles céderaient

Past
j'aurais cédé
tu aurais cédé
il/elle aurait cédé
nous aurions cédé
vous auriez cédé
ils/elles auraient cédé

Imperative

Present
cède
cédons
cédez

Past
aie cédé
ayons cédé
ayez cédé

Present Infinitive
céder

Past Infinitive
avoir cédé

Present Participle
cédant

Past Participle
cédé, ée
ayant cédé

TERMINER to end, to terminate

Nous *terminerons* la soirée à minuit.
We will end the party at midnight.

Indicative

Present
je tente
tu tentes
il/elle tente
nous tentons
vous tentez
ils/elles tentent

Imperfect
je tentais
tu tentais
il/elle tentait
nous tentions
vous tentiez
ils/elles tentaient

Future
je tenterai
tu tenteras
il/elle tentera
nous tenterons
vous tenterez
ils/elles tenteront

Past Indefinite
j'ai tenté
tu as tenté
il/elle a tenté
nous avons tenté
vous avez tenté
ils/elles ont tenté

Pluperfect
j'avais tenté
tu avais tenté
il/elle avait tenté
nous avions tenté
vous aviez tenté
ils/elles avaient tenté

Former Future
j'aurai tenté
tu auras tenté
il/elle aura tenté
nous aurons tenté
vous aurez tenté
ils/elles auront tenté

Subjunctive

Present
que je tente
que tu tentes
qu'il/qu'elle tente
que nous tentions
que vous tentiez
qu'ils/qu'elles tentent

Past
que j'aie tenté
que tu aies tenté
qu'il/qu'elle ait tenté
que nous ayons tenté
que vous ayez tenté
qu'ils/qu'elles aient tenté

Conditional

Present
je tenterais
tu tenterais
il/elle tenterait
nous tenterions
vous tenteriez
ils/elles tenteraient

Past
j'aurais tenté
tu aurais tenté
il/elle aurait tenté
nous aurions tenté
vous auriez tenté
ils/elles auraient tenté

Imperative

Present
tente
tentons
tentez

Past
aie tenté
ayons tenté
ayez tenté

Present Infinitive
tenter

Past Infinitive
avoir tenté

Present Participle
tentant

Past Participle
tenté, ée
ayant tenté

CHANCELER
to stagger

Il était si malade qu'il *chancelait* de fatigue.
He was so sick that he staggered with fatigue.

Indicative

Present
je chancelle
tu chancelles
il/elle chancelle
nous chancelons
vous chancelez
ils/elles chancellent

Past Indefinite
j'ai chancelé
tu as chancelé
il/elle a chancelé
nous avons chancelé
vous avez chancelé
ils/elles ont chancelé

Imperfect
je chancelais
tu chancelais
il/elle chancelait
nous chancelions
vous chanceliez
ils/elles chancelaient

Pluperfect
j'avais chancelé
tu avais chancelé
il/elle avait chancelé
nous avions chncelé
vous aviez chancelé
ils/elles avaient chancelé

Future
je chancellerai
tu chancelleras
il/elle chancellera
nous chancellerons
vous chancellerez
ils/elles chancelleront

Former Future
j'aurai chancelé
tu auras chancelé
il/elle aura chancelé
nous aurons chancelé
vous aurez chancelé
ils/elles auront chancelé

Subjunctive

Present
que je chancelle
que tu chancelles
qu'il/qu'elle chancelle
que nous chancelions
que vous chanceliez
qu'ils/qu'elles chancellent

Past
que j'aie chancelé
que tu aies chancelé
qu'il/qu'elle ait chancelé
que nous ayons chancelé
que vous ayez chancelé
qu'ils/qu'elles aient chancelé

Conditional

Present
je chancellerais
tu chancellerais
il/elle chancellerait
nous chancellerions
vous chancelleriez
ils/elles chancelleraient

Past
j'aurais chancelé
tu aurais chancelé
il/elle aurait chancelé
nous aurions chancelé
vous auriez chancelé
ils/elles auraient chancelé

Imperative

Present
chancelle
chancelons
chancelez

Past
aie chancelé
ayons chancelé
ayez chancelé

Present Infinitive
chanceler

Past Infinitive
avoir chancelé

Present Participle
chancelant

Past Participle
chancelé, ée
ayant chancelé

Eric a *tenté de* convaincre ses parents de le laisser partir avec ses copains en vacances.
Eric attempted to convince his parents to let him go with his friends on holiday.

TENTER (DE)
to attempt to

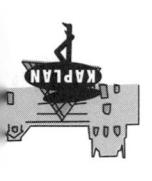

CHÂTIER to chastise, to punish

La marâtre du conte de fées *avait châtié* les petits enfants et a dû le regretter amèrement.
The mean stepmother in the fairy tale had punished the children and bitterly regretted it.

Indicative

Present
je tiens
tu tiens
il/elle tient
nous tenons
vous tenez
ils/elles tiennent

Past Indefinite
j'ai tenu
tu as tenu
il/elle a tenu
nous avons tenu
vous avez tenu
ils/elles ont tenu

Imperfect
je tenais
tu tenais
il/elle tenait
nous tenions
vous teniez
ils/elles tenaient

Pluperfect
j'avais tenu
tu avais tenu
il/elle avait tenu
nous avions tenu
vous aviez tenu
ils/elles avaient tenu

Future
je tiendrai
tu tiendras
il/elle tiendra
nous tiendrons
vous tiendrez
ils/elles tiendront

Former Future
j'aurai tenu
tu auras tenu
il/elle aura tenu
nous aurons tenu
vous aurez tenu
ils/elles auront tenu

Subjunctive

Present
que je tienne
que tu tiennes
qu'il/qu'elle tienne
que nous tenions
que vous teniez
qu'ils/qu'elles tiennent

Past
que j'aie tenu
que tu aies tenu
qu'il/qu'elle ait tenu
que nous ayons tenu
que vous ayez tenu
qu'ils/qu'elles aient tenu

Conditional

Present
je tiendrais
tu tiendrais
il/elle tiendrait
nous tiendrions
vous tiendriez
ils/elles tiendraient

Past
j'aurais tenu
tu aurais tenu
il/elle aurait tenu
nous aurions tenu
vous auriez tenu
ils/elles auraient tenu

Imperative

Present
tiens
tenons
tenez

Past
aie tenu
ayons tenu
ayez tenu

Present Infinitive
tenir

Past Infinitive
avoir tenu

Present Participle
tenant

Past Participle
tenu, ue
ayant tenu

Indicative

Present
je châtie
tu châties
il/elle châtie
nous châtions
vous châtiez
ils/elles châtient

Past Indefinite
j'ai châtié
tu as châtié
il/elle a châtié
nous avons châtié
vous avez châtié
ils/elles ont châtié

Imperfect
je châtiais
tu châtiais
il/elle châtiait
nous châtiions
vous châtiiez
ils/elles châtiaient

Pluperfect
j'avais châtié
tu avais châtié
il/elle avait châtié
nous avions châtié
vous aviez châtié
ils/elles avaient châtié

Future
je châtierai
tu châtieras
il/elle châtiera
nous châtierons
vous châtierez
ils/elles châtieront

Former Future
j'aurai châtié
tu auras châtié
il/elle aura châtié
nous aurons châtié
vous aurez châtié
ils/elles auront châtié

Subjunctive

Present
que je châtie
que tu châties
qu'il/qu'elle châtie
que nous châtiions
que vous châtiiez
qu'ils/qu'elles châtient

Past
que j'aie châtié
que tu aies châtié
qu'il/qu'elle ait châtié
que nous ayons châtié
que vous ayez châtié
qu'ils/qu'elles aient châtié

Conditional

Present
je châtierais
tu châtierais
il/elle châtierait
nous châtierions
vous châtieriez
ils/elles châtieraient

Past
j'aurais châtié
tu aurais châtié
il/elle aurait châtié
nous aurions châtié
vous auriez châtié
ils/elles auraient châtié

Imperative

Present
châtie
châtions
châtiez

Past
aie châtié
ayons châtié
ayez châtié

Present Infinitive
châtier

Past Infinitive
avoir châtié

Present Participle
châtiant

Past Participle
châtié, ée
ayant châtié

This person sitting next to me occupies too much space.
Cette personne assise à côté de moi *tient* trop de place.

TENIR
to hold, to occupy

Indicative

Present
je témoigne
tu témoignes
il/elle témoigne
nous témoignons
vous témoignez
ils/elles témoignent

Past Indefinite
j'ai témoigné
tu as témoigné
il/elle a témoigné
nous avons témoigné
vous avez témoigné
ils/elles ont témoigné

Imperfect
je témoignais
tu témoignais
il/elle témoignait
nous témoignions
vous témoigniez
ils/elles témoignaient

Pluperfect
j'avais témoigné
tu avais témoigné
il/elle avait témoigné
nous avions témoigné
vous aviez témoigné
ils/elles avaient témoigné

Future
je témoignerai
tu témoigneras
il/elle témoignera
nous témoignerons
vous témoignerez
ils/elles témoigneront

Former Future
j'aurai témoigné
tu auras témoigné
il/elle aura témoigné
nous aurons témoigné
vous aurez témoigné
ils/elles auront témoigné

Subjunctive

Present
que je témoigne
que tu témoignes
qu'il/qu'elle témoigne
que nous témoignions
que vous témoigniez
qu'ils/qu'elles témoignent

Past
que j'aie témoigné
que tu aies témoigné
qu'il/qu'elle ait témoigné
que nous ayons témoigné
que vous ayez témoigné
qu'ils/qu'elles aient témoigné

Conditional

Present
je témoignerais
tu témoignerais
il/elle témoignerait
nous témoignerions
vous témoigneriez
ils/elles témoigneraient

Past
j'aurais témoigné
tu aurais témoigné
il/elle aurait témoigné
nous aurions témoigné
vous auriez témoigné
ils/elles auraient témoigné

Imperative

Present
témoigne
témoignons
témoignez

Past
aie témoigné
ayons témoigné
ayez témoigné

Present Infinitive
témoigner

Past Infinitive
avoir témoigné

Present Participle
témoignant

Past Participle
témoigné, ée
ayant témoigné

CHATOYER
to shimmer, to glisten

Les robes du soir *chatoyaient* sous le feu des lustres.
The evening gowns shimmered under the glowing light of the chandeliers.

Indicative

Present
je chatoie
tu chatoies
il/elle chatoie
nous chatoyons
vous chatoyez
ils/elles chatoient

Past Indefinite
j'ai chatoyé
tu as chatoyé
il/elle a chatoyé
nous avons chatoyé
vous avez chatoyé
ils/elles ont chatoyé

Imperfect
je chatoyais
tu chatoyais
il/elle chatoyait
nous chatoyions
vous chatoyez
ils/elles chatoyaient

Pluperfect
j'avais chatoyé
tu avais chatoyé
il/elle avait chatoyé
nous avions chatoyé
vous aviez chatoyé
ils/elles avaient chatoyé

Future
je chatoierai
tu chatoieras
il/elle chatoiera
nous chatoierons
vous chatoierez
ils/elles chatoieront

Former Future
j'aurai chatoyé
tu auras chatoyé
il/elle aura chatoyé
nous aurons chatoyé
vous aurez chatoyé
ils/elles auront chatoyé

Subjunctive

Present
que je chatoie
que tu chatoies
qu'il/qu'elle chatoie
que nous chatoyions
que vous chatoyez
qu'ils/qu'elles chatoient

Past
que j'aie chatoyé
que tu aies chatoyé
qu'il/qu'elle ait chatoyé
que nous ayons chatoyé
que vous ayez chatoyé
qu'ils/qu'elles aient chatoyé

Conditional

Present
je chatoierais
tu chatoierais
il/elle chatoierait
nous chatoierions
vous chatoieriez
ils/elles chatoieraient

Past
j'aurais chatoyé
tu aurais chatoyé
il/elle aurait chatoyé
nous aurions chatoyé
vous auriez chatoyé
ils/elles auraient chatoyé

Imperative

Present
chatoie
chatoyons
chatoyé

Past
aie chatoyé
ayons chatoyé
ayez chatoyé

Present Infinitive
chatoyer

Past Infinitive
avoir chatoyé

Present Participle
chatoyant

Past Participle
chatoyé, ée
ayant chatoyé

TÉMOIGNER to testify

Les Martin ne *témoigneront pas* au procès.
The Martins will not testify at the trial.

Indicative

Present
je teins
tu teins
il/elle teint
nous teignons
vous teignez
ils/elles teignent

Imperfect
je teignais
tu teignais
il/elle teignait
nous teignions
vous teigniez
ils/elles teignaient

Future
je teindrai
tu teindras
il/elle teindra
nous teindrons
vous teindrez
ils/elles teindront

Past Indefinite
j'ai teint
tu as teint
il/elle a teint
nous avons teint
vous avez teint
ils/elles ont teint

Pluperfect
j'avais teint
tu avais teint
il/elle avait teint
nous avions teint
vous aviez teint
ils/elles avaient teint

Former Future
j'aurai teint
tu auras teint
il/elle aura teint
nous aurons teint
vous aurez teint
ils/elles auront teint

Subjunctive

Present
que je teigne
que tu teignes
qu'il/qu'elle teigne
que nous teignions
que vous teigniez
qu'ils/qu'elles teignent

Past
que j'aie teint
que tu aies teint
qu'il/qu'elle ait teint
que nous ayons teint
que vous ayez teint
qu'ils/qu'elles aient teint

Conditional

Present
je teindrais
tu teindrais
il/elle teindrait
nous teindrions
vous teindriez
ils/elles teindraient

Past
j'aurais teint
tu aurais teint
il/elle aurait teint
nous aurions teint
vous auriez teint
ils/elles auraient teint

Imperative

Present
teins
teignons
teignez

Past
aie teint
ayons teint
ayez teint

Present Infinitive
teindre

Past Infinitive
avoir teint

Present Participle
teignant

Past Participle
teint, te
ayant teint

CHOYER
to pet, to cherish, to coddle

Elle *choyait* l'espoir de le rejoindre un jour.
She cherished the hope to join him one day.

Indicative

Present
je choie
tu choies
il/elle choie
nous choyons
vous choyez
ils/elles choient

Past Indefinite
j'ai choyé
tu as choyé
il/elle a choyé
nous avons choyé
vous avez choyé
ils/elles ont choyé

Imperfect
je choyais
tu choyais
il/elle choyait
nous choyions
vous choyiez
ils/elles choyaient

Pluperfect
j'avais choyé
tu avais choyé
il/elle avait choyé
nous avions choyé
vous aviez choyé
ils/elles avaient choyé

Future
je choierai
tu choieras
il/elle choiera
nous choierons
vous choierez
ils/elles choieront

Former Future
j'aurai choyé
tu auras choyé
il/elle aura choyé
nous aurons choyé
vous aurez choyé
ils/elles auront choyé

Subjunctive

Present
que je choie
que tu choies
qu'il/qu'elle choie
que nous choyions
que vous choyiez
qu'ils/qu'elles choient

Past
que j'aie choyé
que tu aies choyé
qu'il/qu'elle ait choyé
que nous ayons choyé
que vous ayez choyé
qu'ils/qu'elles aient choyé

Conditional

Present
je choierais
tu choierais
il/elle choierait
nous choierions
vous choieriez
ils/elles choieraient

Past
j'aurais choyé
tu aurais choyé
il/elle aurait choyé
nous aurions choyé
vous auriez choyé
ils/elles auraient choyé

Imperative

Present
choie
choyons
choyez

Past
aie choyé
ayons choyé
ayez choyé

Present Infinitive
choyer

Past Infinitive
avoir choyé

Present Participle
choyant

Past Participle
choyé, ée
ayant choyé

TEINDRE to dye

Elle a *teint* ses cheveux d'un beau blond foncé.
She dyed her hair a beautiful dark blond.

Indicative

Present
je tâtonne
tu tâtonnes
il/elle tâtonne
nous tâtonnons
vous tâtonnez
ils/elles tâtonnent

Imperfect
je tâtonnais
tu tâtonnais
il/elle tâtonnait
nous tâtonnions
vous tâtonniez
ils/elles tâtonnaient

Future
je tâtonnerai
tu tâtonneras
il/elle tâtonnera
nous tâtonnerons
vous tâtonnerez
ils/elles tâtonneront

Past Indefinite
j'ai tâtonné
tu as tâtonné
il/elle a tâtonné
nous avons tâtonné
vous avez tâtonné
ils/elles ont tâtonné

Pluperfect
j'avais tâtonné
tu avais tâtonné
il/elle avait tâtonné
nous avions tâtonné
vous aviez tâtonné
ils/elles avaient tâtonné

Former Future
j'aurai tâtonné
tu auras tâtonné
il/elle aura tâtonné
nous aurons tâtonné
vous aurez tâtonné
ils/elles auront tâtonné

Subjunctive

Present
que je tâtonne
que tu tâtonnes
qu'il/qu'elle tâtonne
que nous tâtonnions
que vous tâtonniez
qu'ils/qu'elles tâtonnent

Past
que j'aie tâtonné
que tu aies tâtonné
qu'il/qu'elle ait tâtonné
que nous ayons tâtonné
que vous ayez tâtonné
qu'ils/qu'elles aient tâtonné

Conditional

Present
je tâtonnerais
tu tâtonnerais
il/elle tâtonnerait
nous tâtonnerions
vous tâtonneriez
ils/elles tâtonneraient

Past
j'aurais tâtonné
tu aurais tâtonné
il/elle aurait tâtonné
nous aurions tâtonné
vous auriez tâtonné
ils/elles auraient tâtonné

Imperative

Present
tâtonne
tâtonnons
tâtonnez

Past
aie tâtonné
ayons tâtonné
ayez tâtonné

Present Infinitive
tâtonner

Past Infinitive
avoir tâtonné

Present Participle
tâtant

Past Participle
tâtonné, ée
ayant tâtonné

CHUCHOTER to whisper

La prof de sciences ne supportait pas que ses élèves *chuchotent* pendant le cours.
The science teacher could not stand her students whispering during class.

Indicative

Present
je chuchote
tu chuchotes
il/elle chuchote
nous chuchotons
vous chuchotez
ils/elles chuchotent

Imperfect
je chuchotais
tu chuchotais
il/elle chuchotait
nous chuchotions
vous chuchotiez
ils/elles chuchotaient

Future
je chuchoterai
tu chuchoteras
il/elle chuchotera
nous chucheterons
vous chuchoterez
ils/elles chuchoteront

Past Indefinite
j'ai chuchoté
tu as chuchoté
il/elle a chuchoté
nous avons chuchoté
vous avez chuchoté
ils/elles ont chuchoté

Pluperfect
j'avais chuchoté
tu avais chuchoté
il/elle avait chuchoté
nous avions chuchoté
vous aviez chuchoté
ils/elles avaient chuchoté

Former Future
j'aurai chuchoté
tu auras chuchoté
il/elle aura chuchoté
nous aurons chuchoté
vous aurez chuchoté
ils/elles auront chuchoté

Subjunctive

Present
que je chuchote
que tu chuchotes
qu'il/qu'elle chuchote
que nous chuchotions
que vous chuchotiez
qu'ils/qu'elles chuchotent

Past
que j'aie chuchoté
que tu aies chuchoté
qu'il/qu'elle ait chuchoté
que nous ayons chuchoté
que vous ayez chuchoté
qu'ils/qu'elles aient chuchoté

Conditional

Present
je chuchoterais
tu chuchoterais
il/elle chuchoterait
nous chuchoterions
vous chuchoteriez
ils/elles chuchoteraient

Past
j'aurais chuchoté
tu aurais chuchoté
il/elle aurait chuchoté
nous aurions chuchoté
vous auriez chuchoté
ils/elles auraient chuchoté

Imperative

Present
chuchote
chuchotons
chuchotez

Past
aie chuchoté
ayons chuchoté
ayez chuchoté

Present Infinitive
chuchoter

Past Infinitive
avoir chuchoté

Present Participle
chuchotant

Past Participle
chuchoté, ée
ayant chuchoté

TÂTONNER
to grope, to fumble about

Il *tâtonnait* dans le noir à la recherche de ses clefs.

He groped in the dark, searching for his keys.

Indicative

Present
je tâte
tu tâtes
il/elle tâte
nous tâtons
vous tâtez
ils/elles tâtent

Imperfect
je tâtais
tu tâtais
il/elle tâtait
nous tâtions
vous tâtiez
ils/elles tâtaient

Future
je tâterai
tu tâteras
il/elle tâtera
nous tâterons
vous tâterez
ils/elles tâteront

Past Indefinite
j'ai tâté
tu as tâté
il/elle a tâté
nous avons tâté
vous avez tâté
ils/elles ont tâté

Pluperfect
j'avais tâté
tu avais tâté
il/elle avait tâté
nous avions tâté
vous aviez tâté
ils/elles avaient tâté

Former Future
j'aurai tâté
tu auras tâté
il/elle aura tâté
nous aurons tâté
vous aurez tâté
ils/elles auront tâté

Subjunctive

Present
que je tâte
que tu tâtes
qu'il/qu'elle tâte
que nous tâtions
que vous tâtiez
qu'ils/qu'elles tâtent

Past
que j'aie tâté
que tu aies tâté
qu'il/qu'elle ait tâté
que nous ayons tâté
que vous ayez tâté
qu'ils/qu'elles aient tâté

Conditional

Present
je tâterais
tu tâterais
il/elle tâterait
nous tâterions
vous tâteriez
ils/elles tâteraient

Past
j'aurais tâté
tu aurais tâté
il/elle aurait tâté
nous aurions tâté
vous auriez tâté
ils/elles auraient tâté

Imperative

Present
tâte
tâtons
tâtez

Past
aie tâté
ayons tâté
ayez tâté

Present Infinitive
tâter

Past Infinitive
avoir tâté

Present Participle
tâtant

Past Participle
tâté, ée
ayant tâté

CHUTER
to fall, to fail

La vieille dame *avait chuté* dans la cour sur une plaque de verglas.
The old lady had fallen in the yard on an icy spot.

Indicative

Present
je chute
tu chutes
il/elle chute
nous chutons
vous chutez
ils/elles chutent

Past Indefinite
j'ai chuté
tu as chuté
il/elle a chuté
nous avons chuté
vous avez chuté
ils/elles ont chuté

Imperfect
je chutais
tu chutais
il/elle chutait
nous chutions
vous chutiez
ils/elles chutaient

Pluperfect
j'avais chuté
tu avais chuté
il/elle avait chuté
nous avions chuté
vous aviez chuté
ils/elles avaient chuté

Future
je chuterai
tu chuteras
il/elle chutera
nous chuterons
vous chuterez
ils/elles chuteront

Former Future
j'aurai chuté
tu auras chuté
il/elle aura chuté
nous aurons chuté
vous aurez chuté
ils/elles auront chuté

Subjunctive

Present
que je chute
que tu chutes
qu'il/qu'elle chute
que nous chutions
que vous chutiez
qu'ils/qu'elles chutent

Past
que j'aie chuté
que tu aies chuté
qu'il/qu'elle ait chuté
que nous ayons chuté
que vous ayez chuté
qu'ils/qu'elles aient chuté

Conditional

Present
je chuterais
tu chuterais
il/elle chuterait
nous chuterions
vous chuteriez
ils/elles chuteraient

Past
j'aurais chuté
tu aurais chuté
il/elle aurait chuté
nous aurions chuté
vous auriez chuté
ils/elles auraient chuté

Imperative

Present
chute
chutons
chutez

Past
aie chuté
ayons chuté
ayez chuté

Present Infinitive
chuter

Past Infinitive
avoir chuté

Present Participle
chutant

Past Participle
chuté, ée
ayant chuté

TÂTER to feel, to touch

Le médecin a tâté son front pour sentir s'il avait de la fièvre.
The doctor touched his forehead to feel if he had fever.

Indicative

Present
je tarde
tu tardes
il/elle tarde
nous tardons
vous tardez
ils/elles tardent

Imperfect
je tardais
tu tardais
il/elle tardait
nous tardions
vous tardiez
ils/elles tardaient

Future
je tarderai
tu tarderas
il/elle tardera
nous tarderons
vous tarderez
ils/elles tarderont

Past Indefinite
j'ai tardé
tu as tardé
il/elle a tardé
nous avons tardé
vous avez tardé
ils/elles ont tardé

Pluperfect
j'avais tardé
tu avais tardé
il/elle avait tardé
nous avions tardé
vous aviez tardé
ils/elles avaient tardé

Former Future
j'aurai tardé
tu auras tardé
il/elle aura tardé
nous aurons tardé
vous aurez tardé
ils/elles auront tardé

Subjunctive

Present
que je tarde
que tu tardes
qu'il/qu'elle tarde
que nous tardions
que vous tardiez
qu'ils/qu'elles tardent

Past
que j'aie tardé
que tu aies tardé
qu'il/qu'elle ait tardé
que nous ayons tardé
que vous ayez tardé
qu'ils/qu'elles aient tardé

Conditional

Present
je tarderais
tu tarderais
il/elle tarderait
nous tardions
vous tardiez
ils/elles tardaient

Past
j'aurais tardé
tu aurais tardé
il/elle aurait tardé
nous aurions tardé
vous auriez tardé
ils/elles auraient tardé

Imperative

Present
tarde
tardons
tardez

Past
aie tardé
ayons tardé
ayez tardé

Present Infinitive
tarder

Past Infinitive
avoir tardé

Present Participle
tardant

Past Participle
tardé, ée
ayant tardé

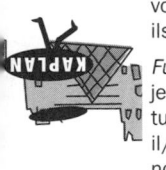

Le voilier *cinglait* hors de la jetée.
The sailboat sailed out of the pier.

CINGLER
to lash, to sting, to sail out

Indicative

Present
je cingle
tu cingles
il/elle cingle
nous cinglons
vous cinglez
ils/elles cinglent

Past Indefinite
j'ai cinglé
tu as cinglé
il/elle a cinglé
nous avons cinglé
vous avez cinglé
ils/elles ont cinglé

Imperfect
je cinglais
tu cinglais
il/elle cinglait
nous cinglions
vous cingliez
ils/elles cinglaient

Pluperfect
j'avais cinglé
tu avais cinglé
il/elle avait cingé
nous avions cinglé
vous aviez cinglé
ils/elles avaient cinglé

Future
je cinglerai
tu cingleras
il/elle cinglera
nous cinglerons
vous cinglerez
ils/elles cingleront

Former Future
j'aurai cinglé
tu auras cinglé
il/elle aura cingle
nous aurons cinglé
vous aurez cinglé
ils/elles auront cinglé

Subju .ctive

Present
que je cingle
que tu cingles
qu'il/qu'elle cingle
que nous cinglions
que vous cingliez
qu'ils/qu'elles cinglent

Past
que j'aie cinglé
que tu aies cinglé
qu'il/qu'elle ait cinglé
que nous ayons cinglé
que vous ayez cinglé
qu'ils/qu'elles aient cinglé

Conditional

Present
je cinglerais
tu cinglerais
il/elle cinglerait
nous cinglerions
vous cingleriez
ils/elles cingleraient

Past
j'aurais cinglé
tu aurais cinglé
il/elle aurait cinglé
nous aurions cinglé
vous auriez cinglé
ils/elles auraient cinglé

Imperative

Present
cingle
cinglons
cinglez

Past
aie cinglé
ayons cinglé
ayez cinglé

Present Infinitive
cingler

Past Infinitive
avoir cinglé

Present Participle
cinglant

Past Participle
cinglé, ée
ayant cinglé

TARDER (À)
to delay, to defer

Henri *tardait* à rentrer et ses parents s'inquiétaient.
Henry was late coming home and his parents were worrying.

Indicative

Present
je taquine
tu taquines
il/elle taquine
nous taquinons
vous taquinez
ils/elles taquinent

Imperfect
je taquinais
tu taquinais
il/elle taquinait
nous taquinions
vous taquiniez
ils/elles taquinaient

Future
je taquinerai
tu taquineras
il/elle taquinera
nous taquinerons
vous taquinerez
ils/elles taquineront

Past Indefinite
j'ai taquiné
tu as taquiné
il/elle a taquiné
nous avons taquiné
vous avez taquiné
ils/elles ont taquiné

Pluperfect
j'avais taquiné
tu avais taquiné
il/elle avait taquiné
nous avions taquiné
vous aviez taquiné
ils/elles avaient taquiné

Former Future
j'aurai taquiné
tu auras taquiné
il/elle aura taquiné
nous aurons taquiné
vous aurez taquiné
ils/elles auront taquiné

Subjunctive

Present
que je taquine
que tu taquines
qu'il/qu'elle taquine
que nous taquinions
que vous taquiniez
qu'ils/qu'elles taquinent

Past
que j'aie taquiné
que tu aies taquiné
qu'il/qu'elle ait taquiné
que nous ayons taquiné
que vous ayez taquiné
qu'ils/qu'elles aient taquiné

Conditional

Present
je taquinerais
tu taquinerais
il/elle taquinerait
nous taquinerions
vous taquineriez
ils/elles taquineraient

Past
j'aurais taquiné
tu aurais taquiné
il/elle aurait taquiné
nous aurions taquiné
vous auriez taquiné
ils/elles auraient taquiné

Imperative

Present
taquine
taquinons
taquinez

Past
aie taquiné
ayons taquiné
ayez taquiné

Present Infinitive
taquiner

Past Infinitive
avoir taquiné

Present Participle
taquinant

Past Participle
taquiné, ée
ayant taquiné

CIRER

to wax, to polish

Ma mère *cirait* souvent la belle armoire normande donnée par sa tante.

My mother often polished the gorgeous Normandy armoire given to her by her aunt.

Indicative

Present
je cire
tu cires
il/elle cire
nous cirons
vous cirez
ils/elles cirent

Past Indefinite
j'ai ciré
tu as ciré
il/elle a ciré
nous avons ciré
vous avez ciré
ils/elles ont ciré

Imperfect
je cirais
tu cirais
il/elle cirait
nous cirions
vous ciriez
ils/elles ciraient

Pluperfect
j'avais ciré
tu avais ciré
il/elle avait ciré
nous avions ciré
vous aviez ciré
ils/elles avaient ciré

Future
je cirerai
tu cireras
il/elle cirera
nous cirerons
vous cirerez
ils/elles cireront

Former Future
j'aurai ciré
tu auras ciré
il/elle aura ciré
nous aurons ciré
vous aurez ciré
ils/elles auront ciré

Subjunctive

Present
que je cire
que tu cires
qu'il/qu'elle cire
que nous cirions
que vous ciriez
qu'ils/qu'elles cirent

Past
que j'aie ciré
que tu aies ciré
qu'il/qu'elle ait ciré
que nous ayons ciré
que vous ayez ciré
qu'ils/qu'elles aient ciré

Conditional

Present
je cirerais
tu cirerais
il/elle cirerait
nous cirerions
vous cireriez
ils/elles cireraient

Past
j'aurais ciré
tu aurais ciré
il/elle aurait ciré
nous aurions ciré
vous auriez ciré
ils/elles auraient ciré

Imperative

Present
cire
cirons
cirez

Past
aie ciré
ayons ciré
ayez ciré

Present Infinitive
cirer

Past Infinitive
avoir ciré

Present Participle
cirant

Past Participle
ciré, ée
ayant ciré

TAQUINER
to tease

Philippe *taquinait* toujours son petit frère.
Philip always teased his little brother.

Indicative

Present
je tape
tu tapes
il/elle tape
nous tapons
vous tapez
ils/elles tapent

Imperfect
je tapais
tu tapais
il/elle tapait
nous tapions
vous tapiez
ils/elles tapaient

Future
je taperai
tu taperas
il/elle tapera
nous taperons
vous taperez
ils/elles taperont

Past Indefinite
j'ai tapé
tu as tapé
il/elle a tapé
nous avons tapé
vous avez tapé
ils/elles ont tapé

Pluperfect
j'avais tapé
tu avais tapé
il/elle avait tapé
nous avions tapé
vous aviez tapé
ils/elles avaient tapé

Former Future
j'aurai tapé
tu auras tapé
il/elle aura tapé
nous aurons tapé
vous aurez tapé
ils/elles auront tapé

Subjunctive

Present
que je tape
que tu tapes
qu'il/qu'elle tape
que nous tapions
que vous tapiez
qu'ils/qu'elles tapent

Past
que j'aie tapé
que tu aies tapé
qu'il/qu'elle ait tapé
que nous ayons tapé
que vous ayez tapé
qu'ils/qu'elles aient tapé

Conditional

Present
je taperais
tu taperais
il/elle taperait
nous taperions
vous taperiez
ils/elles taperaient

Past
j'aurais tapé
tu aurais tapé
il/elle aurait tapé
nous aurions tapé
vous auriez tapé
ils/elles auraient tapé

Imperative

Present
tape
tapons
tapez

Past
aie tapé
ayons tapé
ayez tapé

Present Infinitive
taper

Past Infinitive
avoir tapé

Present Participle
tapant

Past Participle
tapé, ée
ayant tapé

CLAQUER
to click, to slap, to slam

Margeaux *avait claqué* la porte de colère.
Margeaux had slammed the door with anger.

Indicative

Present
je claque
tu claques
il/elle claque
nous claquons
vous claquez
ils/elles claquent

Past Indefinite
j'ai claqué
tu as claqué
il/elle a claqué
nous avons claqué
vous avez claqué
ils/elles ont claqué

Imperfect
je claquais
tu claquais
il/elle claquait
nous claquions
vous claquiez
ils/elles claquaient

Pluperfect
j'avais claqué
tu avais claqué
il/elle avait claqué
nous avions claqué
vous aviez claqué
ils/elles avaient claqué

Future
je claquerai
tu claqueras
il/elle claquera
nous claquerons
vous claquerez
ils/elles claqueront

Former Future
j'aurai claqué
tu auras claqué
il/elle aura claqué
nous aurons claqué
vous aurez claqué
ils/elles auront claqué

Subjunctive

Present
que je claque
que tu claques
qu'il/qu'elle claque
que nous claquions
que vous claquiez
qu'ils/qu'elles claquent

Past
que j'aie claqué
que tu aies claqué
qu'il/qu'elle ait claqué
que nous ayons claqué
que vous ayez claqué
qu'ils/qu'elles aient claqué

Conditional

Present
je claquerais
tu claquerais
il/elle claquerait
nous claquerions
vous claqueriez
ils/elles claqueraient

Past
j'aurais claqué
tu aurais claqué
il/elle aurait claqué
nous aurions claqué
vous auriez claqué
ils/elles auraient claqué

Imperative

Present
claque
claquons
claquez

Past
aie claqué
ayons claqué
ayez claqué

Present Infinitive
claquer

Past Infinitive
avoir claqué

Present Participle
claquant

Past Participle
claqué, ée
ayant claqué

TAPER
to beat, to type, to hit

Jean, ne *tape* pas ton petit frère!
(John, do not *hit* your little brother!)

Indicative

Present
je tangue
tu tangues
il/elle tangue
nous tanguons
vous tanguez
ils/elles tanguent

Past Indefinite
j'ai tangué
tu as tangué
il/elle a tangué
nous avons tangué
vous avez tangué
ils/elles ont tangué

Imperfect
je tanguais
tu tanguais
il/elle tanguait
nous tanguions
vous tanguiez
ils/elles tanguaient

Pluperfect
j'avais tangué
tu avais tangué
il/elle avait tangué
nous avions tangué
vous aviez tangué
ils/elles avaient tangué

Future
je tanguerai
tu tangueras
il/elle tanguera
nous tanguerons
vous tanguerez
ils/elles tangueront

Former Future
j'aurai tangué
tu auras tangué
il/elle aura tangué
nous aurons tangué
vous aurez tangué
ils/elles auront tangué

Subjunctive

Present
que je tangue
que tu tangues
qu'il/qu'elle tangue
que nous tanguions
que vous tanguiez
qu'ils/qu'elles tanguent

Past
que j'aie tangué
que tu aies tangué
qu'il/qu'elle ait tangué
que nous ayons tangué
que vous ayez tangué
qu'ils/qu'elles aient tangué

Conditional

Present
je tanguerais
tu tanguerais
il/elle tanguerait
nous tanguerions
vous tangueriez
ils/elles tangueraient

Past
j'aurais tangué
tu aurais tangué
il/elle aurait tangué
nous aurions tangué
vous auriez tangué
ils/elles auraient tangué

Imperative

Present
tangue
tanguons
tanguez

Past
aie tangué
ayons tangué
ayez tangué

Present Infinitive
tanguer

Past Infinitive
avoir tangué

Present Participle
tanguant

Past Participle
tangué, ée
ayant tangué

CLIGNOTER

to twinkle, to blink

Les lumières *clignotaient* doucement dans l'air du soir d'été.

The lights softly twinkled in the summer night air.

Indicative

Present
je clignote
tu clignotes
il/elle clignote
nous clignotons
vous clignotez
ils/elles clignotent

Imperfect
je clignotais
tu clignotais
il/elle clignotait
nous clignotions
vous clignotiez
ils/elles clignotaient

Future
je clignoterai
tu clignoteras
il/elle clignotera
nous clignoterons
vous clignoterez
ils/elles clignoteront

Past Indefinite
j'ai clignoté
tu as clignoté
il/elle a clignoté
nous avons clignoté
vous avez clignoté
ils/elles ont clignoté

Pluperfect
j'avais clignoté
tu avais clignoté
il/elle avait clignoté
nous avions clignoté
vous aviez clignoté
ils/elles avaient clignoté

Former Future
j'aurai clignoté
tu auras clignoté
il/elle aura clignoté
nous aurons clignoté
vous aurez clignoté
ils/elles auront clignoté

Subjunctive

Present
que je clignote
que tu clignotes
qu'il/qu'elle clignote
que nous clignotions
que vous clignotiez
qu'ils/qu'elles clignotent

Past
que j'aie clignoté
que tu aies clignoté
qu'il/qu'elle ait clignoté
que nous ayons clignoté
que vous ayez clignoté
qu'ils/qu'elles aient clignoté

Conditional

Present
je clignoterais
tu clignoterais
il/elle clignoterait
nous clignoterions
vous clignoteriez
ils/elles clignoteraient

Past
j'aurais clignoté
tu aurais clignoté
il/elle aurait clignoté
nous aurions clignoté
vous auriez clignoté
ils/elles auraient clignoté

Imperative

Present
clignote
clignotons
clignotez

Past
aie clignoté
ayons clignoté
ayez clignoté

Present Infinitive
clignoter

Past Infinitive
avoir clignoté

Present Participle
clignotant

Past Participle
clignoté, ée
ayant clignoté

TANGUER to pitch

Le bateau *tanguait* dans la tempête.
The boat was pitching in the storm.

Indicative

Present
je taille
tu tailles
il/elle taille
nous taillons
vous taillez
ils/elles taillent

Imperfect
je taillais
tu taillais
il/elle taillait
nous taillions
vous tailliez
ils/elles taillaient

Future
je taillerai
tu tailleras
il/elle taillera
nous taillerons
vous taillerez
ils/elles tailleront

Past Indefinite
j'ai taillé
tu as taillé
il/elle a taillé
nous avons taillé
vous avez taillé
ils/elles ont taillé

Pluperfect
j'avais taillé
tu avais taillé
il/elle avait taillé
nous avions taillé
vous aviez taillé
ils/elles avaient taillé

Former Future
j'aurai taillé
tu auras taillé
il/elle aura taillé
nous aurons taillé
vous aurez taillé
ils/elles auront taillé

Subjunctive

Present
que je taille
que tu tailles
qu'il/qu'elle taille
que nous taillions
que vous tailliez
qu'ils/qu'elles taillent

Past
que j'aie taillé
que tu aies taillé
qu'il/qu'elle ait taillé
que vous ayons taillé
que vous ayez taillé
qu'ils/qu'elles aient taillé

Conditional

Present
je taillerais
tu taillerais
il/elle taillerait
nous taillerions
vous tailleriez
ils/elles tailleraient

Past
j'aurais taillé
tu aurais taillé
il/elle aurait taillé
nous aurions taillé
vous auriez taillé
ils/elles auraient taillé

Imperative

Present
taille
taillons
taillez

Past
aie taillé
que nous ayons taillé
ayez taillé

Present Infinitive
tailler

Past Infinitive
avoir taillé

Present Participle
taillant

Past Participle
taillé, ée
ayant taillé

COIFFER
to do somebody's hair

Un coiffeur réputé avait *coiffé* la mariée.
A reputable hairdresser had done the brides' hair.

Indicative

Present
je coiffe
tu coiffes
il/elle coiffe
nous coiffons
vous coiffez
ils/elles coiffent

Past Indefinite
j'ai coillé
tu as coiffé
il/elle a coiffé
nous avons coiffé
vous avez coiffé
ils/elles ont coiffé

Imperfect
je coiffais
tu coiffais
il/elle coiffait
nous coiffions
vous coiffiez
ils/elles coiffaient

Pluperfect
j'avais coiffé
tu avais coiffé
il/elle avait coiffé
nous avions coiffé
vous aviez coiffé
ils/elles avaient coiffé

Future
je coifferai
tu coifferas
il/elle coiffera
nous coifferons
vous coifferez
ils/elles coifferont

Former Future
j'aurai coiffé
tu auras coiffé
il/elle aura coiffé
nous aurons coiffé
vous aurez coiffé
ils/elles auront coiffé

Subjunctive

Present
que je coiffe
que tu coiffes
qu'il/qu'elle coiffe
que nous coiffions
que vous coiffiez
qu'ils/qu'elles coiffent

Past
que j'aie coiffé
que tu aies coiffé
qu'il/qu'elle ait coiffé
que nous ayons coiffé
que vous ayez coiffé
qu'ils/qu'elles aient coiffé

Conditional

Present
je coifferais
tu coifferais
il/elle coifferait
nous coifferions
vous coifferiez
ils/elles coifferaient

Past
j'aurais coiffé
tu aurais coiffé
il/elle aurait coiffé
nous aurions coiffé
vous auriez coiffé
ils/elles auraient coiffé

Imperative

Present
coiffe
coiffons
coiffez

Past
aie coiffé
ayons coiffé
ayez coiffé

Present Infinitive
coiffer

Past Infinitive
avoir coiffé

Present Participle
coiffant

Past Participle
coiffé, ée
ayant coiffé

Ils *taillaient* leurs crayons avant de dessiner.
They were sharpening their pencils before drawing.

TAILLER
to sharpen

Indicative

Present
je tâche
tu tâches
il/elle tâche
nous tâchons
vous tâchez
ils/elles tâchent

Imperfect
je tâchais
tu tâchais
il/elle tâchait
nous tâchions
vous tâchiez
ils/elles tâchaient

Future
je tâcherai
tu tâcheras
il/elle tâchera
nous tâcherons
vous tâcherez
ils/elles tâcheront

Past Indefinite
j'ai tâché
tu as tâché
il/elle a tâché
nous avons tâché
vous avez tâché
ils/elles ont tâché

Pluperfect
j'avais tâché
tu avais tâché
il/elle avait tâché
nous avions tâché
vous aviez tâché
ils/elles avaient tâché

Former Future
j'aurai tâché
tu auras tâché
il/elle aura tâché
nous aurons tâché
vous aurez tâché
ils/elles auront tâché

Subjunctive

Present
que je tâche
que tu tâches
qu'il/qu'elle tâche
que nous tâchions
que vous tâchiez
qu'ils/qu'elles tâchent

Past
que j'aie tâché
que tu aies tâché
qu'il/qu'elle ait tâché
que nous ayons tâché
que vous ayez tâché
qu'ils/qu'elles aient tâché

Conditional

Present
je tâcherais
tu tâcherais
il/elle tâcherait
nous tâcherions
vous tâcheriez
ils/elles tâcheraient

Past
j'aurais tâché
tu aurais tâché
il/elle aurait tâché
nous aurions tâché
vous auriez tâché
ils/elles auraient tâché

Imperative

Present
tâche
tâchons
tâchez

Past
aie tâché
ayons tâché
ayez tâché

Present Infinitive
tâcher

Past Infinitive
avoir tâché

Present Participle
tâchant

Past Participle
tâché, ée
ayant tâché

COLLER
to stick up, to cling to

Ils *ont collé* des affiches pour annoncer leur candidature.
They stuck up posters to announce their candidacy.

Indicative

Present
je colle
tu colles
il/elle colle
nous collons
vous collez
ils/elles collent

Past Indefinite
j'ai collé
tu as collé
il/elle a collé
nous avons collé
vous avez collé
ils/elles ont collé

Imperfect
je collais
tu collais
il/elle collait
nous collions
vous colliez
ils/elles collaient

Pluperfect
j'avais collé
tu avais collé
il/elle avait collé
nous avions collé
vous aviez collé
ils/elles avaient collé

Future
je collerai
tu colleras
il/elle collera
nous collerons
vous collerez
ils/elles colleront

Former Future
j'aurai collé
tu auras collé
il/elle aura collé
nous aurons collé
vous aurez collé
ils/elles auront collé

Subjunctive

Present
que je colle
que tu colles
qu'il/qu'elle colle
que nous collions
que vous colliez
qu'ils/qu'elles collent

Past
que j'aie collé
que tu aies collé
qu'il/qu'elle ait collé
que nous ayons collé
que vous ayez collé
qu'ils/qu'elles aient collé

Conditional

Present
je collerais
tu collerais
il/elle collerait
nous collerions
vous colleriez
ils/elles colleraient

Past
j'aurais collé
tu aurais collé
il/elle aurait collé
nous aurions collé
vous auriez collé
ils/elles auraient collé

Imperative

Present
colle
collons
collez

Past
aie collé
ayons collé
ayez collé

Present Infinitive
coller

Past Infinitive
avoir collé

Present Participle
collant

Past Participle
collé, ée
ayant collé

TÂCHER (DE) to strive

Elle *tâche* toujours de faire de son mieux.
She always strives to do her best.

Indicative

Present
je tache
tu taches
il/elle tache
nous tachons
vous tachez
ils/elles tachent

Imperfect
je tachais
tu tachais
il/elle tachait
nous tachions
vous tachiez
ils/elles tachaient

Future
je tacherai
tu tacheras
il/elle tachera
nous tacherons
vous tacherez
ils/elles tacheront

Past Indefinite
j'ai taché
tu as taché
il/elle a taché
nous avons taché
vous avez taché
ils/elles ont taché

Pluperfect
j'avais taché
tu avais taché
il/elle avait taché
nous avions taché
vous aviez taché
ils/elles avaient taché

Former Future
j'aurai taché
tu auras taché
il/elle aura taché
nous aurons taché
vous aurez taché
ils/elles auront taché

Subjunctive

Present
que je tache
que tu taches
qu'il/qu'elle tache
que nous tachions
que vous tachiez
qu'ils/qu'elles tachent

Past
que j'aie taché
que tu aies taché
qu'il/qu'elle ait taché
que nous ayons taché
que vous ayez taché
qu'ils/qu'elles aient taché

Conditional

Present
je tacherais
tu tacherais
il/elle tacherait
nous tacherions
vous tacheriez
ils/elles tacheraient

Past
j'aurais taché
tu aurais taché
il/elle aurait taché
nous aurions taché
vous auriez taché
ils/elles auraient taché

Imperative

Present
tache
tachons
tachez

Past
aie taché
ayons taché
ayez taché

Present Infinitive
tacher

Past Infinitive
avoir taché

Present Participle
tachant

Past Participle
taché, ée
ayant taché

Les Alliés *ont combattu* sur les plages de Normandie.
The Allies fought on the Normandy beaches.

COMBATTRE
to fight, to struggle against

Indicative

Present
je combats
tu combats
il/elle combat
nous combattons
vous combattez
ils/elles combattent

Imperfect
je combattais
tu combattais
il/elle combattait
nous combattions
vous combattiez
ils/elles combattaient

Future
je combattrai
tu combattras
il/elle combattra
nous combattrons
vous combattrez
ils/elles combattront

Past Indefinite
j'ai combattu
tu as combattu
il/elle a combattu
nous avons combattu
vous avez combattu
ils/elles ont combattu

Pluperfect
j'avais combattu
tu avais combattu
il/elle avait combattu
nous avions combattu
vous aviez combattu
ils/elles avaient combattu

Former Future
j'aurai combattu
tu auras combattu
il/elle aura combattu
nous aurons combattu
vous aurez combattu
ils/elles auront combattu

Subjunctive

Present
que je combatte
que tu combattes
qu'il/qu'elle combatte
que nous combattions
que vous combattiez
qu'ils/qu'elles combattent

Past
que j'aie combattu
que tu aies combattu
qu'il/qu'elle ait combattu
que nous ayons combattu
que vous ayez combattu
qu'ils/qu'elles aient combattu

Conditional

Present
je combattrais
tu combattrais
il/elle combattrait
nous combattrions
vous combattriez
ils/elles combattraient

Past
j'aurais combattu
tu aurais combattu
il/elle aurait combattu
nous aurions combattu
vous auriez combattu
ils/elles auraient combattu

Imperative

Present
combats
combattons
combattez

Past
aie combattu
ayons combattu
ayez combattu

Present Infinitive
combattre

Past Infinitive
avoir combattu

Present Participle
combattant

Past Participle
combattu, ue
ayant combattu

TACHER
to stain

Ne *tachez* pas votre chemise!
Don't stain your shirt!

Indicative

Present
je survole
tu survoles
il/elle survole
nous survolons
vous survolez
ils/elles survolent

Imperfect
je survolais
tu survolais
il/elle survolait
nous survolions
vous survoliez
ils/elles survolaient

Future
je survolerai
tu survoleras
il/elle survolera
nous survolerons
vous survolerez
ils/elles survoleront

Past Indefinite
j'ai survolé
tu as survolé
il/elle a survolé
nous avons survolé
vous avez survolé
ils/elles ont survolé

Pluperfect
j'avais survolé
tu avais survolé
il/elle avait survolé
nous avions survolé
vous aviez survolé
ils/elles avaient survolé

Former Future
j'aurai survolé
tu auras survolé
il/elle aura survolé
nous aurons survolé
vous aurez survolé
ils/elles auront survolé

Subjunctive

Present
que je survole
que tu survoles
qu'il/qu'elle survole
que nous survolions
que vous survoliez
qu'ils/qu'elles survolent

Past
que j'aie survolé
que tu aies survolé
qu'il/qu'elle ait survolé
que nous ayons survolé
que vous ayez survolé
qu'ils/qu'elles aient survolé

Conditional

Present
je survolerais
tu survolerais
il/elle survolerait
nous survolerions
vous survoleriez
ils/elles survoleraient

Past
j'aurais survolé
tu aurais survolé
il/elle aurait survolé
nous aurions survolé
vous auriez survolé
ils/elles auraient survolé

Imperative

Present
survole
survolons
survolez

Past
aie survolé
ayons survolé
ayez survolé

Present Infinitive
survoler

Past Infinitive
avoir survolé

Present Participle
survolant

Past Participle
survolé, ée
ayant survolé

C'est elle qui a *commis* le crime.
She is the one who committed the crime.

COMMETTRE
to commit, to entrust

Indicative

Present
je commets
tu commets
il/elle commet
nous commettons
vous commettez
ils/elles commettent

Past Indefinite
j'ai commis
tu as commis
il/elle a commis
nous avons commis
vous avez commis
ils/elles ont commis

Imperfect
je commettais
tu commettais
il/elle commettait
nous commettions
vous commettiez
ils/elles commetttaient

Pluperfect
j'avais commis
tu avais commis
il/elle avait commis
nous avions commis
vous aviez commis
ils/elles avaient commis

Future
je commettrai
tu commettras
il/elle commettra
nous commettrons
vous commettrez
ils/elles commettront

Former Future
j'aurai commis
tu auras commis
il/elle aura commis
nous aurons commis
vous aurez commis
ils/elles auront commis

Subjunctive

Present
que je commette
que tu commettes
qu'il/qu'elle commette
que nous commettions
que vous commettiez
qu'ils/qu'elles commettent

Past
que j'aie commis
que tu aies commis
qu'il/qu'elle ait commis
que nous ayons commis
que vous ayez commis
qu'ils/qu'elles aient commis

Conditional

Present
je commettrais
tu commettrais
il/elle commettrait
nous commettrions
vous commettriez
ils/elles commettraient

Past
j'aurais commis
tu aurais commis
il/elle aurait commis
nous aurions commis
vous auriez commis
ils/elles auraient commis

Imperative

Present
commets
commettons
commettez

Past
aie commis
ayons commis
ayez commis

Present Infinitive
commettre

Past Infinitive
avoir commis

Present Participle
commettant

Past Participle
commis, ise
ayant commis

SURVOLER
to fly over

Ils *ont survolé* les ruines de Chichén Itzá.
They flew over the ruins of Chichén Itzá.

Indicative

Present
je survis
tu survis
il/elle survit
nous survivons
vous survivez
ils/elles survivent

Imperfect
je survivais
tu survivais
il/elle survivait
nous survivions
vous surviviez
ils/elles survivaient

Future
je survivrai
tu survivras
il/elle survivra
nous survivrons
vous survivrez
ils/elles survivront

Past Indefinite
j'ai survécu
tu as survécu
il/elle a survécu
nous avons survécu
vous avez survécu
ils/elles ont survécu

Pluperfect
j'avais survécu
tu avais survécu
il/elle avait survécu
nous avions survécu
vous aviez survécu
ils/elles avaient survécu

Former Future
j'aurai survécu
tu auras survécu
il/elle aura survécu
nous aurons survécu
vous aurez survécu
ils/elles auront survécu

Subjunctive

Present
que je survive
que tu survives
qu'il/qu'elle survive
que nous survivions
que vous surviviez
qu'ils/qu'elles survivent

Past
que j'aie survécu
que tu aies survécu
qu'il/qu'elle ait survécu
que nous ayons survécu
que vous ayez survécu
qu'ils/qu'elles aient survécu

Conditional

Present
je survivrais
tu survivrais
il/elle survivrait
nous survivrions
vous survivriez
ils/elles survivraient

Past
j'aurais survécu
tu aurais survécu
il/elle aurait survécu
nous aurions survécu
vous auriez survécu
ils/elles auraient survécu

Imperative

Present
survis
survivons
survivez

Past
aie survécu
ayons survécu
ayez survécu

Present Infinitive
survivre

Past Infinitive
avoir survécu

Present Participle
survivant

Past Participle
survécu
ayant survécu

CONSEILLER to advise

Elle a *conseillé* à ses élèves de réviser tous leurs verbes irréguliers.
She advised her students to review all of their irregular verbs.

Indicative

Present
je conseille
tu conseilles
il/elle conseille
nous conseillons
vous conseillez
ils/elles conseillent

Past Indefinite
j'ai conseillé
tu as conseillé
il/elle a conseillé
nous avons conseillé
vous avez conseillé
ils/elles ont conseillé

Imperfect
je conseillais
tu conseillais
il/elle conseillait
nous conseillions
vous conseilliez
ils/elles conseillaient

Pluperfect
j'avais conseillé
tu avais conseillé
il/elle avait conseillé
nous avions conseillé
vous aviez conseillé
ils/elles avaient conseillé

Future
je conseillerai
tu conseilleras
il/elle conseillera
nous conseillerons
vous conseillerez
ils/elles conseilleront

Former Future
j'aurai conseillé
tu auras conseillé
il/elle aura conseillé
nous aurons conseillé
vous aurez conseillé
ils/elles auront conseillé

Subjunctive

Present
que je conseille
que tu conseilles
qu'il/qu'elle conseille
que nous conseillions
que vous conseilliez
qu'ils/qu'elles conseillent

Past
que j'aie conseillé
que tu aies conseillé
qu'il/qu'elle ait conseillé
que nous ayons conseillé
que vous ayez conseillé
qu'ils/qu'elles aient conseillé

Conditional

Present
je conseillerais
tu conseillerais
il/elle conseillerait
nous conseillerions
vous conseilleriez
ils/elles conseilleraient

Past
j'aurais conseillé
tu aurais conseillé
il/elle aurait conseillé
nous aurions conseillé
vous auriez conseillé
ils/elles auraient conseillé

Imperative

Present
conseille
conseillons
conseillez

Past
aie conseillé
ayons conseillé
ayez conseillé

Present Infinitive
conseiller

Past Infinitive
avoir conseillé

Present Participle
conseillant

Past Participle
conseillé, ée
ayant conseillé

SURVIVRE (À)
to survive

Cinquante personnes *ont survécu* au raz-de-marée.
Fifty people survived the tidal wave.

Indicative

Present
je surveille
tu surveilles
il/elle surveille
nous surveillons
vous surveillez
ils/elles surveillent

Past Indefinite
j'ai surveillé
tu as surveillé
il/elle a surveillé
nous avons surveillé
vous avez surveillé
ils/elles ont surveillé

Imperfect
je surveillais
tu surveillais
il/elle surveillait
nous surveillions
vous surveilliez
ils/elles surveillaient

Pluperfect
j'avais surveillé
tu avais surveillé
il/elle avait surveillé
nous avions surveillé
vous aviez surveillé
ils/elles avaient surveillé

Future
je surveillerai
tu surveilleras
il/elle surveillera
nous surveillerons
vous surveillerez
ils/elles surveilleront

Former Future
j'aurai surveillé
tu auras surveillé
il/elle aura surveillé
nous aurons surveillé
vous aurez surveillé
ils/elles auront surveillé

Subjunctive

Present
que je surveille
que tu surveilles
qu'il/qu'elle surveille
que nous surveillions
que vous surveilliez
qu'ils/qu'elles surveillent

Past
que j'aie surveillé
que tu aies surveillé
qu'il/qu'elle ait surveillé
que nous ayons surveillé
que vous ayez surveillé
qu'ils/qu'elles aient surveillé

Conditional

Present
je surveillerais
tu surveillerais
il/elle surveillerait
nous surveillerions
vous surveilleriez
ils/elles surveilleraient

Past
j'aurais surveillé
tu aurais surveillé
il/elle aurait surveillé
nous aurions surveillé
vous auriez surveillé
ils/elles auraient surveillé

Imperative

Present
surveille
surveillons
surveillez

Past
j'aie surveillé
ayons surveillé
ayez surveillé

Present Infinitive
surveiller

Past Infinitive
avoir surveillé

Present Participle
surveillant

Past Participle
surveillé, ée
ayant surveillé

CONVAINCRE
to convince

Elle *convaincra* sa soeur de lui prêter sa voiture.
She will convince her sister to lend her car.

Indicative

Present
je convaincs
tu convincs
il/elle convainc
nous convainquons
vous convainquez
ils/elles convainquent

Past Indefinite
j'ai convaincu
tu as convaincu
il/elle a convaincu
nous avons convaincu
vous avez convaincu
ils/elles ont convaincu

Imperfect
je convainquais
tu convainquais
il/elle convainquait
nous convainquions
vous convainquiez
ils/elles convainquaient

Pluperfect
j'avais convaincu
tu avais convaincu
il/elle avait convaincu
nous avions convaincu
vous aviez convaincu
ils/elles avaient convaincu

Future
je convaincrai
tu convaincras
il/elle convaincra
nous convaincrons
vous convaincrez
ils/elles convaincront

Former Future
j'aurai convaincu
tu auras convaincu
il/elle aura convaincu
nous aurons convaincu
vous aurez convaincu
ils/elles auront convaincu

Subjunctive

Present
que je convainque
que tu convainques
qu'il/qu'elle convainque
que nous convainquions
que vous convainquiez
qu'ils/qu'elles convainquent

Past
que j'aie convaincu
que tu aies convaincu
qu'il/qu'elle ait convaincu
que nous ayons convaincu
que vous ayez convaincu
qu'ils/qu'elles aient convaincu

Conditional

Present
je convaincrais
tu convaincrais
il/elle convaincrait
nous convaincrions
vous convaincriez
ils/elles convaincraient

Past
j'aurais convaincu
tu aurais convaincu
il/elle aurait convaincu
nous aurions convaincu
vous auriez convaincu
ils/elles auraient convaincu

Imperative

Present
convaincs
convainquons
convainquez

Past
aie convaincu
ayons convaincu
ayez convaincu

Present Infinitive
convaincre

Past Infinitive
avoir convaincu

Present Participle
convainquant

Past Participle
convaincu, ue
ayant convaincu

SURVEILLER
to oversee, to supervise

Le prof *surveillait* le progrès de ses élèves de près.
The teacher closely supervised his students' progress.

Indicative

Present
je sursaute
tu sursautes
il/elle sursaute
nous sursautons
vous sursautez
ils/elles sursautent

Imperfect
je sursautais
tu sursautais
il/elle sursautait
nous sursautions
vous sursautiez
ils/elles sursautaient

Future
je sursauterai
tu sursauteras
il/elle sursautera
nous sursauterons
vous sursauterez
ils/elles sursauteront

Past Indefinite
j'ai sursauté
tu as sursauté
il/elle a sursauté
nous avons sursauté
vous avez sursauté
ils/elles ont sursauté

Pluperfect
j'avais sursauté
tu avais sursauté
il/elle avait sursauté
nous avions sursauté
vous aviez sursauté
ils/elles avaient sursauté

Former Future
j'aurai sursauté
tu auras sursauté
il/elle aura sursauté
nous aurons sursauté
vous aurez sursauté
ils/elles auront sursauté

Subjunctive

Present
que je sursaute
que tu sursautes
qu'il/qu'elle sursaute
que nous sursautions
que vous sursautiez
qu'ils/qu'elles sursautent

Past
que j'aie sursauté
que tu aies sursauté
qu'il/qu'elle ait sursauté
que nous ayons sursauté
que vous ayez sursauté
qu'ils/qu'elles aient sursauté

Conditional

Present
je sursauterais
tu sursauterais
il/elle sursauterait
nous sursauterions
vous sursauteriez
ils/elles sursauteraient

Past
j'aurais sursauté
tu aurais sursauté
il/elle aurait sursauté
nous aurions sursauté
vous auriez sursauté
ils/elles auraient sursauté

Imperative

Present
sursaute
sursautons
sursautez

Past
aie sursauté
ayons sursauté
ayez sursauté

Present Infinitive
sursauter

Past Infinitive
avoir sursauté

Present Participle
sursautant

Past Participle
sursauté, ée
ayant sursauté

CORRIGER
to correct

Corrigez vos compositions pour demain.
Correct your compositions for tomorrow.

Indicative

Present
je corrige
tu corriges
il/elle corrige
nous corrigeons
vous corrigez
ils/elles corrigent

Imperfect
je corrigeais
tu corrigeais
il/elle corrigeait
nous corrigions
vous corrigiez
ils/elles corrigeaient

Future
je corrigerai
tu corrigeras
il/elle corrigera
nous corrigerons
vous corrigerez
ils/elles corrigeront

Past Indefinite
j'ai corrigé
tu as corigé
il/elle a corrigé
nous avons corrigé
vous avez corrigé
ils/elles ont corrigé

Pluperfect
j'avais corrigé
tu avais corrigé
il/elle avait corrigé
nous avions corrigé
vous aviez corrigé
ils/elles avaient corigé

Former Future
j'aurai corrigé
tu auras corrigé
il/elle aura corrigé
nous aurons corrigé
vous aurez corrigé
ils/elles auront corrigé

Subjunctive

Present
que je corrige
que tu corriges
qu'il/qu'elle corrige
que nous corrigions
que vous corrigiez
qu'ils/qu'elles corrigent

Past
que j'aie corrigé
que tu aies corrigé
qu'il/qu'elle ait corrigé
que nous ayons corrigé
que vous ayez corrigé
qu'ils/qu'elles aient corrigé

Conditional

Present
je conrrigerais
tu corrigerais
il/elle corrigerait
nous corrigerions
vous corrigeriez
ils/elles corrigeraient

Past
j'aurais corrigé
tu aurais corrigé
il/elle aurait corrigé
nous aurions corrigé
vous auriez corrigé
ils/elles auraient corrigé

Imperative

Present
corrige
corrigeons
corrigez

Past
aie corrigé
ayons corrigé
ayez corrigé

Present Infinitive
corriger

Past Infinitive
avoir corrigé

Present Participle
corrigeant

Past Participle
corrigé, ée
ayant corrigé

SURSAUTER to startle

Elle a *sursauté* de frayeur quand le vent fit claquer les volets.
She jumped in fear when the wind made the shutters slam.

Indicative

Present
je surprends
tu surprends
il/elle surprend
nous surprenons
vous surprenez
ils/elles surprennent

Past Indefinite
j'ai surpris
tu as surpris
il/elle a surpris
nous avons surpris
vous avez surpris
ils/elles ont surpris

Imperfect
je surprenais
tu surprenais
il/elle surprenait
nous surprenions
vous surpreniez
ils/elles surprenainet

Pluperfect
j'avais surpris
tu avais surpris
il/elle avait surpris
nous avions surpris
vous aviez surpris
ils/elles avaient surpris

Future
je surprendrai
tu surprendras
il/elle surprendra
nous surprendrons
vous surprendrez
ils/elles surprendront

Former Future
j'aurai surpris
tu auras surpris
il/elle aura surpris
nous aurons surpris
vous aurez surpris
ils/elles auront surpris

Subjunctive

Present
que je surprenne
que tu surprennes
qu'il/qu'elle surprenne
que nous surprenions
que vous surpreniez
qu'ils/qu'elles surprennent

Past
que j'aie surpris
que tu aies surpris
qu'il/qu'elle ait surpris
que nous ayons surpris
que vous ayez surpris
qu'ils/qu'elles aient surpris

Conditional

Present
je surprendrais
tu surprendrais
il/elle surprendrait
nous surprendrions
vous surprendriez
ils/elles surprendraient

Past
j'aurais surpris
tu aurais surpris
il/elle aurait surpris
nous aurions surpris
vous auriez surpris
ils/elles auraient surpris

Imperative

Present
surprends
surprenons
surprenez

Past
aie surpris
ayons surpris
ayez surpris

Present Infinitive
surprendre

Past Infinitive
avoir surpris

Present Participle
surprenant

Past Participle
surpris, se
ayant surpris

COULER
to flow, to sink

Les eaux du Verdon *coulent* à travers des gorges superbes.
The waters of the Verdon River flow through spectacular canyons.

Indicative

Present
je coule
tu coules
il/elle coule
nous coulons
vous coulez
ils/elles coulent

Past Indefinite
j'ai coulé
tu as coulé
il/elle a coulé
nous avons coulé
vous avez coulé
ils/elles ont coulé

Imperfect
je coulais
tu coulais
il/elle coulait
nous coulions
vous couliez
ils/elles coulaient

Pluperfect
j'avais coulé
tu avais coulé
il/elle avait coulé
nous avions coulé
vous aviez coulé
ils/elles avaient coulé

Future
je coulerai
tu couleras
il/elle coulera
nous coulerons
vous coulerez
ils/elles couleront

Former Future
j'aurai coulé
tu auras coulé
il/elle aura coulé
nous aurons coulé
vous aurez coulé
ils/elles auront coulé

Subjunctive

Present
que je coule
que tu coules
qu'il/qu'elle coule
que nous coulions
que vous couliez
qu'ils/qu'elles coulent

Past
que j'aie coulé
que tu aies coulé
qu'il/qu'elle ait coulé
que nous ayons coulé
que vous ayez coulé
qu'ils/qu'elles aient coulé

Conditional

Present
je coulerais
tu coulerais
il/elle coulerait
nous coulerions
vous couleriez
ils/elles couleraient

Past
j'aurais coulé
tu aurais coulé
il/elle aurait coulé
nous aurions coulé
vous auriez coulé
ils/elles auraient coulé

Imperative

Present
coule
coulons
coulez

Past
aie coulé
ayons coulé
ayez coulé

Present Infinitive
couler

Past Infinitive
avoir coulé

Present Participle
coulant

Past Participle
coulé, ée
ayant coulé

SURPRENDRE **to surprise**

Elle l'a *surpris* en flagrant délit.
She caught him red-handed.

Indicative

Present
je surnomme
tu surnommes
il/elle surnomme
nous surnommons
vous surnommez
ils/elles surnomment

Imperfect
je surnommais
tu surnommais
il/elle surnommait
nous surnommions
vous surnommiez
ils/elles surnommaient

Future
je surnommerai
tu surnommeras
il/elle surnommera
nous surnommerons
vous surnommerez
ils/elles surnommeront

Past Indefinite
j'ai surnommé
tu as surnommé
il/elle a surnommé
nous avons surnommé
vous avez surnommé
ils/elles ont surnommé

Pluperfect
j'avais surnommé
tu avais surnommé
il/elle avait surnommé
nous avions surnommé
vous aviez surnommé
ils/elles avaient surnommé

Former Future
j'aurai surnommé
tu auras surnommé
il/elle aura surnommé
nous aurons surnommé
vous aurez surnommé
ils/elles auront surnommé

Subjunctive

Present
que je surnomme
que tu surnommes
qu'il/qu'elle surnomme
que nous surnommions
que vous surnommiez
qu'ils/qu'elles surnomment

Past
que j'aie surnommé
que tu aies surnommé
qu'il/qu'elle ait surnommé
que nous ayons surnommé
que vous ayez surnommé
qu'ils/qu'elles aient surnommé

Conditional

Present
je surnommerais
tu surnommerais
il/elle surnommerait
nous surnommerions
vous surnommeriez
ils/elles surnommeraient

Past
j'aurais surnommé
tu aurais surnommé
il/elle aurait surnommé
nous aurions surnommé
vous auriez surnommé
ils/elles auraient surnommé

Imperative

Present
surnomme
surnommons
surnommez

Past
aie surnommé
ayons surnommé
ayez surnommé

Present Infinitive
surnommer

Past Infinitive
avoir surnommé

Present Participle
surnommant

Past Participle
surnommé, ée
ayant surnommé

CRAINDRE to fear

Si vous ne *craignez* pas les piqûres de moustiques, vous pouvez faire du camping près de la rivière.

If you do not fear mosquito bites, you can camp on the banks of the river.

Indicative

Present
je crains
tu crains
il/elle craint
nous craignons
vous craignez
ils/elles craignent

Imperfect
je craignais
tu craignais
il/elle craignait
nous craignions
vous craigniez
ils/elles craignaient

Future
je craindrai
tu craindras
il/elle craindra
nous craindrons
vous craindrez
ils/elles craindront

Past Indefinite
j'ai craint
tu as craint
il/elle a craint
nous avons craint
vous avez craint
ils/elles ont craint

Pluperfect
j'avais craint
tu avais craint
il/elle avait craint
nous avions craint
vous aviez craint
ils/elles avaient craint

Former Future
j'aurai craint
tu auras craint
il/elle aura craint
nous aurons craint
vous aurez craint
ils/elles auront craint

Subjunctive

Present
que je craigne
que tu craignes
qu'il/qu'elle craigne
que nous craignions
que vous craigniez
qu'ils/qu'elles craignent

Past
que j'aie craint
que tu aies craint
qu'il/qu'elle ait craint
que nous ayons craint
que vous ayez craint
qu'ils/qu'elles aient craint

Conditional

Present
je craindrais
tu craindrais
il/elle craindrait
nous craindrions
vous craindriez
ils/elles craindraient

Past
j'aurais craint
tu aurais craint
il/elle aurait craint
nous aurions craint
vous auriez craint
ils/elles auraient craint

Imperative

Present
crains
craignons
craignez

Past
aie craint
ayons craint
ayez craint

Present Infinitive
craindre

Past Infinitive
avoir craint

Present Participle
craignant

Past Participle
craint, ainte
ayant craint

SURNOMMER
to name, to nickname

On l'avait *surnommé* Loulou et il n'aimait pas ça.
They nicknamed him Loulou and he did not like it.

Indicative

Present
je surmonte
tu surmontes
il/elle surmonte
nous surmontons
vous surmontez
ils/elles surmontent

Past Indefinite
j'ai surmonté
tu as surmonté
il/elle a surmonté
nous avons surmonté
vous avez surmonté
ils/elles ont surmonté

Imperfect
je surmontais
tu surmontais
il/elle surmontait
nous surmontions
vous surmontiez
ils/elles surmontaient

Pluperfect
j'avais surmonté
tu avais surmonté
il/elle avait surmonté
nous avions surmonté
vous aviez surmonté
ils/elles avaient surmonté

Future
je surmonterai
tu surmonteras
il/elle surmontera
nous surmonterons
vous surmonterez
ils/elles surmonteront

Former Future
j'aurai surmonté
tu auras surmonté
il/elle aura surmonté
nous aurons surmonté
vous aurez surmonté
ils/elles auront surmonté

Subjunctive

Present
que je surmonte
que tu surmontes
qu'il/qu'elle surmonte
que nous surmontions
que vous surmontiez
qu'ils/qu'elles surmontent

Past
que j'aie surmonté
que tu aies surmonté
qu'il/qu'elle ait surmonté
que nous ayons surmonté
que vous ayez surmonté
qu'ils/qu'elles aient surmonté

Conditional

Present
je surmonterais
tu surmonterais
il/elle surmonterait
nous surmonterions
vous surmonteriez
ils/elles surmonteraient

Past
j'aurais surmonté
tu aurais surmonté
il/elle aurait surmonté
nous aurions surmonté
vous auriez surmonté
ils/elles auraient surmonté

Imperative

Present
surmonte
surmontons
surmontez

Past
aie surmonté
ayons surmonté
ayez surmonté

Present Infinitive
surmonter

Past Infinitive
avoir surmonté

Present Participle
surmontant

Past Participle
surmonté, ée
ayant surmonté

CREUSER
to dig, to hollow out

Ils ont découvert le trésor enfoui en *creusant* la terre.
They discovered the buried treasure by digging the earth.

Indicative

Present
je creuse
tu creuses
il/elle creuse
nous creusons
vous creusez
ils/elles creusent

Imperfect
je creusais
tu creusais
il/elle creusait
nous creusions
vous creusiez
ils/elles creusaient

Future
je creuserai
tu creuseras
il/elle creusera
nous creuserons
vous creuserez
ils/elles creuseront

Past Indefinite
j'ai creusé
tu as creusé
il/elle a creusé
nous avons creusé
vous avez creusé
ils/elles ont creusé

Pluperfect
j'avais creusé
tu avais creusé
il/elle avait creusé
nous avions creusé
vous aviez creusé
ils/elles avaient creusé

Former Future
j'aurai creusé
tu auras creusé
il/elle aura creusé
nous aurons creusé
vous aurez creusé
ils/elles auront creusé

Subjunctive

Present
que je creuse
que tu creuses
qu'il/qu'elle creuse
que nous creusions
que vous creusiez
qu'ils/qu'elles creusent

Past
que j'aie creusé
que tu aies creusé
qu'il/qu'elle ait creusé
que nous ayons creusé
que vous ayez creusé
qu'ils/qu'elles aient creusé

Conditional

Present
je creuserais
tu creuserais
il/elle creuserait
nous creuserions
vous creuseriez
ils/elles creuseraient

Past
j'aurais creusé
tu aurais creusé
il/elle aurait creusé
nous aurions creusé
vous auriez creusé
ils/elles auraient creusé

Imperative

Present
creuse
creusons
creusez

Past
aie creusé
ayons creusé
ayez creusé

Present Infinitive
creuser

Past Infinitive
avoir creusé

Present Participle
creusant

Past Participle
creusé, ée
ayant creusé

SURMONTER
to overcome

Il faut que vous *surmontiez* tous les obstacles pour remporter le prix.
It is necessary for you to overcome all obstacles to take the prize.

Indicative

Present
je surgis
tu surgis
il/elle surgit
nous surgissons
vous surgissez
ils/elles surgissent

Imperfect
je surgissais
tu surgissais
il/elle surgissait
nous surgissions
vous surgissiez
ils/elles surgissaient

Future
je surgirai
tu surgiras
il/elle surgira
nous surgirons
vous surgirez
ils/elles surgiront

Past Indefinite
j'ai surgi
tu as surgi
il/elle a surgi
nous avons surgi
vous avez surgi
ils/elles ont surgi

Pluperfect
j'avais surgi
tu avais surgi
il/elle avait surgi
nous avions surgi
vous aviez surgi
ils/elles avaient surgi

Former Future
j'aurai surgi
tu auras surgi
il/elle aura surgi
nous aurons surgi
vous aurez surgi
ils/elles auront surgi

Subjunctive

Present
que je surgisse
que tu surgisses
qu'il/qu'elle surgisse
que nous surgissions
que vous surgissiez
qu'ils/qu'elles surgissent

Past
que j'aie surgi
que tu aies surgi
qu'il/qu'elle ait surgi
que nous ayons surgi
que vous ayez surgi
qu'ils/qu'elles aient surgi

Conditional

Present
je surgirais
tu surgirais
il/elle surgirait
nous surgirions
vous surgiriez
ils/elles surgiraient

Past
j'aurais surgi
tu aurais surgi
il/elle aurait surgi
nous aurions surgi
vous auriez surgi
ils/elles auraient surgi

Imperative

Present
surgis
surgissons
surgissez

Past
aie surgi
ayons surgi
ayez surgi

Present Infinitive
surgir

Past Infinitive
avoir surgi

Present Participle
surgissant

Past Participle
surgi, ie
ayant surgi

CRIER
to shout, to proclaim

Elle a *crié* qu'ils étaient innocents.
She proclaimed that they were innocent.

Indicative

Present
je crie
tu cries
il/elle crie
nous crions
vous criez
ils/elles crient

Past Indefinite
j'ai crié
tu as crié
il/elle a crié
nous avons crié
vous avez crié
ils/elles ont crié

Imperfect
je criais
tu criais
il/elle criait
nous criions
vous criiez
ils/elles criaient

Pluperfect
j'avais crié
tu avais crié
il/elle avait crié
nous avions crié
vous aviez crié
ils/elles avaient crié

Future
je crierai
tu crieras
il/elle criera
nous crierons
vous crierez
ils/elles crieront

Former Future
j'aurai crié
tu auras crié
il/elle aura crié
nous aurons crié
vous aurez crié
ils/elles auront crié

Subjunctive

Present
que je crie
que tu cries
qu'il/qu'elle crie
que nous criions
que vous criiez
qu'ils/qu'elles crient

Past
que j'aie crié
que tu aies crié
qu'il/qu'elle ait crié
que nous ayons crié
que vous ayez crié
qu'ils/qu'elles aient crié

Conditional

Present
je crierais
tu crierais
il/elle crierait
nous crierions
vous crieriez
ils/elles crieraient

Past
j'aurais crié
tu aurais crié
il/elle aurait crié
nous aurions crié
vous auriez crié
ils/elles auraient crié

Imperative

Present
crie
crions
criez

Past
aie crié
ayons crié
ayez crié

Present Infinitive
crier

Past Infinitive
avoir crié

Present Participle
criant

Past Participle
crié, ée
ayant crié

Les montagnes *surgissaient* à l'horizon.
The mountains loomed on the horizon.

SURGIR
to rise, to loom up

Indicative

Present
je surgèle
tu surgèles
il/elle surgelè
nous surgelons
vous surgelez
ils/elles surgèlent

Past Indefinite
j'ai surgelé
tu as surgelé
il/elle a surgelé
nous avons surgelé
vous avez surgelé
ils/elles ont surgelé

Imperfect
je surgelais
tu surgelais
il/elle surgelait
nous surgelions
vous surgeliez
ils/elles surgelaient

Pluperfect
j'avais surgelé
tu avais surgelé
il/elle avait surgelé
nous avions surgelé
vous aviez surgelé
ils/elles avaient surgelé

Future
je surgèlerai
tu surgèleras
il/elle surgèlera
nous surgèlerons
vous surgèlerez
ils/elles surgèleront

Former Future
j'aurai surgelé
tu auras surgelé
il/elle aura surgelé
nous aurons surgelé
vous aurez surgelé
ils/elles auront surgelé

Subjunctive

Present
que je surgèle
que tu surgèles
qu'il/qu'elle surgèle
que nous surgelions
que vous surgeliez
qu'ils/qu'elles surgèlent

Past
que j'aie surgelé
que tu aies surgelé
qu'il/qu'elle ait surgelé
que nous ayons surgelé
que vous ayez surgelé
qu'ils/qu'elles aient surgelé

Conditional

Present
je surgèlerais
tu surgèlerais
il/elle surgèlerait
nous surgèlerions
vous surgèleriez
ils/elles surgèleraient

Past
j'aurais surgelé
tu aurais surgelé
il/elle aurait surgelé
nous aurions surgelé
vous auriez surgelé
ils/elles auraient surgelé

Imperative

Present
surgèle
surgelons
surgelez

Past
aie surgelé
ayons surgelé
ayez surgelé

Present Infinitive
surgeler

Past Infinitive
avoir surgelé

Present Participle
surgelant

Past Participle
surgelé, ée
ayant surgelé

CROQUER
to munch, to crunch

Le gros chien roux a *croqué* un os.
The big red dog munched on a bone.

Indicative

Present
je croque
tu croques
il/elle croque
nous croquons
vous croquez
ils/elles croquent

Imperfect
je croquais
tu croquais
il/elle croquait
nous croquions
vous croquiez
ils/elles croquaient

Future
je croquerai
tu croqueras
il/elle croquera
nous croquerons
vous croquerez
ils/elles croqueront

Past Indefinite
j'ai croqué
tu as croqué
il/elle a croqué
nous avons croqué
vous avez croqué
ils/elles ont croqué

Pluperfect
j'avais croqué
tu avais croqué
il/elle avait croqué
nous avions croqué
vous aviez croqué
ils/elles avaient croqué

Former Future
j'aurai croqué
tu auras croqué
il/elle aura croqué
nous aurons croqué
vous aurez croqué
ils/elles auront croqué

Subjunctive

Present
que je croque
que tu croques
qu'il/qu'elle croque
que nous croquions
que vous croquiez
qu'ils/qu'elles croquent

Past
que j'aie croqué
que tu aies croqué
qu'il/qu'elle ait croqué
que nous ayons croqué
que vous ayez croqué
qu'ils/qu'elles aient croqué

Conditional

Present
je croquerais
tu croquerais
il/elle croquerait
nous croquerions
vous croqueriez
ils/elles croqueraient

Past
j'aurais croqué
tu aurais croqué
il/elle aurait croqué
nous aurions croqué
vous auriez croqué
ils/elles auraient croqué

Imperative

Present
croque
croquons
croquez

Past
aie croqué
ayons croqué
ayez croqué

Present Infinitive
croquer

Past Infinitive
avoir croqué

Present Participle
croquant

Past Participle
croqué, ée
ayant croqué

SURGELER to freeze

Surgelons ces crevettes.
Let's freeze these shrimp.

Indicative

Present
je surestime
tu surestimes
il/elle surestime
nous surestimons
vous surestimez
ils/elles surestiment

Imperfect
je surestimais
tu surestimais
il/elle surestimait
nous surestimions
vous surestimiez
ils/elles surestimaient

Future
je surestimerai
tu surestimeras
il/elle surestimera
nous surestimerons
vous surestimerez
ils/elles surestimeront

Past Indefinite
j'ai surestimé
tu as surestimé
il/elle a surestimé
nous avons surestimé
vous avez surestimé
ils/elles ont surestimé

Pluperfect
j'avais surestimé
tu avais surestimé
il/elle avait surestimé
nous avions surestimé
vous aviez surestimé
ils/elles avaient surestimé

Former Future
j'aurai surestimé
tu auras surestimé
il/elle aura surestimé
nous aurons surestimé
vous aurez surestimé
ils/elles auront surestimé

Subjunctive

Present
que je surestime
que tu surestimes
qu'il/qu'elle surestime
que nous surestimions
que vous surestimiez
qu'ils/qu'elles surestiment

Past
que j'aie surestimé
que tu aies surestimé
qu'il/qu'elle ait surestimé
que nous ayons surestimé
que vous ayez surestimé
qu'ils/qu'elles aient surestimé

Conditional

Present
je surestimerais
tu surestimerais
il/elle surestimerait
nous surestimerions
vous surestimeriez
ils/elles surestimeraient

Past
j'aurais surestimé
tu aurais surestimé
il/elle aurait surestimé
nous aurions surestimé
vous auriez surestimé
ils/elles auraient surestimé

Imperative

Present
surestime
surestimons
surestimez

Past
aie surestimé
ayons surestimé
ayez surestimé

Present Infinitive
surestimer

Past Infinitive
avoir surestimé

Present Participle
surestimant

Past Participle
surestimé, ée
ayant surestimé

KAPLAN

CUEILLIR
to pick

Ils *cueilleront* des fleurs sauvages pendant leur randonnée.
They will pick wild flowers during their hike.

Indicative

Present
je cueille
tu cueilles
il/elle cueille
nous cueillons
vous cueillez
ils/elles cueillent

Past Indefinite
j'ai cueilli
tu as cueilli
il/elle a cueilli
nous avons cueilli
vous avez cueilli
ils/elles ont cueilli

Imperfect
je cueillais
tu cueillais
il/elle cueillait
nous cueillions
vous cueilliez
ils/elles cueillaient

Pluperfect
j'avais cueilli
tu avais cueilli
il/elle avait cueilli
nous avions cueilli
vous aviez cueilli
ils/elles avaient cueilli

Future
je cueillerai
tu cueilleras
il/elle cueillera
nous cueillerons
vous cueillerez
ils/elles cueilleront

Former Future
j'aurai cueilli
tu auras cueilli
il/elle aura cueilli
nous aurons cueilli
vous aurez cueilli
ils/elles auront cueilli

Subjunctive

Present
que je cueille
que tu cueilles
qu'il/qu'elle cueille
que nous cueillions
que vous cueilliez
qu'ils/qu'elles cueillent

Past
que j'aie cueilli
que tu aies cueilli
qu'il/qu'elle ait cueilli
que nous ayons cueilli
que vous ayez cueilli
qu'ils/qu'elles aient cueilli

Conditional

Present
je cueillerais
tu cueillerais
il/elle cueillerait
nous cueillerions
vous cueilleriez
ils/elles cueilleraient

Past
j'aurais cueilli
tu aurais cueilli
il/elle aurait cueilli
nous aurions cueilli
vous auriez cueilli
ils/elles auraient cueilli

Imperative

Present
cueille
cueillons
cueillez

Past
aie cueilli
ayons cueilli
ayez cueilli

Present Infinitive
cueillir

Past Infinitive
avoir cueilli

Present Participle
cueillant

Past Participle
cueilli, ie
ayant cueilli

SURESTIMER to overestimate

Il a *surestimé* la force de Georges.
He overestimated Georges' strength.

Indicative

Present
je supprime
tu supprimes
il/elle supprime
nous supprimons
vous supprimez
ils/elles suppriment

Imperfect
je supprimais
tu supprimais
il/elle supprimait
nous supprimions
vous supprimiez
ils/elles supprimaient

Future
je supprimerai
tu supprimeras
il/elle supprimera
nous supprimerons
vous supprimerez
ils/elles supprimeront

Past Indefinite
j'ai supprimé
tu as supprimé
il/elle a supprimé
nous avons supprimé
vous avez supprimé
ils/elles ont supprimé

Pluperfect
j'avais supprimé
tu avais supprimé
il/elle avait supprimé
nous avions supprimé
vous aviez supprimé
ils/elles avaient supprimé

Former Future
j'aurai supprimé
tu auras supprimé
il/elle aura supprimé
nous aurons supprimé
vous aurez supprimé
ils/elles auront supprimé

Subjunctive

Present
que je supprime
que tu supprimes
qu'il/qu'elle supprime
que nous supprimions
que vous supprimiez
qu'ils/qu'elles suppriment

Past
que j'aie supprimé
que tu aies supprimé
qu'il/qu'elle ait supprimé
que nous ayons supprimé
que vous ayez supprimé
qu'ils/qu'elles aient supprimé

Conditional

Present
je supprimerais
tu supprimerais
il/elle supprimerait
nous supprimerions
vous supprimeriez
ils/elles supprimeraient

Past
j'aurais supprimé
tu aurais supprimé
il/elle aurait supprimé
nous aurions supprimé
vous auriez supprimé
ils/elles auraient supprimé

Imperative

Present
supprime
supprimons
supprimez

Past
aie supprimé
ayons supprimé
ayez supprimé

Present Infinitive
supprimer

Past Infinitive
avoir supprimé

Present Participle
supprimant

Past Participle
supprimé, ée
ayant supprimé

DÉBARRASSER
to clear

Les enfants, *débarrassez* la table tout de suite avant de partir.

Children, clear the table before you leave.

Indicative

Present
je débarrasse
tu débarrasses
il/elle débarrasse
nous débarrassons
vous débarrassez
ils/elles débarrassent

Past Indefinite
j'ai débarrassé
tu as débarrassé
il/elle a débarrassé
nous avons débarrassé
vous avez débarrassé
ils/elles ont débarrassé

Imperfect
je débarrassais
tu débarrassais
il/elle débarrassait
nous débarassions
vous débarrassiez
ils/elles débarassaient

Pluperfect
j'avais débarrassé
tu avais débarrassé
il/elle avait débarrassé
nous avions débarrassé
vous aviez débarrasssé
ils/elles avaient débarrassé

Future
je débarrasserai
tu débarrasseras
il/elle débarrassera
nous débarrasserons
vous débarrasserez
ils/elles débarrasseront

Former Future
j'aurai débarrassé
tu auras débarrassé
il/elle aura débarrassé
nous aurons débarrassé
vous aurez débarrassé
ils/elles auront débarrassé

Subjunctive

Present
que je débarrasse
que tu débarrasses
qu'il/qu'elle débarrasse
que nous débarrassions
que vous débarrassiez
qu'ils/qu'elles débarrassent

Past
que j'aie débarrassé
que tu aies débarrassé
qu'il/qu'elle ait débarrassé
que nous ayons débarrassé
que vous ayez débarrassé
qu'ils/qu'elles aient débarrassé

Conditional

Present
je débarrasserais
tu débarasserais
il/elle débarasserait
nous débarrasserions
vous débarrasseriez
ils/elles débarrasseraient

Past
j'aurais débarrassé
tu aurais débarrassé
il/elle aurait débarrassé
nous aurions débarrassé
vous auriez débarrassé
ils/elles auraient débarrassé

Imperative

Present
débarrasse
débarrassons
débarrassez

Past
aie débarrassé
ayons débarrassé
ayez débarrassé

Present Infinitive
débarrasser

Past Infinitive
avoir débarrassé

Present Participle
débarrassant

Past Participle
débarrassé, ée
ayant débarrassé

SUPPRIMER to suppress, to abolish, to remove

Je supprime les frites pour maigrir.
I removed fries from my diet.

Indicative

Present
je supplie
tu supplies
il/elle supplie
nous supplions
vous suppliez
ils/elles supplient

Past Indefinite
j'ai supplié
tu as supplié
il/elle a supplié
nous avons supplié
vous avez supplié
ils/elles ont supplié

Imperfect
je suppliais
tu suppliais
il/elle suppliait
nous suppliions
vous suppliiez
ils/elles suppliaient

Pluperfect
j'avais supplié
tu avais supplié
il/elle avait supplié
nous avions supplié
vous aviez supplié
ils/elles avaient supplié

Future
je supplierai
tu supplieras
il/elle suppliera
nous supplierons
vous supplierez
ils/elles supplieront

Former Future
j'aurai supplié
tu auras supplié
il/elle aura supplié
nous aurons supplié
vous aurez supplié
ils/elles auront supplié

Subjunctive

Present
que je supplie
que tu supplies
qu'il/qu'elle supplie
que nous suppliions
que vous suppliiez
qu'ils/qu'elles supplient

Past
que j'aie supplié
que tu aies supplié
qu'il/qu'elle ait supplié
que nous ayons supplié
que vous ayez supplié
qu'ils/qu'elles aient supplié

Conditional

Present
je supplierais
tu supplierais
il/elle supplierait
nous supplierions
vous supplieriez
ils/elles supplieraient

Past
j'aurais supplié
tu aurais supplié
il/elle aurait supplié
nous aurions supplié
vous auriez supplié
ils/elles auraient supplié

Imperative

Present
supplie
supplions
suppliez

Past
aie supplié
ayons supplié
ayez supplié

Present Infinitive
supplier

Past Infinitive
avoir supplié

Present Participle
suppliant

Past Participle
supplié, ée
ayant supplié

DÉBATTRE
to argue

Les étudiants de droit ont *débattu* les questions posées.
The law students argued the questions posed to them.

Indicative

Present
je débats
tu débats
il/elle débat
nous débattons
vous débattez
ils/elles débattent

Past Indefinite
j'ai débattu
tu as débattu
il/elle a débattu
nous avons débattu
vous avez débattu
ils/elles ont débattu

Imperfect
je débattais
tu débattais
il/elle débattait
nous débattions
vous débattiez
ils/elles débattaient

Pluperfect
j'avais débattu
tu avais débattu
il/elle avait débattu
nous avions débattu
vous aviez débattu
ils/elles avaient débattu

Future
je débattrai
tu débattras
il/elle débattra
nous débattrons
vous débattrez
ils/elles débattront

Former Future
j'aurai débattu
tu auras débattu
il/elle aura débattu
nous aurons débattu
vous aurez débattu
ils/elles auront débattu

Subjunctive

Present
que je débatte
que tu débattes
qu'il/qu'elle débatte
que nous débattions
que vous débattiez
qu'ils/qu'elles débattent

Past
que j'aie débattu
que tu aies débattu
qu'il/qu'elle ait débattu
que nous ayons débattu
que vous ayez débattu
qu'ils/qu'elles aient débattu

Conditional

Present
je débattrais
tu débattrais
il/elle débattrait
nous débattrions
vous débattriez
ils/elles débattraient

Past
j'aurais débattu
tu aurais débattu
il/elle aurait débattu
nous aurions débattu
vous auriez débattu
ils/elles auraient débattu

Imperative

Present
débats
débattons
débattez

Past
aie débattu
ayons débattu
ayez débattu

Present Infinitive
débattre

Past Infinitive
avoir débattu

Present Participle
débattant

Past Participle
débattu, ue
ayant débattu

Jacques *avait supplié* sa mère de le laisser sortir.
Jacques implored his mother to let him go out.

SUPPLIER to implore

Indicative

Present
je suis
tu suis
il/elle suit
nous suivons
vous suivez
ils/elles suivent

Imperfect
je suivais
tu suivais
il/elle suivait
nous suivions
vous suiviez
ils/elles suivaient

Future
je suivrai
tu suivras
il/elle suivra
nous suivrons
vous suivrez
ils/elles suivront

Past Indefinite
j'ai suivi
tu as suivi
il/elle a suivi
nous avons suivi
vous avez suivi
ils/elles ont suivi

Pluperfect
j'avais suivi
tu avais suivi
il/elle avait suivi
nous avions suivi
vous aviez suivi
ils/elles avaient suivi

Former Future
j'aurai suivi
tu auras suivi
il/elle aura suivi
nous aurons suivi
vous aurez suivi
ils/elles auront suivi

Subjunctive

Present
que je suive
que tu suives
qu'il/qu'elle suive
que nous suivions
que vous suiviez
qu'ils/qu'elles suivent

Past
que j'aie suivi
que tu aies suivi
qu'il/qu'elle ait suivi
que nous ayons suivi
que vous ayez suivi
qu'ils/qu'elles aient suivi

Conditional

Present
je suivrais
tu suivrais
il/elle suivrait
nous suivrions
vous suivriez
ils/elles suivraient

Past
j'aurais suivi
tu aurais suivi
il/elle aurait suivi
nous aurions suivi
vous auriez suivi
ils/elles auraient suivi

Imperative

Present
suis
suivons
suivez

Past
aie suivi
ayons suivi
ayez suivi

Present Infinitive
suivre

Past Infinitive
avoir suivi

Present Participle
suivant

Past Participle
suivi, ie
ayant suivi

DÉCHIRER
to tear, to rip

Elle avait *déchiré* sa robe en tombant de bicyclette.
She tore her dress after falling off her bike.

Indicative

Present
je déchire
tu déchires
il/elle déchire
nous déchirons
vous déchirez
ils/elles déchirent

Past Indefinite
j'ai déchiré
tu as déchiré
il/elle a déchiré
nous avons déchiré
vous avez déchiré
ils/elles ont déchiré

Imperfect
je déchirais
tu déchirais
il/elle déchirait
nous déchirions
vous déchiriez
ils/elles déchiraient

Pluperfect
j'avais déchiré
tu avais déchiré
il/elle avait déchiré
nous avions déchiré
vous aviez déchiré
ils/elles avaient déchiré

Future
je déchirerai
tu déchireras
il/elle déchirera
nous déchirerons
vous déchirerez
ils/elles déchireront

Former Future
j'aurai déchiré
tu auras déchiré
il/elle aura déchiré
nous aurons déchiré
vous aurez déchiré
ils/elles auront déchiré

Subjunctive

Present
que je déchire
que tu déchires
qu'il/qu'elle déchire
que nous déchirions
que vous déchiriez
qu'ils/qu'elles déchirent

Past
que j'aie déchiré
que tu aies déchiré
qu'il/qu'elle ait déchiré
que nous ayons déchiré
que vous ayez déchiré
qu'ils/qu'elles aient déchiré

Conditional

Present
je déchirerais
tu déchirerais
il/elle déchirerait
nous déchirerions
vous déchireriez
ils/elles déchireraient

Past
j'aurais déchiré
tu aurais déchiré
il/elle aurait déchiré
nous aurions déchiré
vous auriez déchiré
ils/elles auraient déchiré

Imperative

Present
déchire
déchirons
déchirez

Past
aie déchiré
ayons déchiré
ayez déchiré

Present Infinitive
déchirer

Past Infinitive
avoir déchiré

Present Participle
déchirant

Past Participle
déchiré, ée
ayant déchiré

SUIVRE
to follow, to attend courses

Ils *suivront* les cours du professeur Hulot.
They will attend Professor Hulot's classes.

Indicative

Present
je suggère
tu suggères
il/elle suggère
nous suggérons
vous suggérez
ils/elles suggèrent

Imperfect
je suggérais
tu suggérais
il/elle suggérait
nous suggérions
vous suggériez
ils/elles suggéraient

Future
je suggérerai
tu suggéreras
il/elle suggérera
nous suggérerons
vous suggérerez
ils/elles suggéreront

Past Indefinite
j'ai suggéré
tu as suggéré
il/elle a suggéré
nous avons suggéré
vous avez suggéré
ils/elles ont suggéré

Pluperfect
j'avais suggéré
tu avais suggéré
il/elle avait suggéré
nous avions suggéré
vous aviez suggéré
ils/elles avaient suggéré

Former Future
j'aurai suggéré
tu auras suggéré
il/elle aura suggéré
nous aurons suggéré
vous aurez suggéré
ils/elles auront suggéré

Subjunctive

Present
que je suggère
que tu suggères
qu'il/qu'elle suggère
que nous suggérions
que vous suggériez
qu'ils/qu'elles suggèrent

Past
que j'aie suggéré
que tu aies suggéré
qu'il/qu'elle ait suggéré
que nous ayons suggéré
que vous ayez suggéré
qu'ils/qu'elles aient suggéré

Conditional

Present
je suggérerais
tu suggérerais
il/elle suggérerait
nous suggérerions
vous suggéreriez
ils/elles suggéreraient

Past
j'aurais suggéré
tu aurais suggéré
il/elle aurait suggéré
nous aurions suggéré
vous auriez suggéré
ils/elles auraient suggéré

Imperative

Present
suggère
suggérons
suggérez

Past
aie suggéré
ayons suggéré
ayez suggéré

Present Infinitive
suggérer

Past Infinitive
avoir suggéré

Present Participle
suggérant

Past Participle
suggéré, ée
ayant suggéré

DÉMÉNAGER
to move

Ils *déménageront* en automne.
They will move in the fall.

Indicative

Present
je déménage
tu déménages
il/elle déménage
nous déménageons
vous déménagez
ils/elles déménagent

Imperfect
je déménageais
tu déménageais
il/elle déménageait
nous déménagions
vous déménagiez
ils/elles déménageaient

Future
je déménagerai
tu déménageras
il/elle déménagera
nous déménagerons
vous déménagerez
ils/elles déménageront

Past Indefinite
j'ai déménagé
tu as déménagé
il/elle a déménagé
nous avons déménagé
vous avez déménagé
ils/elles ont déménagé

Pluperfect
j'avais déménagé
tu avais déménagé
il/elle avait déménagé
nous avions déménagé
vous aviez déménagé
ils/elles avaient déménagé

Former Future
j'aurai déménagé
tu auras déménagé
il/elle aura déménagé
nous aurons déménagé
vous aurez déménagé
ils/elles auront déménagé

Subjunctive

Present
que je déménage
que tu déménages
qu'il/qu'elle déménage
que nous déménagions
que vous déménagiez
qu'ils/qu'elles déménagent

Past
que j'aie déménagé
que tu aies déménagé
qu'il/qu'elle ait déménagé
que nous ayons déménagé
que vous ayez déménagé
qu'ils/qu'elles aient déménagé

Conditional

Present
je déménagerais
tu déménagerais
il/elle déménagerait
nous déménagerions
vous déménageriez
ils/elles déménageraient

Past
j'aurais déménagé
tu aurais déménagé
il/elle aurait déménagé
nous aurions déménagé
vous auriez déménagé
ils/elles auraient déménagé

Imperative

Present
déménage
déménageons
déménagez

Past
aie déménagé
ayons déménagé
ayez déménagé

Present Infinitive
déménager

Past Infinitive
avoir déménagé

Present Participle
déménageant

Past Participle
déménagé, ée
ayant déménagé

SUGGÉRER to suggest

Ils auraient *suggéré* ce qu'il fallait emporter.
They would have suggested what we needed to bring.

Indicative

Present
je succombe
tu succombes
il/elle succombe
nous succombons
vous succombez
ils/elles succombent

Past Indefinite
j'ai succombé
tu as succombé
il/elle a succombé
nous avons succombé
vous avez succombé
ils/elles ont succombé

Imperfect
je succombais
tu succombais
il/elle succombait
nous succombions
vous succombiez
ils/elles succombaient

Pluperfect
j'avais succombé
tu avais succombé
il/elle avait succombé
nous avions succombé
vous aviez succombé
ils/elles avaient succombé

Future
je succomberai
tu succomberas
il/elle succombera
nous succomberons
vous succomberez
ils/elles succomberont

Former Future
j'aurai succombé
tu auras succombé
il/elle aura succombé
nous aurons succombé
vous aurez succombé
ils/elles auront succombé

Subjunctive

Present
que je succombe
que tu succombes
qu'il/qu'elle succombe
que nous succombions
que vous succombiez
qu'ils/qu'elles succombent

Past
que j'aie succombé
que tu aies succombé
qu'il/qu'elle ait succombé
que nous ayons succombé
que vous ayez succombé
qu'ils/qu'elles aient succombé

Conditional

Present
je succomberais
tu succomberais
il/elle succomberait
nous succomberions
vous succomberiez
ils/elles succomberaient

Past
j'aurais succombé
tu aurais succombé
il/elle aurait succombé
nous aurions succombé
vous auriez succombé
ils/elles auraient succombé

Imperative

Present
succombe
succombons
succombez

Past
aie succombé
ayons succombé
ayez succombé

Present Infinitive
succomber

Past Infinitive
avoir succombé

Present Participle
succombant

Past Participle
succombé, ée
ayant succombé

DEMEURER
to remain, to live

Ils *demeurent* chez leur tante à Bruxelles.
They live at their aunt's in Brussels.

Indicative

Present
je demeure
tu demeures
il/elle demeure
nous demeurons
vous demeurez
ils/elles demeurent

Past Indefinite
j'ai demeuré
tu as demeuré
il/elle a demeuré
nous avons demeuré
vous avez demeuré
ils/elles ont demeuré

Imperfect
je demeurais
tu demeurais
il/elle demeurait
nous demeurions
vous demeuriez
ils/elles demeuraient

Pluperfect
j'avais demeuré
tu avais demeuré
il/elle avait demeuré
nous avions demeuré
vous aviez demeuré
ils/elles avaient demeuré

Future
je demeurerai
tu demeureras
il/elle demeurera
nous demeurerons
vous demeurerez
ils/elles demeureront

Former Future
j'aurai demeuré
tu auras demeuré
il/elle aura demeuré
nous aurons demeuré
vous aurez demeuré
ils/elles auront demeuré

Subjunctive

Present
que je demeure
que tu demeures
qu'il/qu'elle demeure
que nous demeurions
que vous demeuriez
qu'ils/qu'elles demeurent

Past
que j'aie demeuré
que tu aies demeuré
qu'il/qu'elle ait demeuré
que nous ayons demeuré
que vous ayez demeuré
qu'ils/qu'elles aient demeuré

Conditional

Present
je demeurerais
tu demeurerais
il/elle demeurerait
nous demeurerions
vous demeureriez
ils/elles demeureraient

Past
j'aurais demeuré
tu aurais demeuré
il/elle aurait demeuré
nous aurions demeuré
vous auriez demeuré
ils/elles auraient demeuré

Imperative

Present
demeure
demeurons
demeurez

Past
aie demeuré
ayons demeuré
ayez demeuré

Present Infinitive
demeurer

Past Infinitive
avoir demeuré

Present Participle
demeurant

Past Participle
demeuré, ée
ayant demeuré

SUCCOMBER (À)
to succumb to, to die of, to fall

Ils *ont succombé* à la grippe.
They died of the flu.

Indicative

Present
je succède
tu succèdes
il/elle succède
nous succédons
vous succédez
ils/elles succèdent

Imperfect
je succédais
tu succédais
il/elle succédait
nous succédions
vous succédiez
ils/elles succédaient

Future
je succéderai
tu succéderas
il/elle succédera
nous succéderons
vous succéderez
ils/elles succéderont

Past Indefinite
j'ai succédé
tu as succédé
il/elle a succédé
nous avons succédé
vous avez succédé
ils/elles ont succédé

Pluperfect
j'avais succédé
tu avais succédé
il/elle avait succédé
nous avions succédé
vous aviez succédé
ils/elles avaient succédé

Former Future
j'aurai succédé
tu auras succédé
il/elle aura succédé
nous aurons succédé
vous aurez succédé
ils/elles auront succédé

Subjunctive

Present
que je succède
que tu succèdes
qu'il/qu'elle succède
que nous succédions
que vous succédiez
qu'ils/qu'elles succèdent

Past
que j'aie succédé
que tu aies succédé
qu'il/qu'elle ait succédé
que nous ayons succédé
que vous ayez succédé
qu'ils/qu'elles aient succédé

Conditional

Present
je succéderais
tu succéderais
il/elle succéderait
nous succéderions
vous succéderiez
ils/elles succéderaient

Past
j'aurais succédé
tu aurais succédé
il/elle aurait succédé
nous aurions succédé
vous auriez succédé
ils/elles auraient succédé

Imperative

Present
succède
succédons
succédez

Past
aie succédé
ayons succédé
ayez succédé

Present Infinitive
succéder

Past Infinitive
avoir succédé

Present Participle
succédant

Past Participle
succédé, ée
ayant succédé

DÉMOLIR to demolish

Les ouvriers en bâtiments *ont démoli* le vieil immeuble.
The construction workers demolished the old apartment building.

Indicative

Present
je démolis
tu démolis
il/elle démolit
nous démolissons
vous démolissez
ils/elles démolissent

Past Indefinite
j'ai démoli
tu as démoli
il/elle a démoli
nous avons démoli
vous avez démoli
ils/elles ont démoli

Imperfect
je démolissais
tu démolissais
il/elle démolissait
nous démolissions
vous démolissiez
ils/elles démolissaient

Pluperfect
j'avais démoli
tu avais démoli
il/elle avait démoli
nous avions démoli
vous aviez démoli
ils/elles avaient démoli

Future
je démolirai
tu démoliras
il/elle démolira
nous démolirons
vous démolirez
ils/elles démoliront

Former Future
j'aurai démoli
tu auras démoli
il/elle aura démoli
nous aurons démoli
vous aurez démoli
ils/elles auront démoli

Subjunctive

Present
que je démolisse
que tu démolisses
qu'il/qu'elle démolisse
que nous démolissions
que vous démolissiez
qu'ils/qu'elles démolissent

Past
que j'aie démoli
que tu aies démoli
qu'il/qu'elle ait démoli
que nous ayons démoli
que vous ayez démoli
qu'ils/qu'elles aient démoli

Conditional

Present
je démolirais
tu démolirais
il/elle démolirait
nous démolirions
vous démoliriez
il/elle démoliraient

Past
j'aurais démoli
tu aurais démoli
il/elle aurait démoli
nous aurions démoli
vous auriez démoli
ils/elles auraient démoli

Imperative

Present
démolis
démolissons
démolissez

Past
aie démoli
ayons démoli
ayez démoli

Present Infinitive
démolir

Past Infinitive
avoir démoli

Present Participle
démolissant

Past Participle
démoli, ie
ayant démoli

SUCCÉDER
to succeed, to follow after

Louis XIV a *succédé* à Louis XIII.
Louis XIV succeeded Louis XIII.

Indicative

Present
je subventionne
tu subventionnes
il/elle subventionne
nous subventionnons
vous subventionnez
ils/elles subventionnent

Past Indefinite
j'ai subventionné
tu as subventionné
il/elle a subventionné
nous avons subventionné
vous avez subventionné
ils/elles ont subventionné

Imperfect
je subventionnais
tu subventionnais
il/elle subventionnait
nous subventionnions
vous subventionniez
ils/elles subventionnaient

Pluperfect
j'avais subventionné
tu avais subventionné
il/elle avait subventionné
nous avions subventionné
vous aviez subventionné
ils/elles avaient subventionné

Future
je subventionnerai
tu subventionneras
il/elle subventionnera
nous subventionnerons
vous subventionnerez
ils/elles subventionneront

Former Future
j'aurai subventionné
tu auras subventionné
il/elle aura subventionné
nous aurons subventionné
vous aurez subventionné
ils/elles auront subventionné

Subjunctive

Present
que je subventionne
que tu subventionnes
qu'il/qu'elle subventionne
que nous subventionnions
que vous subventionniez
qu'ils/qu'elles subventionnent

Past
que j'aie subventionné
que tu aies subventionné
qu'il/qu'elle ait subventionné
que nous ayons subventionné
que vous ayez subventionné
qu'ils/qu'elles aient subventionné

Conditional

Present
je subventionnerais
tu subventionnerais
il/elle subventionnerait
nous subventionnerions
vous subventionneriez
ils/elles subventionneraient

Past
j'aurais subventionné
tu aurais subventionné
il/elle aurait subventionné
nous aurions subventionné
vous auriez subventionné
ils/elles auraient subventionné

Imperative

Present
subventionne
subventionnons
subventionnez

Past
aie subventionné
ayons subventionné
ayez subventionné

Present Infinitive
subventionner

Past Infinitive
avoir subventionné

Present Participle
subventionnant

Past Participle
subventionné, ée
ayant subventionné

DÉPASSER
to pass, to go beyond, to overtake

Les automobilistes ne *dépassent* jamais sur la file droite.
Drivers never pass in the right lane.

Indicative

Present
je dépasse
tu dépasses
il/elle dépasse
nous dépassons
vous dépassez
ils/elles dépassent

Past Indefinite
j'ai dépassé
tu as dépassét
il/elle a dépassé
nous avons dépassé
vous avez dépassé
ils/elles ont dépassé

Imperfect
je dépassais
tu dépassais
il/elle dépassait
nous déppassions
vous dépassiez
ils/elles dépassaient

Pluperfect
j'avais dépassé
tu avais dépassé
il/elle avait dépassé
nous avions dépassé
vous aviez dépassé
ils/elles avaient dépassé

Future
je dépasserai
tu dépasseras
il/elle dépassera
nous dépasserons
vous dépasserez
ils/elles dépasseront

Former Future
j'aurai dépassé
tu auras dépassé
il/elle aura dépassé
nous aurons dépassé
vous aurez dépassé
ils/elles auront dépassé

Subjunctive

Present
que je dépasse
que tu dépasses
qu'il/qu'elle dépasse
que nous dépassions
que vous dépassiez
qu'ils/qu'elles dépassent

Past
que j'aie dépassé
que tu aies dépassé
qu'il/qu'elle ait dépassé
que nous ayons dépassé
que vous ayez dépassé
qu'ils/qu'elles aient dépassé

Conditional

Present
je dépasserais
tu dépasserais
il/elle dépasserait
nous dépasserions
vous dépasseriez
ils/elles dépasseraient

Past
j'aurais dépassé
tu aurais dépassé
il/elle aurait dépassé
nous aurions dépassé
vous auriez dépassé
ils/elles auraient dépassé

Imperative

Present
dépasse
dépassons
dépassez

Past
aie dépassé
ayons dépassé
ayez dépassé

Present Infinitive
dépasser

Past Infinitive
avoir dépassé

Present Participle
dépassant

Past Participle
dépassé, ée
ayant dépassé

L'etat *subventionne* aux besoins des indigents.
The state subsidizes the needs of the poor.

SUBVENTIONNER to subsidize

Indicative

Present
je subviens
tu subviens
il/elle subvient
nous subvenons
vous subvenez
ils/elles subviennent

Imperfect
je subvenais
tu subvenais
il/elle subvenait
nous subvenions
vous subveniez
ils/elles subvenaient

Future
je subviendrai
tu subviendras
il/elle subviendra
nous subviendrons
vous subviendrez
ils/elles subviendront

Past Indefinite
j'ai subvenu
tu as subvenu
il/elle a subvenu
nous avons subvenu
vous avez subvenu
ils/elles ont subvenu

Pluperfect
j'avais subvenu
tu avais subvenu
il/elle avait subvenu
nous avions subvenu
vous aviez subvenu
ils/elles avaient subvenu

Former Future
j'aurai subvenu
tu auras subvenu
il/elle aura subvenu
nous aurons subvenu
vous aurez subvenu
ils/elles auront subvenu

Subjunctive

Present
que je subvienne
que tu subviennes
qu'il/qu'elle subvienne
que nous subviennions
que vous subvienniez
qu'ils/qu'elles subviennent

Past
que j'aie subvenu
que tu aies subvenu
qu'il/qu'elle ait subvenu
que nous ayons subvenu
que vous ayez subvenu
qu'ils/qu'elles aient subvenu

Conditional

Present
je subviendrais
tu subviendrais
il/elle subviendrait
nous subviendrions
vous subviendriez
ils/elles subviendraient

Past
j'aurais subvenu
tu aurais subvenu
il/elle aurait subvenu
nous aurions subvenu
vous auriez subvenu
ils/elles auraient subvenu

Imperative

Present
subviens
subvenons
subvenez

Past
aie subvenu
ayons subvenu
ayez subvenu

Present Infinitive
subvenir

Past Infinitive
avoir subvenu

Present Participle
subvenant

Past Participle
subvenu, ue
ayant subvenu

DÉRANGER to disturb

Je n'aime pas quand ma sœur me *dérange* pendant mes études.
I don't like it when my sister disturbs me during my studies.

Indicative

Present
je dérange
tu déranges
il/elle dérange
nous dérangeons
vous dérangez
ils/elles dérangent

Past Indefinite
j'ai dérangé
tu as dérangé
il/elle a dérangé
nous avons dérangé
vous avez dérangé
ils/elles ont dérangé

Imperfect
je dérangeais
tu dérangeais
il/elle dérangeait
nous dérangions
vous dérangiez
ils/elles dérangeaient

Pluperfect
j'avais dérangé
tu avais dérangé
il/elle avait dérangé
nous avions dérangé
vous aviez dérangé
ils/elles avaient dérangé

Future
je dérangerai
tu dérangeras
il/elle dérangera
nous dérangerons
vous dérangerez
ils/elles dérangeront

Former Future
j'aurai dérangé
tu auras dérangé
il/elle aura dérangé
nous aurons dérangé
vous aurez dérangé
ils/elles auront dérangé

Subjunctive

Present
que je dérange
que tu déranges
qu'il/qu'elle dérange
que nous dérangions
que vous dérangiez
qu'ils/qu'elles dérangent

Past
que j'aie dérangé
que tu aies dérangé
qu'il/qu'elle ait dérangé
que nous ayons dérangé
que vous ayez dérangé
qu'ils/qu'elles aient dérangé

Conditional

Present
je dérangerais
tu dérangerais
il/elle dérangerait
nous dérangerions
vous dérangeriez
ils/elles dérangeraient

Past
j'aurais dérangé
tu aurais dérangé
il/elle aurait dérangé
nous aurions dérangé
vous auriez dérangé
ils/elles auraient dérangé

Imperative

Present
dérange
dérangeons
dérangez

Past
aie dérangé
ayons dérangé
ayez dérangé

Present Infinitive
déranger

Past Infinitive
avoir dérangé

Present Participle
dérangeant

Past Participle
dérangé, ée
ayant dérangé

SUBVENIR (À) to provide for

Francine est fière car elle *subvient* à tous ses besoins.

Francine is proud because she provides for all her needs.

Indicative

Present
je subjugue
tu subjugues
il/elle subjugue
nous subjuguons
vous subjuguez
ils/elles subjuguent

Imperfect
je subjuguais
tu subjuguais
il/elle subjuguait
nous subjuguions
vous subjuguiez
ils/elles subjuguaient

Future
je subjuguerai
tu subjugueras
il/elle subjuguera
nous subjuguerons
vous subjuguerez
ils/elles subjugueront

Past Indefinite
j'ai subjugué
tu as subjugué
il/elle a subjugué
nous avons subjugué
vous avez subjugué
ils/elles ont subjugué

Pluperfect
j'avais subjugué
tu avais subjugué
il/elle avait subjugué
nous avions subjugué
vous aviez subjugué
ils/elles avaient subjugué

Former Future
j'aurai subjugué
tu auras subjugué
il/elle aura subjugué
nous aurons subjugué
vous aurez subjugué
ils/elles auront subjugué

Subjunctive

Present
que je subjugue
que tu subjugues
qu'il/qu'elle subjugue
que nous subjuguions
que vous subjuguiez
qu'ils/qu'elles subjuguent

Past
que j'aie subjugué
que tu aies subjugué
qu'il/qu'elle ait subjugué
que nous ayons subjugué
que vous ayez subjugué
qu'ils/qu'elles aient subjugué

Conditional

Present
je subjuguerais
tu subjuguerais
il/elle subjuguerait
nous subjuguerions
vous subjugueriez
ils/elles subjugueraient

Past
j'aurais subjugué
tu aurais subjugué
il/elle aurait subjugué
nous aurions subjugué
vous auriez subjugué
ils/elles auraient subjugué

Imperative

Present
subjugue
subjuguons
subjuguez

Past
aie subjugué
ayons subjugué
ayez subjugué

Present Infinitive
subjuguer

Past Infinitive
avoir subjugué

Present Participle
subjuguant

Past Participle
subjugué, ée
ayant subjugué

DÉROBER
to hide, to steal

Ils ont *dérobé* le tableau sans que l'alarme n'ait sonné.
They stole the painting without the alarm going off.

Indicative

Present
je dérobe
tu dérobes
il/elle dérobe
nous dérobons
vous dérobez
ils/elles dérobent

Imperfect
je dérobais
tu dérobais
il/elle dérobait
nous dérobions
vous dérobiez
ils/elles dérobaient

Future
je déroberai
tu déroberas
il/elle dérobera
nous déroberons
vous déroberez
ils/elles déroberont

Past Indefinite
j'ai dérobé
tu as dérobé
il/elle a dérobé
nous avons dérobé
vous avez dérobé
ils/elles ont dérobé

Pluperfect
j'avais dérobé
tu avais dérobé
il/elle avait dérobé
nous avions dérobé
vous aviez dérobé
ils/elles avaient dérobé

Former Future
j'aurai dérobé
tu auras dérobé
il/elle aura dérobé
nous aurons dérobé
vous aurez dérobé
ils/elles auront dérobé

Subjunctive

Present
que je dérobe
que tu dérobes
qu'il/qu'elle dérobe
que nous dérobions
que vous dérobiez
qu'ils/qu'elles dérobent

Past
que j'aie dérobé
que tu aies dérobé
qu'il/qu'elle ait dérobé
que nous ayons dérobé
que vous ayez dérobé
qu'ils/qu'elles aient dérobé

Conditional

Present
je déroberais
tu déroberais
il/elle déroberait
nous déroberions
vous déroberiez
ils/elles déroberaient

Past
j'aurais dérobé
tu aurais dérobé
il/elle aurait dérobé
nous aurions dérobé
vous auriez dérobé
ils/elles auraient dérobé

Imperative

Present
dérobe
dérobons
dérobez

Past
aie dérobé
ayons dérobé
ayez dérobez

Present Infinitive
dérober

Past Infinitive
avoir dérobé

Present Participle
dérobant

Past Participle
dérobé, ée
ayant dérobé

SUBJUGUER to subjugate, to subdue

L'armée avait *subjugué* ses ennemis.
The army subdued its enemies.

Indicative

Present
je subis
tu subis
il/elle subit
nous subissons
vous subissez
ils/elles subissent

Imperfect
je subissais
tu subissais
il/elle subissait
nous subissions
vous subissiez
ils/elles subissaient

Future
je subirai
tu subiras
il/elle subira
nous subirons
vous subirez
ils/elles subiront

Past Indefinite
j'ai subi
tu as subi
il/elle a subi
nous avons subi
vous avez subi
ils/elles ont subi

Pluperfect
j'avais subi
tu avais subi
il/elle avait subi
nous avions subi
vous aviez subi
ils/elles avaient subi

Former Future
j'aurai subi
tu auras subi
il/elle aura subi
nous aurons subi
vous aurez subi
ils/elles auront subi

Subjunctive

Present
que je subisse
que tu subisses
qu'il/qu'elle subisse
que nous subissions
que vous subissiez
qu'ils/qu'elles subissent

Past
que j'aie subi
que tu aies subi
qu'il/qu'elle ait subi
que nous ayons subi
que vous ayez subi
qu'ils/qu'elles aient subi

Conditional

Present
je subirais
tu subirais
il/elle subirait
nous subirions
vous subiriez
ils/elles subiraient

Past
j'aurais subi
tu aurais subi
il/elle aurait subi
nous aurions subi
vous auriez subi
ils/elles auraient subi

Imperative

Present
subis
subissons
subissez

Past
aie subi
ayons subi
ayez subi

Present Infinitive
subir

Past Infinitive
avoir subi

Present Participle
subissant

Past Participle
subi, ie
ayant subi

DÉVOUER
to dedicate, to sacrifice

Elle avait dévoué toute sa vie à la protection des animaux en voie de disparition.
She devoted all her life to the protection of endangered species.

Indicative

Present
je dévoue
tu dévoues
il/elle dévoue
nous dévouons
vous dévouez
ils/elles dévouent

Past Indefinite
j'ai dévoué
tu as dévoué
il/elle a dévoué
nous avons dévoué
vous avez dévouez
ils/elles ont dévoué

Imperfect
je dévouais
tu dévouais
il/elle dévouait
nous dévouions
vous dévouiez
ils/elles dévouaient

Pluperfect
j'avais dévoué
tu avais dévoué
il/elle avait dévoué
nous avions dévoué
vous aviez dévoué
ils/elles avaient dévoué

Future
je dévouerai
tu dévoueras
il/elle dévouera
nous dévouerons
vous dévouerez
ils/elles dévoueront

Former Future
j'aurai dévoué
tu auras dévoué
il/elle aura dévoué
nous aurons dévoué
vous aurez dévoué
ils/elles auront dévoué

Subjunctive

Present
que je dévoue
que tu dévoues
qu'il/qu'elle dévoue
que nous dévouions
que vous dévouiez
qu'ils/qu'elles dévouent

Past
que j'aie dévoué
que tu aies dévoué
qu'il/qu'elle ait dévoué
que nous ayons dévoué
que vous ayez dévoué
qu'ils/qu'elles aient dévoué

Conditional

Present
je dévouerais
tu dévouerais
il/elle dévouerait
nous dévouerions
vous dévoueriez
ils/elles dévoueraient

Past
j'aurais dévoué
tu aurais dévoué
il/elle aurait dévoué
nous aurions dévoué
vous auriez dévoué
ils/elles auraient dévoué

Imperative

Present
dévoue
dévouons
dévouez

Past
aie dévoué
ayons dévoué
ayez dévoué

Present Infinitive
dévouer

Past Infinitive
avoir dévoué

Present Participle
dévouant

Past Participle
dévoué, ée
ayant dévoué

SUBIR
to undergo, to go through, to put up with

Agnès *subissait* la volonté de Marc.
Agnès put up with Marc's demands.

Indicative

Present
je stupéfie
tu stupéfies
il/elle stupéfie
nous stupéfions
vous stupéfiez
ils/elles stupéfient

Imperfect
je stupéfiais
tu stupéfiais
il/elle stupéfiait
nous stupéfiions
vous stupéfiiez
ils/elles stupéfiaient

Future
je stupéfierai
tu stupéfieras
il/elle stupéfiera
nous stupéfierons
vous stupéfierez
ils/elles stupéfieront

Past Indefinite
j'ai stupéfié
tu as stupéfié
il/elle a stupéfié
nous avons stupéfié
vous avez stupéfié
ils/elles ont stupéfié

Pluperfect
j'avais stupéfié
tu avais stupéfié
il/elle avait stupéfié
nous avions stupéfié
vous aviez stupéfié
ils/elles avaient stupéfié

Former Future
j'aurai stupéfié
tu auras stupéfié
il/elle aura stupéfié
nous aurons stupéfié
vous aurez stupéfié
ils/elles auront stupéfié

Subjunctive

Present
que je stupéfie
que tu stupéfies
qu'il/qu'elle stupéfie
que nous stupéfiions
que vous stupéfiiez
qu'ils/qu'elles stupéfient

Past
que j'aie stupéfié
que tu aies stupéfié
qu'il/qu'elle ait stupéfié
que nous ayons stupéfié
que vous ayez stupéfié
qu'ils/qu'elles aient stupéfié

Conditional

Present
je stupéfierais
tu stupéfierais
il/elle stupéfierait
nous stupéfierions
vous stupéfieriez
ils/elles stupéfieraient

Past
j'aurais stupéfié
tu aurais stupéfié
il/elle aurait stupéfié
nous aurions stupéfié
vous auriez stupéfié
ils/elles auraient stupéfié

Imperative

Present
stupéfie
stupéfions
stupéfiez

Past
aie stupéfié
ayons stupéfié
ayez stupéfié

Present Infinitive
stupéfier

Past Infinitive
avoir stupéfié

Present Participle
stupéfiant

Past Participle
stupéfié, ée
ayant stupéfié

DIFFUSER
to broadcast

La chaîne 12 *diffusera* un reportage en exclusivité sur le raz-de-marée.

Channel 12 will broadcast an exclusive on the tsunami.

Indicative

Present
je diffuse
tu diffuses
il/elle diffuse
nous diffusons
vous diffusez
ils/elles diffusent

Past Indefinite
j'ai diffusé
tu as diffusé
il/elle a diffusé
nous avons diffusé
vous avez diffusé
ils/elles ont diffusé

Imperfect
je diffusais
tu diffusais
il/elle diffusait
nous diffusions
vous diffusiez
ils/elles diffusaient

Pluperfect
j'avais diffusé
tu avais diffusé
il/elle avait diffusé
nous avions diffusé
vous aviez diffusé
ils/elles avaient diffusé

Future
je diffuserai
tu diffuseras
il/elle diffusera
nous diffuserons
vous diffuserez
ils/elles diffuseront

Former Future
j'aurai diffusé
tu auras diffusé
il/elle aura diffusé
nous aurons diffusé
vous aurez diffusé
ils/elles auront diffusé

Subjunctive

Present
que je diffuse
que tu diffuses
qu'il/qu'elle diffuse
que nous diffusions
que vous diffusiez
qu'ils/qu'elles diffusent

Past
que j'aie diffusé
que tu aies diffusé
qu'il/qu'elle ait diffusé
que nous ayons diffusé
que vous ayez diffusé
qu'ils/qu'elles aient diffusé

Conditional

Present
je diffuserais
tu diffuserais
il/elle diffuserait
nous diffuserions
vous diffuseriez
ils/elles diffuseraient

Past
j'aurais diffusé
tu aurais diffusé
il/elle aurait diffusé
nous aurions diffué
vous auriez diffusé
ils/elles auraient diffusé

Imperative

Present
diffuse
diffusons
diffusez

Past
aie diffusé
ayons diffusé
ayez diffusé

Present Infinitive
diffuser

Past Infinitive
avoir diffusé

Present Participle
diffusant

Past Participle
diffusé, ée
ayant diffusé

STUPÉFIER
to astound, to bemuse

Il *stupéfiait* le public par ses réponses.
He astounded the audience with his responses.

Indicative

Present
je statue
tu statues
il/elle statue
nous statuons
vous statuez
ils/elles statuent

Imperfect
je statuais
tu statuais
il/elle statuait
nous statuions
vous statuiez
ils/elles statuaient

Future
je statuerai
tu statueras
il/elle statuera
nous statuerons
vous statuerez
ils/elles statueront

Past Indefinite
j'ai statué
tu as statué
il/elle a statué
nous avons statué
vous avez statué
ils/elles ont statué

Pluperfect
j'avais statué
tu avais statué
il/elle avait statué
nous avions statué
vous aviez statué
ils/elles avaient statué

Former Future
j'aurai statué
tu auras statué
il/elle aura statué
nous aurons statué
vous aurez statué
ils/elles auront statué

Subjunctive

Present
que je statue
que tu statues
qu'il/qu'elle statue
que nous statuions
que vous statuiez
qu'ils/qu'elles statuent

Past
que j'aie statué
que tu aies statué
qu'il/qu'elle ait statué
que nous ayons statué
que vous ayez statué
qu'ils/qu'elles aient statué

Conditional

Present
je statuerais
tu statuerais
il/elle statuerait
nous statuerions
vous statueriez
ils/elles statueraient

Past
j'aurais statué
tu aurais statué
il/elle aurait statué
nous aurions statué
vous auriez statué
ils/elles auraient statué

Imperative

Present
statue
statuons
statuez

Past
aie statué
ayons statué
ayez statué

Present Infinitive
statuer

Past Infinitive
avoir statué

Present Participle
statuant

Past Participle
statué, ée
ayant statué

DIRIGER
to direct, to control

Il a *dirigé* l'orchestre avec passion.
He directed the orchestra passionately.

Indicative

Present
je dirige
tu diriges
il dirige
nous dirigeons
vous dirigez
ils/elles dirigent

Imperfect
je dirigeais
tu dirigeais
il/elle dirigeait
nous dirigions
vous dirigiez
ils/elles dirigeaient

Future
je dirigerai
tu dirigeras
il/elle dirigera
nous dirigerons
vous dirigerez
ils/elles dirigeront

Past Indefinite
j'ai dirigé
tu as dirigé
il/elle a dirigé
nous avons dirigé
vous avez dirigé
ils/elles ont dirigé

Pluperfect
j'avais dirigé
tu avais dirigé
il/elle avait dirigé
nous avions dirigé
vous aviez dirigé
ils/elles avaient dirigé

Former Future
j'aurai dirigé
tu auras dirigé
il/elle aura dirigé
nous aurons dirigé
vous aurez dirigé
ils/elles auront dirigé

Subjunctive

Present
que je dirige
que tu diriges
qu'il/qu'elle dirige
que nous dirigions
que vous dirigiez
qu'ils/qu'elles dirigent

Past
que j'aie dirigé
que tu aies dirigé
qu'il/qu'elle ait dirigé
que nous ayons dirigé
que vous ayez dirigé
qu'ils/qu'elles aient dirigé

Conditional

Present
je dirigerais
tu dirigerais
il/elle dirigerait
nous dirigerions
vous dirigeriez
ils/elles dirigeraient

Past
j'aurais dirigé
tu aurais dirigé
il/elle aurait dirigé
nous aurions dirigé
vous auriez dirigé
ils/elles auraient dirigé

Imperative

Present
dirige
dirigeons
dirigez

Past
aie dirigé
ayons dirigé
ayez dirigé

Present Infinitive
diriger

Past Infinitive
avoir dirigé

Present Participle
dirigeant

Past Participle
dirigé, ée
ayant dirigé

STATUER
to decree

La Cour a *statué* sur le projet de loi.
The Court pronounced judgment on a new draft of the bill.

Indicative

Present
je stationne
tu stationnes
il/elle stationne
nous stationnons
vous stationnez
ils/elles stationnent

Past Indefinite
j'ai stationné
tu as stationné
il/elle a stationné
nous avons stationné
vous avez stationné
ils/elles ont stationné

Imperfect
je stationnais
tu stationnais
il/elle stationnait
nous stationnions
vous stationniez
ils/elles stationnaient

Pluperfect
j'avais stationné
tu avais stationné
il/elle avait stationné
nous avions stationné
vous aviez stationné
ils/elles avaient stationné

Future
je stationnerai
tu stationneras
il/elle stationnera
nous stationnerons
vous stationnerez
ils/elles stationneront

Former Future
j'aurai stationné
tu auras stationné
il/elle aura stationné
nous aurons stationné
vous aurez stationné
ils/elles auront stationné

Subjunctive

Present
que je stationne
que tu stationnes
qu'il/qu'elle stationne
que nous stationnions
que vous stationniez
qu'ils/qu'elles stationnent

Past
que j'aie stationné
que tu aies stationné
qu'il/qu'elle ait stationné
que nous ayons stationné
que vous ayez stationné
qu'ils/qu'elles aient stationné

Conditional

Present
je stationnerais
tu stationnerais
il/elle stationnerait
nous stationnerions
vous stationneriez
ils/elles stationneraient

Past
j'aurais stationné
tu aurais stationné
il/elle aurait stationné
nous aurions stationné
vous auriez stationné
ils/elles auraient stationné

Imperative

Present
stationne
stationnons
stationnez

Past
aie stationné
ayons stationné
ayez stationné

Present Infinitive
stationner

Past Infinitive
avoir stationné

Present Participle
stationnant

Past Participle
stationné, ée
ayant stationné

DISCUTER
to discuss

Aujourd'hui, nous *discuterons* de la crise économique au Japon.
Today, we will discuss the economic crisis in Japan.

Indicative

Present
je discute
tu discutes
il/elle discute
nous discutons
vous discutez
ils/elles discutent

Past Indefinite
j'ai discuté
tu as discuté
il/elle a discuté
nous avons discuté
vous avez discuté
ils/elles ont discuté

Imperfect
je discutais
tu discutais
il/elle discutait
nous discutions
vous discutiez
ils discutaient

Pluperfect
j'avais discuté
tu avais discuté
il/elle avait discuté
nous avions discuté
vous aviez discuté
ils/elles avaient discuté

Future
je discuterai
tu discuteras
il discutera
nous discuterons
vous discuterez
ils/elles discuteront

Former Future
j'aurai discuté
tu auras discuté
il/elle aura discuté
nous aurons discuté
vous aurez discutez
ils/elles auront discuté

Subjunctive

Present
que je discute
que tu discutes
qu'il/qu'elle discute
que nous discutions
que vous discutiez
qu'ils/qu'elles discutent

Past
que j'aie discuté
que tu aies discuté
qu'il/qu'elle ait discuté
que nous ayons discuté
que vous ayez discuté
qu'ils/qu'elles aient discuté

Conditional

Present
je discuterais
tu discuterais
il/elle discuterait
nous discuterions
vous discuteriez
ils/elles discuteraient

Past
j'aurais discuté
tu aurais discuté
il/elle aurait discuté
nous aurions discuté
vous auriez discuté
ils/elles auraient discuté

Imperative

Present
discute
discutons
discutez

Past
aie discuté
ayons discuté
ayez discutez

Present Infinitive
discuter

Past Infinitive
avoir discuté

Present Participle
discutant

Past Participle
discuté, ée
ayant discuté

STATIONNER
to park, to stop

Il est interdit de *stationner* près de l'hôpital.
It is forbidden to stop near the hospital.

ÉCHAPPER (À, DE)
to escape from, to elude

Il a *échappé* de justesse à la punition de son père.
He narrowly eluded his father's punishment.

Indicative

Present
je spolie
tu spolies
il/elle spolie
nous spolions
vous spoliez
ils/elles spolient

Imperfect
je spoliais
tu spoliais
il/elle spoliait
nous spoliions
vous spoliiez
ils/elles spoliaient

Future
je spolierai
tu spolieras
il/elle spoliera
nous spolierons
vous spolierez
ils/elles spolieront

Past Indefinite
j'ai spolié
tu as spolié
il/elle a spolié
nous avons spolié
vous avez spolié
ils/elles ont spolié

Pluperfect
j'avais spolié
tu avais spolié
il/elle avait spolié
nous avions spolié
vous aviez spolié
ils/elles avaient spolié

Former Future
j'aurai spolié
tu auras spolié
il/elle aura spolié
nous aurons spolié
vous aurez spolié
ils/elles auront spolié

Subjunctive

Present
que je spolie
que tu spolies
qu'il/qu'elle spolie
que nous spoliions
que vous spoliiez
qu'ils/qu'elles spolient

Past
que j'aie spolié
que tu aies spolié
qu'il/qu'elle ait spolié
que nous ayons spolié
que vous ayez spolié
qu'ils/qu'elles aient spolié

Conditional

Present
je spolierais
tu spolierais
il/elle spolierait
nous spolierions
vous spolieriez
ils/elles spolieraient

Past
j'aurais spolié
tu aurais spolié
il/elle aurait spolié
nous aurions spolié
vous auriez spolié
ils/elles auraient spolié

Imperative

Present
spolie
spolions
spoliez

Past
aie spolié
ayons spolié
ayez spolié

Present Infinitive
spolier

Past Infinitive
avoir spolié

Present Participle
spoliant

Past Participle
spolié, ée
ayant spolié

Indicative

Present
j'échappe
tu échappes
il/elle échappe
nous échappons
vous échappez
ils/elles échappent

Past Indefinite
j'ai échappé
tu as échappé
il/elle a échappé
nous avons échappé
vous avez échappé
ils/elles ont échappé

Imperfect
j'échappais
tu échappais
il/elle échappait
Nus échappions
vous échappiez
ils/elles échappaient

Pluperfect
j'avais échappé
tu avais échappé
il/elle avait échappé
nous avions échappé
vous aviez échappé
avaient échappé

Future
j'échapperai
tu échapperas
il/elle échappera
nous échapperons
vous échapperez
ils échapperont

Former Future
j'aurai échappé
tu auras échappé
il/elle aura échappé
nous aurons échappé
vous aurez échappé
ils/elles auront échappé

Subjunctive

Present
que j'échappe
que tu échappes
qu'il/qu'elle échappe
que nous échappions
que vous échappiez
qu'ils/qu'elles échappent

Past
que j'aie échappé
que tu aies échappé
qu'il/qu'elle ait échappé
que nous ayons échappé
que vous ayez échappé
qu'ils/qu'elles aient échappé

Conditional

Present
j'échapperais
tu échapperais
il/elle échapperait
nous échapperions
vous échapperiez
ils/elles échapperaient

Past
j'aurais échappé
tu aurais échappé
il/elle aurait échappé
nous aurions échappé
vous auriez échappé
ils/elles auraient échappé

Imperative

Present
échappe
échappons
échappez

Past
aie échappé
ayons échappé
ayez échappé

Present Infinitive
échapper

Past Infinitive
avoir échappé

Present Participle
échappant

Past Participle
échappé, ée
ayant échappé

SPOLIER (DE) to despoil

Les huns *ont spolié* villagé après villagé.
The Huns despoiled village after village.

Indicative

Present
je spécule
tu spécules
il/elle spécule
nous spéculons
vous spéculez
ils/elles spéculent

Imperfect
je spéculais
tu spéculais
il/elle spéculait
nous spéculions
vous spéculiez
ils/elles spéculaient

Future
je spéculerai
tu spéculeras
il/elle spéculera
nous spéculerons
vous spéculerez
ils/elles spéculeront

Past Indefinite
j'ai spéculé
tu as spéculé
il/elle a spéculé
nous avons spéculé
vous avez spéculé
ils/elles ont spéculé

Pluperfect
j'avais spéculé
tu avais spéculé
il/elle avait spéculé
nous avions spéculé
vous aviez spéculé
ils/elles avaient spéculé

Former Future
j'aurai spéculé
tu auras spéculé
il/elle aura spéculé
nous aurons spéculé
vous aurez spéculé
ils/elles auront spéculé

Subjunctive

Present
que je spécule
que tu spécules
qu'il/qu'elle spécule
que nous spéculions
que vous spéculiez
qu'ils/qu'elles spéculent

Past
que j'aie spéculé
que tu aies spéculé
qu'il/qu'elle ait spéculé
que nous ayons spéculé
que vous ayez spéculé
qu'ils/qu'elles aient spéculé

Conditional

Present
je spéculerais
tu spéculerais
il/elle spéculerait
nous spéculerions
vous spéculeriez
ils/elles spéculeraient

Past
j'aurais spéculé
tu aurais spéculé
il/elle aurait spéculé
nous aurions spéculé
vous auriez spéculé
ils/elles auraient spéculé

Imperative

Present
spécule
spéculons
spéculez

Past
aie spéculé
ayons spéculé
ayez spéculé

Present Infinitive
spéculer

Past Infinitive
avoir spéculé

Present Participle
spéculant

Past Participle
spéculé, ée
ayant spéculé

ÉCHOUER
to fail

Elle n'*échouera* pas au bac car elle sera préparée.
She will not fail her Baccalauréate exam because she will be prepared.

Indicative

Present
j'échoue
tu échoues
il/elle échoue
nous échouons
vous échouez
ils/elles échouent

Imperfect
j'échouais
tu échouais
il/elle échouait
nous échouions
vous échouiez
ils/elles échouaient

Future
j'échouerai
tuéchoueras
il/elle échouera
nous échouerons
vous échouerez
ils/elles échoueront

Past Indefinite
j'ai échoué
tu as échoué
il/elle a échoué
nous avons échoué
vous avez échoué
ils/elles ont échoué

Pluperfect
j'avais échoué
tu avais échoué
il/elle avait échoué
nous avions échoué
vous aviez échoué
ils/elles avaient échoué

Former Future
j'aurai échoué
tu auras échoué
il/elle aura échoué
nous aurons échoué
vous aurez échoué
ils/elles auront échoué

Subjunctive

Present
que j'échoue
que tu échoues
qu'il/qu'elle échoue
que nous échouions
que vous échouiez
qu'ils/qu'elles échouent

Past
que j'aie échoué
que tu aies échoué
qu'il/qu'elle ait échoué
que nous ayons échoué
que vous ayez échoué
qu'ils/qu'elles aient échoué

Conditional

Present
j'échouerais
tu échouerais
il/elle échouerait
nous échouerions
vous échoueriez
ils/elles échoueraient

Past
j'aurais échoué
tu aurais échoué
il/elle aurait échoué
nous aurions échoué
vous auriez échoué
ils/elles auraient échoué

Imperative

Present
échoue
échouons
échouez

Past
aie échoué
ayons échoué
ayez échoué

Present Infinitive
échouer

Past Infinitive
avoir échoué

Present Participle
échouant

Past Participle
échoué, ée
ayant échoué

Il vaut mieux ne pas *spéculer* à la Bourse.
It is better not to speculate on the stock market.

SPÉCULER (SUR)
to speculate on

Indicative

Present
je soutire
tu soutires
il/elle soutire
nous soutirons
vous soutirez
ils/elles soutirent

Imperfect
je soutirais
tu soutirais
il/elle soutirait
nous soutirions
vous soutiriez
ils/elles soutiraient

Future
je soutirerai
tu soutireras
il/elle soutirera
nous soutirerons
vous soutirerez
ils/elles soutireront

Past Indefinite
j'ai soutiré
tu as soutiré
il/elle a soutiré
nous avons soutiré
vous avez soutiré
ils/elles ont soutiré

Pluperfect
j'avais soutiré
tu avais soutiré
il/elle avait soutiré
nous avions soutiré
vous aviez soutiré
ils/elles avaient soutiré

Former Future
j'aurai soutiré
tu auras soutiré
il/elle aura soutiré
nous aurons soutiré
vous aurez soutiré
ils/elles auront soutiré

Subjunctive

Present
que je soutire
que tu soutires
qu'il/qu'elle soutire
que nous soutirions
que vous soutiriez
qu'ils/qu'elles soutirent

Past
que j'aie soutiré
que tu aies soutiré
qu'il/qu'elle ait soutiré
que nous ayons soutiré
que vous ayez soutiré
qu'ils/qu'elles aient soutiré

Conditional

Present
je soutirerais
tu soutirerais
il/elle soutirerait
nous soutirerions
vous soutireriez
ils/elles soutireraient

Past
j'aurais soutiré
tu aurais soutiré
il/elle aurait soutiré
nous aurions soutiré
vous auriez soutiré
ils/elles auraient soutiré

Imperative

Present
soutire
soutirons
soutirez

Past
aie soutiré
ayons soutiré
ayez soutiré

Present Infinitive
soutirer

Past Infinitive
avoir soutiré

Present Participle
soutirant

Past Participle
soutiré, ée
ayant soutiré

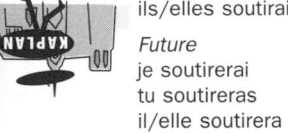

ÉCLAIRCIR **to lighten**

Avec ce produit, vous *éclaircirez* vos cheveux.
With this product, you will lighten your hair.

Indicative

Present
j'éclaircis
tu éclaircis
il éclaircit
nous éclaircissons
vous éclaircissez
ils/elles éclaircissent

Past Indefinite
j'ai éclairci
tu as éclairci
il/elle a éclairci
nous avons éclairci
vous avez éclairci
ils/elles ont éclairci

Imperfect
j'éclaircissais
tu éclaircissais
il/elle éclaircissait
nous éclaircissions
vous éclaircissiez
ils/elles éclaircissaient

Pluperfect
j'avais éclairci
tu avais éclairci
il/elle avait éclairci
nous avions éclairci
vous aviez éclairci
ils/elles avaient éclairci

Future
j'éclaircirai
tu éclairciras
il/elle éclaircira
nous éclaircirons
vous éclaircirez
ils/elles éclairciront

Former Future
j'aurai éclairci
tu auras éclairci
il/elle aura éclairci
nous aurons éclairci
vous aurez éclairci
ils/elles auront éclairci

Subjunctive

Present
que j'éclaircisse
que tu éclaircisses
qu'il/qu'elle éclaircisse
que nous éclaircissions
que vous éclaircissiez
qu'ils/qu'elles éclaircissent

Past
que j'aie éclairci
que tu aies éclairci
qu'il/qu'elle ait éclairci
que nous ayons éclairci
que vous ayez éclairci
qu'ils/qu'elles aient éclairci

Conditional

Present
j'éclaircirais
tu éclaircirais
il/elle éclaircirait
nous éclaircirions
vous éclairciriez
ils/elles éclairciraient

Past
j'aurais éclairci
tu aurais éclairci
il/elle aurait éclairci
nous aurions éclairci
vous auriez éclairci
ils/elles auraient éclairci

Imperative

Present
éclaircis
éclaircissons
éclaircissez

Past
aie éclairci
ayons éclairci
ayez éclairci

Present Infinitive
éclaircir

Past Infinitive
avoir éclairci

Present Participle
éclaircissant

Past Participle
éclairci, ie
ayant éclairci

The older kids got money out of the little ones.

Les aînés *soutiraient* l'argent des plus petits.

SOUTIRER
to draw off, to get (money) (out) of

Indicative

Present
je soutiens
tu soutiens
il/elle soutient
nous soutenons
vous soutenez
ils/elles soutiennent

Imperfect
je soutenais
tu soutenais
il/elle soutenait
nous soutenions
vous souteniez
ils/elles soutenaient

Future
je soutiendrai
tu soutiendras
il/elle soutiendra
nous soutiendrons
vous soutiendrez
ils/elles soutiendront

Past Indefinite
j'ai soutenu
tu as soutenu
il/elle a soutenu
nous avons soutenu
vous avez soutenu
ils/elles ont soutenu

Pluperfect
j'avais soutenu
tu avais soutenu
il/elle avait soutenu
nous avions soutenu
vous aviez soutenu
ils/elles avaient soutenu

Former Future
j'aurai soutenu
tu auras soutenu
il/elle aura soutenu
nous aurons soutenu
vous aurez soutenu
ils/elles auront soutenu

Subjunctive

Present
que je soutienne
que tu soutiennes
qu'il/qu'elle soutienne
que nous soutenions
que vous souteniez
qu'ils/qu'elles soutiennent

Past
que j'aie soutenu
que tu aies soutenu
qu'il/qu'elle ait soutenu
que nous ayons soutenu
que vous ayez soutenu
qu'ils/qu'elles aient soutenu

Conditional

Present
je soutiendrais
tu soutiendrais
il/elle soutiendrait
nous soutiendrions
vous soutiendriez
ils/elles soutriendraient

Past
j'aurais soutenu
tu aurais soutenu
il/elle aurait soutenu
nous aurions soutenu
vous auriez soutenu
ils/elles auraient soutenu

Imperative

Present
soutiens
soutenons
soutenez

Past
aie soutenu
ayons soutenu
ayez soutenu

Present Infinitive
soutenir

Past Infinitive
avoir soutenu

Present Participle
soutenant

Past Participle
soutenu, ue
ayant soutenu

ÉCLATER
to explode, to burst

Elles ont *éclaté* de rire quand elles ont vu l'air surpris de Jean.
They burst out laughing when they saw the look of surprise on John's face.

Indicative

Present
j'éclate
tu éclates
il/elle éclate
nous éclatons
vous éclatez
ils/elles éclatent

Imperfect
j'éclatais
tu éclatais
il/elle éclatait
nous éclations
vous éclatiez
ils éclataient

Future
j'éclaterai
tu éclateras
il/elle éclatera
nous éclaterons
vous éclaterez
ils/elles éclateront

Past Indefinite
j'ai éclaté
tu as éclaté
il/elle a éclaté
nous avons éclaté
vous avez éclaté
ils/elles ont éclaté

Pluperfect
j'avais éclaté
tu avais éclaté
il/elle avait éclaté
nous avions éclaté
vous aviez éclaté
ils/elles avaient éclaté

Former Future
j'aurai éclaté
tu auras éclaté
il/elle aura éclaté
nous aurons éclaté
vous aurez éclaté
ils/elles auront éclaté

Subjunctive

Present
que j'éclate
que tu éclates
qu'il/qu'elle éclate
que nous éclations
que vous éclatiez
qu'ils/qu'elles éclatent

Past
que j'aie éclaté
que tu aies éclaté
qu'il/qu'elle ait éclaté
que nous ayons éclaté
que vous ayez éclaté
qu'ils/qu'elles aient éclaté

Conditional

Present
j'éclaterais
tu éclaterais
il/elle éclaterait
nous éclaterions
vous éclateriez
ils/elles éclateraient

Past
j'aurais éclaté
tu aurais éclaté
il/elle aurait éclaté
nous aurions éclaté
vous auriez éclaté
ils/elles auraient éclaté

Imperative

Present
éclate
éclatons
éclatez

Past
aie éclaté
ayons éclaté
ayez éclatez

Present Infinitive
éclater

Past Infinitive
avoir éclaté

Present Participle
éclatant

Past Participle
éclaté, ée
ayant éclaté

SOUTENIR
to maintain, to sustain

Il *soutenait* sa sœur depuis le décès de ses parents.
He supported his sister since his parents' deaths.

Indicative

Present
je soustrais
tu soustrais
il/elle soustrait
nous soustrayons
vous soustrayez
ils/elles soustraient

Imperfect
je soustrayais
tu soustrayais
il/elle soustrayait
nous soustrayions
vous soustrayiez
ils/elles soustrayaient

Future
je soustrairai
tu soustrairas
il/elle soustraira
nous soustrairons
vous soustrairez
ils/elles soustrairont

Past Indefinite
j'ai soustrait
tu as soustrait
il/elle a soustrait
nous avons soustrait
vous avez soustrait
ils/elles ont soustrait

Pluperfect
j'avais soustrait
tu avais soustrait
il/elle avait soustrait
nous avions soustrait
vous aviez soustrait
ils/elles avaient soustrait

Former Future
j'aurai soustrait
tu auras soustrait
il/elle aura soustrait
nous aurons soustrait
vous aurez soustrait
ils/elles auront soustrait

Subjunctive

Present
que je soustraie
que tu soustraies
qu'il/qu'elle soustraie
que nous soustrayions
que vous soustrayiez
qu'ils/qu'elles soustraient

Past
que j'aie soustrait
que tu aies soustrait
qu'il/qu'elle ait soustrait
que nous ayons soustrait
que vous ayez soustrait
qu'ils/qu'elles aient soustrait

Conditional

Present
je soustrairais
tu soustrairais
il/elle soustrairait
nous soustrairions
vous soustrairiez
ils/elles soustrairaient

Past
j'aurais soustrait
tu aurais soustrait
il/elle aurait soustrait
nous aurions soustrait
vous auriez soustrait
ils/elles auraient soustrait

Imperative

Present
soustrais
soustrayons
soustrayez

Past
aie soustrait
ayons soustrait
ayez soustrait

Present Infinitive
soustraire

Past Infinitive
avoir soustrait

Present Participle
soustrayant

Past Participle
soustrait, te
ayant soustrait

ÉLEVER

to raise, to rear, to bring up

Ma grand-mère maternelle *avait élevé* trois filles et deux fils.

My maternal grandmother had brought up three daughters and two sons.

Indicative

Present
j'élève
tu élèves
il/elle élève
nous élevons
vous élevez
ils/elles élèvent

Past Indefinite
j'ai élevé
tu as élevé
il/elle a élevé
nous avons élevé
vous avez élevé
ils/elles ont élevé

Imperfect
j'élevais
tu élevais
il/elle élevait
nous élevions
vous éleviez
ils/elles élevaient

Pluperfect
j'avais élevé
tu avais élevé
il/elle avait élevé
nous avions élevé
vous aviez élevé
ils/elles avaient élevé

Future
j'élèverai
tu élèveras
il/elle élèvera
nous élèverons
vous élèverez
ils/elles élèveront

Former Future
j'aurai élevé
tu auras élevé
il/elle aura élevé
nous aurons élevé
vous aurez élevé
ils/elles auront élevé

Subjunctive

Present
que j'élève
que tu élèves
qu'il/qu'elle élève
que nous élevions
que vous éleviez
qu'ils/qu'elles élèvent

Past
que j'aie élevé
que tu aie élevé
qu'il/qu'elle ait élevé
que nous ayons élevé
que vous ayez élevé
qu'ils/qu'elles aient élevé

Conditional

Present
j'élèverais
tu élèverais
il/elle élèverait
nous élèverions
vous élèveriez
ils/elles élèveraient

Past
j'aurais élevé
tu aurais élevé
il/elle aurait élevé
nous aurions élevé
vous auriez élevé
ils/elles auraient élevé

Imperative

Present
élève
élevons
élevez

Past
aie élevé
ayons élevé
ayez élevé

Present Infinitive
élever

Past Infinitive
élevé

Present Participle
élevant

Past Participle
élevé, ée
ayant élevé

SOUSTRAIRE

to subtract, to withdraw

Soustrais l'argent que tu dois à ton frère.
Withdraw the money you owe your brother.

Indicative

Present
je souscris
tu souscris
il/elle souscrit
nous souscrivons
vous souscrivez
ils/elles souscrivent

Imperfect
je souscrivais
tu souscrivais
il/elle souscrivait
nous souscrivions
vous souscriviez
ils/elles souscrivaient

Future
je souscrirai
tu souscriras
il/elle souscrira
nous souscrirons
vous souscrirez
ils/elles souscriront

Past Indefinite
j'ai souscrit
tu as souscrit
il/elle a souscrit
nous avons souscrit
vous avez souscrit
ils/elles ont souscrit

Pluperfect
j'avais souscrit
tu avais souscrit
il/elle avait souscrit
nous avions souscrit
vous aviez souscrit
ils/elles avaient souscrit

Former Future
j'aurai souscrit
tu auras souscrit
il/elle aura souscrit
nous aurons souscrit
vous aurez souscrit
ils/elles auront souscrit

Subjunctive

Present
que je souscrive
que tu souscrives
qu'il/qu'elle souscrive
que nous souscrivions
que vous souscriviez
qu'ils/qu'elles souscrivent

Past
que j'aie souscrit
que tu aies souscrit
qu'il/qu'elle ait souscrit
que nous ayons souscrit
que vous ayez souscrit
qu'ils/qu'elles aient souscrit

Conditional

Present
je souscrirais
tu souscrirais
il/elle souscrirait
nous souscririons
vous souscririez
ils/elles souscriraient

Past
j'aurais souscrit
tu aurais souscrit
il/elle aurait souscrit
nous aurions souscrit
vous auriez souscrit
ils/elles auraient souscrit

Imperative

Present
souscris
souscrivons
souscrivez

Past
aie souscrit
ayons souscrit
ayez souscrit

Present Infinitive
souscrire

Past Infinitive
avoir souscrit

Present Participle
souscrivant

Past Participle
souscrit, te
ayant souscrit

EMBAUCHER
to hire

On a *embauché* plusieurs ingénieurs chez Airbus.
They hired several engineers at Airbus.

Indicative

Present
j'embauche
tu embauches
il/elle embauche
nous embauchons
vous embauchez
ils/elles embauchent

Past Indefinite
j'ai embauché
tu as embauché
il/elle a embauché
nous avons embauché
vous avez embauché
ils/elles ont embauché

Imperfect
j'embauchais
tu embauchais
il/elle embauchait
nous embauchions
vous embauchiez
ils/elles embauchaient

Pluperfect
j'avais embauché
tu avais embauché
il/elle avait embauché
nous avions embauché
vous aviez embauché
ils/elles avaient embauché

Future
j'embaucherai
tu embaucheras
il/elle embauchera
nous embaucherons
vous embaucherez
ils/elles embaucheront

Future anterieur
j'aurai embauché
tu auras embauché
il/elle aura embauché
nous aurons embauché
vous aurez embauché
ils/elles auront embauché

Subjunctive

Present
que j'embauche
que tu embauches
qu'il/qu'elle embauche
que nous embauchions
que vous embauchiez
qu'ils/qu'elles embauchent

Past
que j'aie embauché
que tu aies embauché
qu'il/qu'elle ait embauché
que nous ayons embauché
que vous ayez embauché
qu'ils/qu'elles aient embauché

Conditional

Present
j'embaucherais
tu embaucherais
il/elle embaucherait
nous embaucherions
vous embaucheriez
ils/elles embaucheraient

Past
j'aurais embauché
tu aurais embauché
il/elle aurait embauché
nous aurions embauché
vous auriez embauché
ils/elles auraient embauché

Imperative

Present
embauche
embauchons
embauchez

Past
aie embauché
ayons embauché
ayez embauché

Present Infinitive
embaucher

Past Infinitive
avoir embauché

Present Participle
embauchant

Past Participle
embauché, ée
ayant embauché

She subscribes to the Nouvel Observateur.

Elle *souscrit* au Nouvel Observateur.

SOUSCRIRE (À) to subscribe

Indicative

Present
je souris
tu souris
il/elle sourit
nous sourions
vous souriez
ils/elles sourient

Imperfect
je souriais
tu souriais
il/elle souriait
nous souriions
vous souriiez
ils/elles souriaient

Future
je sourirai
tu souriras
il/elle sourira
nous sourirons
vous sourirez
ils/elles souriront

Past Indefinite
j'ai souri
tu as souri
il/elle a souri
nous avons souri
vous avez souri
ils/elles ont souri

Pluperfect
j'avais souri
tu avais souri
il/elle avait souri
nous avions souri
vous aviez souri
ils/elles avaient souri

Former Future
j'aurai souri
tu auras souri
il/elle aura souri
nous aurons souri
vous aurez souri
ils/elles auront souri

Subjunctive

Present
que je sourie
que tu souries
qu'il/qu'elle sourie
que nous souriions
que vous souriiez
qu'ils/qu'elles sourient

Past
que j'aie souri
que tu aies souri
qu'il/qu'elle ait souri
que nous ayons souri
que vous ayez souri
qu'ils/qu'elles aient souri

Conditional

Present
je sourirais
tu sourirais
il/elle sourirait
nous souririons
vous souririez
ils/elles souriraient

Past
j'aurais souri
tu aurais souri
il/elle aurait souri
nous aurions souri
vous auriez souri
ils/elles auraient souri

Imperative

Present
souris
sourions
souriez

Past
aie souri
ayons souri
ayez souri

Present Infinitive
sourire

Past Infinitive
avoir souri

Present Participle
souriant

Past Participle
souri
ayant souri

KAPLAN

ENTREPRENDRE
to undertake

Ils *ont entrepris* de gros travaux dans leur maison de campagne.
They undertook extensive work in their country house.

Indicative

Present
j'entreprends
tu entreprends
il/elle entreprend
nous entreprenons
vous entreprenez
ils/elles entreprennent

Imperfect
j'entreprenais
tu entreprenais
il/elle enteprenait
nous entreprenions
vous entrepreniez
ils/elles entreprenaient

Future
j'entreprendrai
tu entreprendra
il/elle entreprendra
nous entreprendrons
vous entreprendrez
ils/elles entreprendront

Past Indefinite
j'ai entrepris
tu as entrepris
il/elle a entrepris
nous avons entrepris
vous avez entrepris
ils/elles ont entrepris

Pluperfect
j'avais entrepris
tu avais entrepris
il/elle avait entrepris
nous avions entrepris
vous aviez entrepris
ils/elles avaient entrepris

Former Future
j'aurai entrepris
tu auras entrepris
il/elle aura entrepris
nous aurons entrepris
vous aurez entrepris
ils/elles auront entrepris

Subjunctive

Present
que j'entreprenne
que tu entreprennes
qu'il/qu'elle entreprenne
que nous entreprenions
que vous entrepreniez
qu'ils/qu'elles entreprennent

Past
que j'aie entrepris
que tu aies entrepris
qu'il/qu'elle ait entrepris
que nous ayons entrepris
que vous ayez entrepris
qu'ils/qu'elles aient entrepris

Conditional

Present
j'entreprendrais
tu entreprendrais
il/elle entreprendrait
nous entreprendrions
vous entreprendriez
ils/elles entreprendraient

Past
j'aurais entrepris
tu aurais entrepris
il/elle aurait entrepris
nous aurions entrepris
vous auriez entrepris
ils/elles auraient entrepris

Imperative

Present
entreprends
entreprenons
entreprenez

Past
que j'aie entrepris
ayons entrepris
ayez entrepris

Present Infinitive
entreprendre

Past Infinitive
avoir entrepris

Present Participle
entreprenant

Past Participle
entrepris, prise
ayant entrepris

SOURIRE to smile

Pierre souriait sur toutes ses photos.
Pierre had a big smile in all of his pictures.

Indicative

Present
je soupire
tu soupires
il/elle soupire
nous soupirons
vous soupirez
ils/elles soupirent

Imperfect
je soupirais
tu soupirais
il/elle soupirait
nous soupirions
vous soupiriez
ils/elles soupiraient

Future
je soupirerai
tu soupireras
il/elle soupirera
nous soupirerons
vous soupirerez
ils/elles soupireront

Past Indefinite
j'ai soupiré
tu as soupiré
il/elle a soupiré
nous avons soupiré
vous avez soupiré
ils/elles ont soupiré

Pluperfect
j'avais soupiré
tu avais soupiré
il/elle avait soupiré
nous avions soupiré
vous aviez soupiré
ils/elles avaient soupiré

Former Future
j'aurai soupiré
tu auras soupiré
il/elle aura soupiré
nous aurons soupiré
vous aurez soupiré
ils/elles auront soupiré

Subjunctive

Present
que je soupire
que tu soupires
qu'il/qu'elle soupire
que nous soupirions
que vous soupiriez
qu'ils/qu'elles soupirent

Past
que j'aie soupiré
que tu aies soupiré
qu'il/qu'elle ait soupiré
que nous ayons soupiré
que vous ayez soupiré
qu'ils/qu'elles aient soupiré

Conditional

Present
je soupirerais
tu soupirerais
il/elle soupirerait
nous soupirerions
vous soupireriez
ils/elles soupireraient

Past
j'aurais soupiré
tu aurais soupiré
il/elle aurait soupiré
nous aurions soupiré
vous auriez soupiré
ils/elles auraient soupiré

Imperative

Present
soupire
soupirons
soupirez

Past
aie soupiré
ayons soupiré
ayez soupiré

Present Infinitive
soupirer

Past Infinitive
avoir soupiré

Present Participle
soupirant

Past Participle
soupiré, ée
ayant soupiré

ÉPROUVER
to feel, to experience

Il *éprouvait* beaucoup d'amour pour ses grands-parents qui l'avaient élevé.
He felt a lot of love for his grandparents who had raised him.

Indicative

Present
j'éprouve
tu éprouves
il/elle éprouve
nous éprouvons
vous éprouvez
ils/elles éprouvent

Imperfect
j'éprouvais
tu éprouvais
il/elle éprouvait
nous éprouvions
vous éprouviez
ils/elles éprouvaient

Future
j'éprouverai
tu éprouveras
il/elle éprouvera
nous éprouverons
vous éprouverez
ils/elles éprouveront

Past Indefinite
j'ai éprouvé
tu as éprouvé
il/elle a éprouvé
nous avons éprouvé
vous avez éprouvé
ils/elles ont éprouvé

Pluperfect
j'avais éprouvé
tu avais éprouvé
il/elle avait éprouvé
nous avions éprouvé
vous aviez éprouvé
ils/elles avaient éprouvé

Former Future
j'aurai éprouvé
tu auras éprouvé
il/elle aura éprouvé
nous aurons éprouvé
vous aurez éprouvé
ils/elles auront éprouvé

Subjunctive

Present
que j'éprouve
que tu éprouves
qu'il/qu'elle éprouve
que nous éprouvions
que vous éprouviez
qu'ils/qu'elles éprouvent

Past
que j'aie éprouvé
que tu aies éprouvé
qu'il/qu'elle ait éprouvé
que nous ayons éprouvé
que vous ayez éprouvé
qu'ils/qu'elles aient éprouvé

Conditional

Present
j'éprouverais
tu éprouverais
il/elle éprouverait
nous éprouverions
vous éprouveriez
ils/elles éprouveraient

Past
j'aurais éprouvé
tu aurais éprouvé
il/elle aurait éprouvé
nous aurions éprouvé
vous auriez éprouvé
ils/elles auraient éprouvé

Imperative

Present
éprouve
éprouvons
éprouvez

Past
aie éprouvé
ayons éprouvé
ayez éprouvé

Present Infinitive
éprouver

Past Infinitive
avoir éprouvé

Present Participle
éprouvant

Past Participle
éprouvé, ée
ayant éprouvé

SOUPIRER
to sigh

Elle soupirera quand elle aura réussi au bac.
She will sigh with relief after she passes her Baccalaureate exam.

Indicative

Present
je soupçonne
tu soupçonnes
il/elle soupçonne
nous soupçonnons
vous soupçonnez
ils/elles soupçonnent

Imperfect
je soupçonnais
tu soupçonnais
il/elle soupçonnait
nous soupçonnions
vous soupçonniez
ils/elles soupçonnaient

Future
je soupçonnerai
tu soupçonneras
il/elle soupçonnera
nous soupçonnerons
vous soupçonnerez
ils/elles soupçonneront

Past Indefinite
j'ai soupçonné
tu as soupçonné
il/elle a soupçonné
nous avons soupçonné
vous avez soupçonné
ils/elles ont soupçonné

Pluperfect
j'avais soupçonné
tu avais soupçonné
il/elle avait soupçonné
nous avions soupçonné
vous aviez soupçonné
ils/elles avaient soupçonné

Former Future
j'aurai soupçonné
tu auras soupçonné
il/elle aura soupçonné
nous aurons soupçonné
vous aurez soupçonné
ils/elles auront soupçonné

Subjunctive

Present
que je soupçonne
que tu soupçonnes
qu'il/qu'elle soupçonne
que nous soupçonnions
que vous soupçonniez
qu'il/qu'elles soupçonnent

Past
que j'aie soupçonné
que tu aies soupçonné
qu'il/qu'elle ait soupçonné
que nous ayons soupçonné
que vous ayez soupçonné
qu'ils/qu'elles aient soupçonné

Conditional

Present
je soupçonnerais
tu soupçonnerais
il/elle soupçonnerait
nous soupçonnerions
vous soupçonneriez
ils/elles soupçonneraient

Past
j'aurais soupçonné
tu aurais soupçonné
il/elle aurait soupçonné
nous aurions soupçonné
vous auriez soupçonné
ils/elles auraient soupçonné

Imperative

Present
soupçonne
soupçonnons
soupçonnez

Past
aie soupçonné
ayons soupçonné
ayez soupçonné

Present Infinitive
soupçonner

Past Infinitive
avoir soupçonné

Present Participle
soupçonnant

Past Participle
soupçonné, ée
ayant soupçonné

FOUILLER
to dig, to search

Les services de sécurité *fouilleront* dans tous les bagages des passagers.
The security service will search through all the passengers' luggage.

Indicative

Present
je fouille
tu fouilles
il/elle fouille
nous fouillons
vous fouillez
ils/elles fouillent

Past Indefinite
j'ai fouillé
tu as fouillé
il/elle a fouillé
nous avons fouillé
vous avez fouillé
ils/elles ont fouillé

Imperfect
je fouillais
tu fouillais
il/elle fouillait
nous fouillions
vous fouilliez
ils/elles fouillaient

Pluperfect
j'avais fouillé
tu avais fouillé
il/elle avait fouillé
nous avions fouillé
vous aviez fouilllé
ils/elles avaient fouillé

Future
je fouillerai
tu fouilleras
il/elle fouillera
nous fouillerons
vous fouillerez
ils/elles fouilleront

Former Future
j'aurai fouillé
tu auras fouillé
il/elle aura fouillé
nous aurons fouillé
vous aurez fouillé
ils/elles auront fouillé

Subjunctive

Present
que je fouille
que tu fouilles
qu'il/qu'elle fouille
que nous fouillions
que vous fouilliez
qu'ils/qu'elles fouillent

Past
que j'aie fouillé
que tu aies fouillé
qu'il/qu'elle ait fouillé
que nous ayons fouillé
que vous ayez fouillé
qu'ils/qu'elles aient fouillé

Conditional

Present
je fouillerais
tu fouillerais
il/elle fouillerait
nous fouillerions
vous fouilleriez
ils/elles fouilleraient

Past
j'aurais fouillé
tu aurais fouillé
il/elle aurait fouillé
nous aurions fouillé
vous auriez fouillé
ils/elles auraient fouillé

Imperative

Present
fouille
fouillons
fouillez

Past
aie fouillé
ayons fouillé
ayez fouillé

Present Infinitive
fouiller

Past Infinitive
avoir fouillé

Present Participle
fouillant

Past Participle
fouillé, ée
ayant fouillé

SOUPÇONNER to suspect

Depuis longtemps il *avait soupçonné* les Leblancs du vol de bicyclettes.
He had suspected the Leblancs of bike thievery for a long time.

Indicative

Present
je soumets
tu soumets
il/elle soumet
nous soumettons
vous soumettez
ils/elles soumettent

Imperfect
je soumettais
tu soumettais
il/elle soumettait
nous soumettions
vous soumettiez
ils/elles soumettaient

Future
je soumettrai
tu soumettras
il/elle soumettra
nous soumettrons
vous soumettrez
ils/elles soumettront

Past Indefinite
j'ai soumis
tu as soumis
il/elle a soumis
nous avons soumis
vous avez soumis
ils/elles ont soumis

Pluperfect
j'avais soumis
tu avais soumis
il/elle avait soumis
nous avions soumis
vous aviez soumis
ils/elles avaient soumis

Former Future
j'aurai soumis
tu auras soumis
il/elle aura soumis
nous aurons soumis
vous aurez soumis
ils/elles auront soumis

Subjunctive

Present
que je soumette
que tu soumettes
qu'il/qu'elle soumette
que nous soumettions
que vous soumettiez
qu'ils/qu'elles soumettent

Past
que j'aie soumis
que tu aies soumis
qu'il/qu'elle ait soumis
que nous ayons soumis
que vous ayez soumis
qu'ils/qu'elles aient soumis

Conditional

Present
je soumettrais
tu soumettrais
il/elle soumettrait
nous soumettrions
vous soumettriez
ils/elles soumettraient

Past
j'aurais soumis
tu aurais soumis
il/elle aurait soumis
nous aurions soumis
vous auriez soumis
ils/elles auraient soumis

Imperative

Present
soumets
soumettons
soumettez

Past
aie soumis
ayons soumis
ayez soumis

Present Infinitive
soumettre

Past Infinitive
avoir soumis

Present Participle
soumettant

Past Participle
soumis, se
ayant soumis

FOURNIR to provide

Elle avait _fourni_ tous les renseignements nécessaires à l'enquête.
She had provided all of the information necessary for the investigation.

Indicative

Present
je fournis
tu fournis
il/elle fournit
nous fournissons
vous fournissez
ils/elles fournissent

Past Indefinite
j'ai fourni
tu as fourni
il/elle a fourni
nous avons fourni
vous avez fourni
ils/elles ont fourni

Imperfect
je fournissais
tu fournissais
il/elle fournissait
nous fournissions
vous fournissiez
ils/elles fournissaient

Pluperfect
j'avais fourni
tu avais fourni
il/elle avait fourni
nous avions fourni
vous aviez fourni
ils/elles avaient fourni

Future
je fournirai
tu fourniras
il/elle fournira
nous fournirons
vous fournirez
ils/elles fourniront

Former Future
j'aurai fourni
tu auras fourni
il/elle aura fourni
nous aurons fourni
vous aurez fourni
ils/elles auront fourni

Subjunctive

Present
que je fournisse
que tu fournisses
qu'il/qu'elle fournisse
que nous fournissions
que vous fournissiez
qu'ils/qu'elles fournissent

Past
que j'aie fourni
que tu aies fourni
qu'il/qu'elle ait fourni
que nous ayons fourni
que vous ayez fourni
qu'ils/qu'elles aient fourni

Conditional

Present
je fournirais
tu fournirais
il/elle fournirait
nous fournirions
vous fourniriez
ils/elles fourniraient

Past
j'aurais fourni
tu aurais fourni
il/elle aurait fourni
nous aurions fourni
vous auriez fourni
ils/elles auraient fourni

Imperative

Present
fournis
fournissons
fournissez

Past
aie fourni
ayons fourni
ayez fourni

Present Infinitive
fournir

Past Infinitive
avoir fourni

Present Participle
fournissant

Past Participle
fourni, ie
ayant fourni

SOUMETTRE (À) to subject

Le capitaine a *soumis* ses hommes à un entraînement rigoureux.
The captain subjected his men to rigorous training.

Indicative

Present
je souligne
tu soulignes
il/elle souligne
nous soulignons
vous soulignez
ils/elles soulignent

Imperfect
je soulignais
tu soulignais
il/elle soulignait
nous soulignions
vous souligniez
ils/elles soulignaient

Future
je soulignerai
tu souligneras
il/elle soulignera
nous soulignerons
vous soulignerez
ils/elles souligneront

Past Indefinite
j'ai souligné
tu as souligné
il/elle a souligné
nous avons souligné
vous avez souligné
ils/elles ont souligné

Pluperfect
j'avais souligné
tu avais souligné
il/elle avait souligné
nous avions souligné
vous aviez souligné
ils/elles avaient souligné

Former Future
j'aurai souligné
tu auras souligné
il/elle aura souligné
nous aurons souligné
vous aurez souligné
ils/elles auront souligné

Subjunctive

Present
que je souligne
que tu soulignes
qu'il/qu'elle souligne
que nous soulignions
que vous souligniez
qu'ils/qu'elles soulignent

Past
que j'aie souligné
que tu aies souligné
qu'il/qu'elle ait souligné
que nous ayons souligné
que vous ayez souligné
qu'ils/qu'elles aient souligné

Conditional

Present
je soulignerais
tu soulignerais
il/elle soulignerait
nous soulignerions
vous souligneriez
ils/elles souligneraient

Past
j'aurais souligné
tu aurais souligné
il/elle aurait souligné
nous aurions souligné
vous auriez souligné
ils/elles auraient souligné

Imperative

Present
souligne
soulignons
soulignez

Past
aie souligné
ayons souligné
ayez souligné

Present Infinitive
souligner

Past Infinitive
avoir souligné

Present Participle
soulignant

Past Participle
souligné, ée
ayant souligné

GÂTER
to spoil

Madame Poupart *gâtait* avec joie ses petits enfants.

Mrs. Poupart happily spoiled her grandchildren.

Indicative

Present
je gâte
tu gâtes
il/elle gâte
nous gâtons
vous gâtez
ils/elles gâtent

Past Indefinite
j'ai gâté
tu as gâté
il/elle a gâté
nous avons gâté
vous avez gâté
ils/elles ont gâté

Imperfect
je gâtais
tu gâtais
il/elle gâtait
nous gâtions
vous gâtiez
ils/elles gâtaient

Pluperfect
j'avais gâté
tu avais gâté
il/elle avait gâté
nous avions gâté
vous aviez gâté
ils/elles avaient gâté

Future
je gâterai
tu gâteras
il/elle gâtera
nous gâterons
vous gâterez
ils/elles gâteront

Former Future
j'aurai gâté
tu auras gâté
il/elle aura gâté
nous aurons gâté
vous aurez gâté
ils/elles auront gâté

Subjunctive

Present
que je gâte
que tu gâtes
qu'il/qu'elle gâte
que nous gâtions
que vous gâtiez
qu'ils/qu'elles gâtent

Past
que j'aie gâté
que tu aies gâté
qu'il/qu'elle ait gâté
que nous ayons gâté
que vous ayez gâté
qu'ils/qu'elles aient gâté

Conditional

Present
je gâterais
tu gâterais
il/elle gâterait
nous gâterions
vous gâteriez
ils/elles gâteraient

Past
j'aurais gâté
tu aurais gâté
il/elle aurait gâté
nous aurions gâté
vous auriez gâté
ils/elles auraient gâté

Imperative

Present
gâte
gâtons
gâtez

Past
aie gâté
ayons gâté
ayez gâté

Present Infinitive
gâter

Past Infinitive
avoir gâté

Present Participle
gâtant

Past Participle
gâté, ée
ayant gâté

N'oubliez pas de *souligner* les titres.
Do not forget to underline the titles.

SOULIGNER to underline

Indicative

Present
je soulève
tu soulèves
il/elle soulève
nous soulevons
vous soulevez
ils/elles soulèvent

Imperfect
je soulevais
tu soulevais
il/elle soulevait
nous soulevions
vous souleviez
ils/elles soulevaient

Future
je soulèverai
tu soulèveras
il/elle soulèvera
nous soulèverons
vous soulèverez
ils/elles soulèveront

Past Indefinite
j'ai soulevé
tu as soulevé
il/elle a soulevé
nous avons soulevé
vous avez soulevé
ils/elles ont soulevé

Pluperfect
j'avais soulevé
tu avais soulevé
il/elle avait soulevé
nous avions soulevé
vous aviez soulevé
ils/elles avaient soulevé

Former Future
j'aurai soulevé
tu auras soulevé
il/elle aura soulevé
nous aurons soulevé
vous aurez soulevé
ils/elles auront soulevé

Subjunctive

Present
que je soulève
que tu soulèves
qu'il/qu'elle soulève
que nous soulevions
que vous souleviez
qu'ils/qu'elles soulèvent

Past
que j'aie soulevé
que tu aies soulevé
qu'il/qu'elle ait soulevé
que nous ayons soulevé
que vous ayez soulevé
qu'ils/qu'elles aient soulevé

Conditional

Present
je soulèverais
tu soulèverais
il/elle soulèverait
nous soulèverions
vous soulèveriez
ils/elles soulèveraient

Past
j'aurais soulevé
tu aurais soulevé
il/elle aurait soulevé
nous aurions soulevé
vous auriez soulevé
ils/elles auraient soulevé

Imperative

Present
soulève
soulevons
soulèvez

Past
aie soulevé
ayons soulevé
ayez soulevé

Present Infinitive
soulever

Past Infinitive
avoir soulevé

Present Participle
soulevant

Past Participle
soulevé, ée
ayant soulevé

GRIMPER
to climb

Le sentier *grimpait* à travers les fougères.
The trail climbed through the ferns.

Indicative

Present
je grimpe
tu grimpes
il/elle grimpe
nous grimpons
vous grimpez
ils/elles grimpent

Past Indefinite
j'ai grimpé
tu as grimpé
il/elle a grimpé
nous avons grimpé
vous avez grimpé
ils/elles ont grimpé

Imperfect
je grimpais
tu grimpais
il/elle grimpait
nous grimpions
vous grimpiez
ils/elles grimpaient

Pluperfect
j'avais grimpé
tu avais grimpé
il/elle avait grimpé
nous avions grimpé
vous aviez grimpé
ils/elles avaient grimpé

Future
je grimperai
tu grimperas
il/elle grimpera
nous grimperons
vous grimperez
ils/elles grimperont

Former Future
j'aurai grimpé
tu auras grimpé
il/elle aura grimpé
nous aurons grimpé
vous aurez grimpé
ils/elles auront grimpé

Subjunctive

Present
que je grimpe
que tu grimpes
qu'il/qu'elle grimpe
que nous grimpions
que vous grimpiez
qu'ils/qu'elles grimpent

Past
que j'aie grimpé
que tu aies grimpé
qu'il/qu'elle ait grimpé
que nous ayons grimpé
que vous ayez grimpé
qu'ils/qu'elles aient grimpé

Conditional

Present
je grimperais
tu grimperais
il/elle grimperait
nous grimperions
vous grimperiez
ils/elles grimperaient

Past
j'aurais grimpé
tu aurais grimpé
il/elle aurait grimpé
nous aurions grimpé
vous auriez grimpé
ils/elles auraient grimpé

Imperative

Present
grimpe
grimpons
grimpez

Past
aie grimpé
ayons grimpé
ayez grimpé

Present Infinitive
grimper

Past Infinitive
avoir grimpé

Present Participle
grimpant

Past Participle
grimpé, ée
ayant grimpé

SOULEVER to rise

Ils *ont soulevé* des questions importantes à la réunion.
They raised important questions at the meeting.

Indicative

Present
je soulage
tu soulages
il/elle soulage
nous soulageons
vous soulagez
ils/elles soulagent

Imperfect
je soulageais
tu soulageais
il/elle soulageait
nous soulagions
vous soulagiez
ils/elles soulageaient

Future
je soulagerai
tu soulageras
il/elle soulagera
nous soulagerons
vous soulagerez
ils/elles soulageront

Past Indefinite
j'ai soulagé
tu as soulagé
il/elle a soulagé
nous avons soulagé
vous avez soulagé
ils/elles ont soulagé

Pluperfect
j'avais soulagé
tu avais soulagé
il/elle avait soulagé
nous avions soulagé
vous aviez soulagé
ils/elles avaient soulagé

Former Future
j'aurai soulagé
tu auras soulagé
il/elle aura soulagé
nous aurons soulagé
vous aurez soulagé
ils/elles auront soulagé

Subjunctive

Present
que je soulage
que tu soulages
qu'il/qu'elle soulage
que nous soulagions
que vous soulagiez
qu'ils/qu'elles soulagent

Past
que j'aie soulagé
que tu aies soulagé
qu'il/qu'elle ait soulagé
que nous ayons soulagé
que vous ayez soulagé
qu'ils/qu'elles aient soulagé

Conditional

Present
je soulagerais
tu soulagerais
il/elle soulagerait
nous soulagerions
vous soulageriez
ils/elles soulageraient

Past
j'aurais soulagé
tu aurais soulagé
il/elle aurait soulagé
nous aurions soulagé
vous auriez soulagé
ils/elles auraient soulagÉ

Imperative

Present
soulage
soulageons
soulagez

Past
aie soulagé
ayons soulagé
ayez soulagé

Present Infinitive
soulager

Past Infinitive
avoir soulagé

Present Participle
soulageant

Past Participle
soulagé, ée
ayant soulagé

GUÉRIR
to cure, to heal

L'air des montagnes a *guéri* les patients.
The mountain air healed the patients.

Indicative

Present
je guéris
tu guéris
il/elle guérit
nous guérissons
vous guérissez
ils/elles guérissent

Past Indefinite
j'ai guéri
tu as guéri
il/elle a guéri
nous avons guéri
vous avez guéri
ils/elles ont guéri

Imperfect
je guérissais
tu guérissais
il/elle guérissait
nous guérissions
vous guérissiez
ils/elles guérissaient

Pluperfect
j'avais guéri
tu avais guéri
il/elle avait guéri
nous avions guéri
vous aviez guéri
ils/elles avaient guéri

Future
je guérirai
tu guériras
il/elle guérira
nous guérirons
vous guérirez
ils/elles guériront

Former Future
j'aurai guéri
tu auras guéri
il/elle aura guéri
nous aurons guéri
vous aurez guéri
ils/elles auront guéri

Subjunctive

Present
que je guérisse
que tu guérisses
qu'il/qu'elle guérisse
que nous guérissions
que vous guérissiez
qu'ils/qu'elles guérissent

Past
que j'aie guéri
que tu aies guéri
qu'il/qu'elle ait guéri
que nous ayons gué
que vous ayez guéri
qu'ils/qu'elles aient guéri

Conditional

Present
je guérirais
tu guérirais
il/elle guérirait
nous guéririons
vous guéririez
ils/elles guériraient

Past
j'aurais gué
tu aurais guéri
il/elle aurait guéri
nous aurions guéri
vous auriez guéri
ils/elles auraient guéri

Imperative

Present
guéris
guérissons
guérissez

Past
aie guéri
ayons guéri
ayez guéri

Present Infinitive
guérir

Past Infinitive
avoir guéri

Present Participle
guérissant

Past Participle
guéri, ie
ayant guéri

SOULAGER
to relieve, to soothe

Le dentiste l'a *soulagé* en lui enlevant sa dent de sagesse.
The dentist relieved him by pulling out his wisdom tooth.

Indicative

Present
je souille
tu souilles
il/elle souille
nous souillons
vous souillez
ils/elles souillent

Imperfect
je souillais
tu souillais
il/elle souillait
nous souillions
vous souilliez
ils/elles souillaient

Future
je souillerai
tu souilleras
il/elle souillera
nous souillerons
vous souillerez
ils/elles souilleront

Past Indefinite
j'ai souillé
tu as souillé
il/elle a souillé
nous avons souillé
vous avez souillé
ils/elles ont souillé

Pluperfect
j'avais souillé
tu avais souillé
il/elle avait souillé
nous avions souillé
vous aviez souillé
ils/elles avaient souillé

Former Future
j'aurai souillé
tu auras souillé
il/elle aura souillé
nous aurons souillé
vous aurez souillé
ils/elles auront souillé

Subjunctive

Present
que je souille
que tu souilles
qu'il/qu'elle souille
que nous souillions
que vous souilliez
qu'ils/qu'elles souillent

Past
que j'aie souillé
que tu aies souillé
qu'il/qu'elle ait souillé
que nous ayons souillé
que vous ayez souillé
qu'ils/qu'elles aient souillé

Conditional

Present
je souillerais
tu souillerais
il/elle souillerait
nous souillerions
vous souilleriez
ils/elles souilleraient

Past
j'aurais souillé
tu aurais souillé
il/elle aurait souillé
nous aurions souillé
vous auriez souillé
ils/elles auraient souillé

Imperative

Present
souille
souillons
souillez

Past
aie souillé
ayons souillé
ayez souillé

Present Infinitive
souiller

Past Infinitive
avoir souillé

Present Participle
souillant

Past Participle
souillé, ée
ayant souillé

INDIQUER
to indicate, to point out

Il faudrait que vous nous *indiquiez* la meilleure route.
It would be necessary for you to point out to us the best road.

Indicative

Present
j'indique
tu indiques
il/elle indique
nous indiquons
vous indiquez
ils/elles indiquent

Past Indefinite
j'ai indiqué
tu as indiqué
il/elle a indiqué
nous avons indiqué
vous avez indiqué
ils/elles ont indiqué

Imperfect
j'indiquais
tu indiquais
il/elle indiquait
nous indiquions
vous indiquiez
ils/elles indiquaient

Pluperfect
j'avais indiqué
tu avais indiqué
il/elle avait indiqué
nous avions indiqué
vous aviez indiqué
ils/elles avaient indiqué

Future
j'indiquerai
tu indiqueras
il/elle indiquera
nous indiquerons
vous indiquerez
ils/elles indiqueront

Former Future
j' aurai indiqué
tu auras indiqué
il/elle aura indiqué
nous aurons indiqué
vous aurez indiqué
ils/elles auront indiqué

Subjunctive

Present
que j'indique
que tu indiques
qu'il/qu'elle indique
que nous ndiquions
que vous indiquiez
qu'ils/qu'elles indiquent

Past
que j'aie indiqué
que tu aies indiqué
qu'il/qu'elle ait indiqué
que nous ayons indiqué
que vous ayez indiqué
qu'ils/qu'elles aient indiqué

Conditional

Present
j'indiquerais
tu indiquerais
il/elle indiquerait
nous indiquerions
vous indiqueriez
ils/elles indiqueraient

Past
j'aurais indiqué
tu aurais indiqué
il/elle aurait indiqué
nous aurions indiqué
vous auriez indiqué
ils/elles auraient indiqué

Imperative

Present
indique
indiquons
indiquez

Past
aie indiqué
ayons indiqué
ayez indiqué

Present Infinitive
indiquer

Past Infinitive
avoir indiqué

Present Participle
indiquant

Past Participle
indiqué, ée
ayant indiqué

Ne souillez pas vos vêtements neufs.
Do not soil your new clothes.

SOUILLER
to soil

Indicative

Present	*Past Indefinite*
je sonne	j'ai sonné
tu sonnes	tu as sonné
il/elle sonne	il/elle a sonné
nous sonnons	nous avons sonné
vous sonnez	vous avez sonné
ils/elles sonnent	ils/elles ont sonné

Imperfect	*Pluperfect*
je sonnais	j'avais sonné
tu sonnais	tu avais sonné
il/elle sonnait	il/elle avait sonné
nous sonnions	nous avions sonné
vous sonniez	vous aviez sonné
ils/elles sonnaient	ils/elles avaient sonné

Future	*Former Future*
je sonnerai	j'aurai sonné
tu sonneras	tu auras sonné
il/elle sonnera	il/elle aura sonné
nous sonnerons	nous aurons sonné
vous sonnerez	vous aurez sonné
ils/elles sonneront	ils/elles auront sonné

Subjunctive

Present	*Past*
que je sonne	que j'aie sonné
que tu sonnes	que tu aies sonné
qu'il/qu'elle sonne	qu'il/qu'elle ait sonné
que nous sonnions	que nous ayons sonné
que vous sonniez	que vous ayez sonné
qu'ils/qu'elles sonnent	qu'ils/qu'elles aient sonné

Conditional

Present	*Past*
je sonnerais	j'aurais sonné
tu sonnerais	tu aurais sonné
il/elle sonnerait	il/elle aurait sonné
nous sonnerions	nous aurions sonné
vous sonneriez	vous auriez sonné
ils/elles sonneraient	ils/elles auraient sonné

Imperative

Present	*Past*
sonne	aie sonné
sonnons	ayons sonné
sonnez	ayez sonné

Present Infinitive
sonner

Past Infinitive
avoir sonné

Present Participle
sonnant

Past Participle
sonné, ée
ayant sonné

LOUER
to praise, to rent

Chaque été, les Poupard *louaient* une superbe villa en Normandie.
Every summer, the Poupards rented a superb villa in Normandy.

Indicative

Present
je loue
tu loues
il/elle loue
nous louons
vous louez
ils/elles louent

Imperfect
je louais
tu louais
il/elle louait
nous louions
vous louiez
ils/elles louaient

Future
je louerai
tu loueras
il/elle louera
nous louerons
vous louerez
ils/elles loueront

Past Indefinite
j'ai loué
tu as loué
il/elle a loué
nous avons loué
vous avez loué
ils/elles ont loué

Pluperfect
j'avais loué
tu avais loué
il/elle avait loué
nous avions loué
vous aviez loué
ils/elles avaient loué

Former Future
j'aurai loué
tu auras loué
il/elle aura loué
nous aurons loué
vous aurez loué
ils/elles auront loué

Subjunctive

Present
que je loue
que tu loues
qu'il/qu'elle loue
que nous louions
que vous louiez
qu'ils/qu'elles louent

Past
que j'aie loué
que tu aies loué
qu'il/qu'elle ait loué
que nous ayons loué
que vous ayez loué
qu'ils/qu'elles aient loué

Conditional

Present
je louerais
tu louerais
il/elle louerait
nous louerions
vous loueriez
ils/elles loueraient

Past
j'aurais loué
tu aurais loué
il/elle aurait loué
nous aurions loué
vous auriez loué
ils/elles auraient loué

Imperative

Present
loue
louons
louez

Past
aie loué
ayons loué
ayez loué

Present Infinitive
louer

Past Infinitive
avoir loué

Present Participle
louant

Past Participle
loué, ée
ayant loué

SONNER
to ring

Je pense que la cloche a déjà sonné.
I think that the bell has already rung.

Indicative

Present
je songe
tu songes
il/elle songe
nous songeons
vous songez
ils/elles songent

Imperfect
je songeais
tu songeais
il/elle songeait
nous songions
vous songiez
ils/elles songaient

Future
je songerai
tu songeras
il/elle songera
nous songerons
vous songerez
ils/elles songeront

Past Indefinite
j'ai songé
tu as songé
il/elle a songé
nous avons songé
vous avez songé
ils/elles ont songé

Pluperfect
j'avais songé
tu avais songé
il/elle avait songé
nous avions songé
vous aviez songé
ils/elles avaient songé

Former Future
j'aurai songé
tu auras songé
il/elle aura songé
nous aurons songé
vous aurez songé
ils/elles auront songé

Subjunctive

Present
que je songe
que tu songes
qu'il/qu'elle songe
que nous songions
que vous songiez
qu'ils/qu'elles songent

Past
que j'aie songé
que tu aies songé
qu'il/qu'elle ait songé
que nous ayons songé
que vous ayez songé
qu'ils/qu'elles aient songé

Conditional

Present
je songerais
tu songerais
il/elle songerait
nous songerions
vous songeriez
ils/elles songeraient

Past
j'aurais songé
tu aurais songé
il/elle aurait songé
nous aurions songé
vous auriez songé
ils/elles auraient songé

Imperative

Present
songe
songeons
songez

Past
aie songé
ayons songé
ayez songé

Present Infinitive
songer

Past Infinitive
avoir songé

Present Participle
songeant

Past Participle
songé, ée
ayant songé

Quand elle *mentait*, elle rougissait.
When she lied, she would blush.

MENTIR
to lie

Indicative

Present
je mens
tu mens
il/elle ment
nous mentons
vous mentez
ils/elles mentent

Past Indefinite
j'ai menti
tu as menti
il/elle a menti
nous avons menti
vous avez menti
ils/elles ont menti

Imperfect
je mentais
tu mentais
il/elle mentait
nous mentions
vous mentiez
ils/elles mentaient

Pluperfect
j'avais menti
tu avais menti
il/elle avait menti
nous avions menti
vous aviez menti
ils/elles avaient menti

Future
je mentirai
tu mentiras
il/elle mentira
nous mentirons
vous mentirez
ils/elles mentiront

Former Future
j'aurai menti
tu auras menti
il/elle aura menti
nous aurons menti
vous aurez menti
ils/elles auront menti

Subjunctive

Present
que je mente
que tu mentes
qu'il/qu'elle mente
que nous mentions
que vous mentiez
qu'ils/qu'elles mentent

Past
que j'aie menti
que tu aies menti
qu'il/qu'elle ait menti
que nous ayons menti
que vous ayez menti
qu'ils/qu'elles aient menti

Conditional

Present
je mentirais
tu mentirais
il/elle mentirait
nous mentirions
vous mentiriez
ils/elles mentiraient

Past
j'aurais menti
tu aurais menti
il/elle aurait menti
nous aurions menti
vous auriez menti
ils/elles auraient menti

Imperative

Present
mens
mentons
mentez

Past
aie menti
ayons menti
ayez menti

Present Infinitive
mentir

Past Infinitive
avoir menti

Present Participle
mentant

Past Participle
menti, ie
ayant menti

SONGER (À)
to dream, to imagine

Il *songeait* qu'il ne serait pas facile de l'oublier.
He imagined that it would not be easy to forget her.

Indicative

Present
je somnole
tu somnoles
il/elle somnole
nous somnolons
vous somnolez
ils/elles somnolent

Imperfect
je somnolais
tu somnolais
il/elle somnolait
nous somnolions
vous somnoliez
ils/elles somnolaient

Future
je somnolerai
tu somnoleras
il/elle somnolera
nous somnolerons
vous somnolerez
ils/elles somnoleront

Past Indefinite
j'ai somnolé
tu as somnolé
il/elle a somnolé
nous avons somnolé
vous avez somnolé
ils/elles ont somnolé

Pluperfect
j'avais somnolé
tu avais somnolé
il/elle avait somnolé
nous avions somnolé
vous aviez somnolé
ils/elles avaient somnolé

Former Future
j'aurai somnolé
tu auras somnolé
il/elle aura somnolé
nous aurons somnolé
vous aurez somnolé
ils/elles auront somnolé

Subjunctive

Present
que je somnole
que tu somnoles
qu'il/qu'elle somnole
que nous somnolions
que vous somnoliez
qu'ils/qu'elles somnolent

Past
que j'aie somnolé
que tu aies somnolé
qu'il/qu'elle ait somnolé
que nous ayons somnolé
que vous ayez somnolé
qu'ils/qu'elles aient somnolé

Conditional

Present
je somnolerais
tu somnolerais
il/elle somnolerait
nous somnolerions
vous somnoleriez
ils/elles somnoleraient

Past
j'aurais somnolé
tu aurais somnolé
il/elle aurait somnolé
nous aurions somnolé
vous auriez somnolé
ils/elles auraient somnolé

Imperative

Present
somnole
somnolons
somnolez

Past
aie somnolé
ayons somnolé
ayez somnolé

Present Infinitive
somnoler

Past Infinitive
avoir somnolé

Present Participle
somnolant

Past Participle
somnolé, ée
ayant somnolé

MÉPRISER
to have contempt for

Elle *méprisait* ses voisins qu'elle trouvait grossiers.
She had contempt for her neighbors whom she found rude.

Indicative

Present
je méprise
tu méprises
il/elle méprise
nous méprisons
vous méprisez
ils/elles méprisent

Imperfect
je méprisais
tu méprisais
il/elle méprisait
nous méprisions
vous méprisiez
ils/elles méprisaient

Future
je mépriserai
tu mépriseras
il/elle méprisera
nous mépriserons
vous mépriserez
ils/elles mépriseront

Past Indefinite
j'ai méprisé
tu as méprisé
il/elle a méprisé
nous avons méprisé
vous avez méprisé
ils/elles ont méprisé

Pluperfect
j'avais méprisé
tu avais méprisé
il/elle avait méprisé
nous avions méprisé
vous aviez méprisé
ils/elles avaient méprié

Former Future
j'aurai méprisé
tu auras méprisé
il/elle aura méprisé
nous aurons méprisé
vous aurez méprisé
ils/elles auront méprisé

Subjunctive

Present
que je méprise
que tu méprises
qu'il/qu'elle méprise
que nous méprisions
que vous méprisiez
qu'ils/qu'elles méprisent

Past
que j'aie méprisé
que tu aies méprisé
qu'il/qu'elle ait méprisé
que nous ayons méprisé
que vous ayez méprisé
qu'ils/qu'elles aient méprisé

Conditional

Present
je mépriserais
tu mépriserais
il/elle mépriserait
nous mépriserions
vous mépriseriez
ils/elles mépriseraient

Past
j'aurais méprisé
tu aurais méprisé
il/elle aurait méprisé
nous aurions méprisé
vous auriez méprisé
ils/elles auraient méprisé

Imperative

Present
méprise
méprisons
méprisez

Past
aie méprisé
ayons méprisé
ayez méprisé

Present Infinitive
mépriser

Past Infinitive
avoir méprisé

Present Participle
méprisant

Past Participle
méprisé, ée
ayant méprisé

SOMNOLER to drowse

Les voyageurs *somnolaient* bercés par le rythme du train.
The travelers were drowsing, rocked by the rhythm of the train.

Indicative

Present
je somme
tu sommes
il/elle somme
nous sommons
vous sommez
ils/elles somment

Imperfect
je sommais
tu sommais
il/elle sommait
nous sommions
vous sommiez
ils/elles sommaient

Future
je sommerai
tu sommeras
il/elle sommera
nous sommerons
vous sommerez
ils/elles sommeront

Past Indefinite
j'ai sommé
tu as sommé
il/elle a sommé
nous avons sommé
vous avez sommé
ils/elles ont sommé

Pluperfect
j'avais sommé
tu avais sommé
il/elle avait sommé
nous avions sommé
vous aviez sommé
ils/elles avaient sommé

Former Future
j'aurai sommé
tu auras sommé
il/elle aura sommé
nous aurons sommé
vous aurez sommé
ils/elles auront sommé

Subjunctive

Present
que je somme
que tu sommes
qu'il/qu'elle somme
que nous sommions
que vous sommiez
qu'ils/qu'elles somment

Past
que j'aie sommé
que tu aies sommé
qu'il/qu'elle ait sommé
que nous ayons sommé
que vous ayez sommé
qu'ils/qu'elles aient sommé

Conditional

Present
je sommerais
tu sommerais
il/elle sommerait
nous sommerions
vous sommeriez
ils/elles sommeraient

Past
j'aurais sommé
tu aurais sommé
il/elle aurait sommé
nous aurions sommé
vous auriez sommé
ils/elles auraient sommé

Imperative

Present
somme
sommons
sommez

Past
aie sommé
ayons sommé
que vous ayez sommé

Present Infinitive
sommer

Past Infinitive
avoir sommé

Present Participle
sommant

Past Participle
sommé, ée
ayant sommé

MURMURER
to whisper

Elle avait *murmuré* la réponse à son copain.
She whispered the answer to her friend.

Indicative

Present
je murmure
tu murmures
il/elle murmure
nous murmurons
vous murmurez
ils/elles murmurent

Past Indefinite
j'ai murmuré
tu as murmuré
il/elle a murmuré
nous avons murmuré
vous avez murmuré
ils/elles ont murmuré

Imperfect
je murmurais
tu murmurais
il/elle murmurait
nous murmurions
vous murmuriez
ils/elles murmuraient

Pluperfect
j'avais murmuré
tu avais murmuré
il/elle avait murmuré
nous avions murmuré
vous aviez murmuré
ils/elles avaient murmuré

Future
je murmurerai
tu murmureras
il/elle murmurera
nous murmurerons
vous murmurerez
ils/elles murmureront

Former Future
j'aurai murmuré
tu auras murmuré
il/elle aura murmuré
nous aurons murmuré
vous aurez murmuré
ils/elles auront murmuré

Subjunctive

Present
que je murmure
que tu murmures
qu'il/qu'elle murmure
que nous murmurions
que vous murmuriez
qu'ils/qu'elles murmurent

Past
que j'aie murmuré
que tu aies murmuré
qu'il/qu'elle ait murmuré
que nous ayons murmuré
que vous ayez murmuré
qu'ils/qu'elles aient murmuré

Conditional

Present
je murmurerais
tu murmurerais
il/elle murmurerait
nous murmurerions
vous murmureriez
ils/elles murmureraient

Past
j'aurais murmuré
tu aurais murmuré
il/elle aurait murmuré
nous aurions murmuré
vous auriez murmuré
ils/elles auraient murmuré

Imperative

Present
murmure
murmurons
murmurez

Past
aie murmuré
ayons murmuré
ayez murmuré

Present Infinitive
murmurer

Past Infinitive
avoir murmuré

Present Participle
murmurant

Past Participle
murmuré, ée
ayant murmuré

Le prof a *sommé* ses élèves de participer à la discussion.
The professor summoned his students to participate in the discussion.

SOMMER to summon

Indicative

Present
je sommeille
tu sommeilles
il/elle sommeille
nous sommeillons
vous sommeillez
ils/elles sommeillent

Imperfect
je sommeillais
tu sommeillais
il/elle sommeillait
nous sommeillions
vous sommeilliez
ils/elles sommeillaient

Future
je sommeillerai
tu sommeilleras
il/elle sommeillera
nous sommeillerons
vous sommeillerez
ils/elles sommeilleront

Past Indefinite
j'ai sommeillé
tu as sommeillé
il/elle a sommeillé
nous avons sommeillé
vous avez sommeillé
ils/elles ont sommeillé

Pluperfect
j'avais sommeillé
tu avais sommeillé
il/elle avait sommeillé
nous avions sommeillé
vous aviez sommeillé
ils/elles avaient sommeillé

Former Future
j'aurai sommeillé
tu auras sommeillé
il/elle aura sommeillé
nous aurons sommeillé
vous aurez sommeillé
ils/elles auront sommeillé

Subjunctive

Present
que je sommeille
que tu sommeilles
qu'il/qu'elle sommeille
que nous sommeillions
que vous sommeilliez
qu'ils/qu'elles sommeillent

Past
que j'aie sommeillé
que tu aies sommeillé
qu'il/qu'elle ait sommeillé
que nous ayons sommeillé
que vous ayez sommeillé
qu'ils/qu'elles aient sommeillé

Conditional

Present
je sommeillerais
tu sommeillerais
il/elle sommeillerait
nous sommeillerions
vous sommeilleriez
ils/elles sommeilleraient

Past
j'aurais sommeillé
tu aurais sommeillé
il/elle aurait sommeillé
nous aurions sommeillé
vous auriez sommeillé
ils/elles auraient sommeillé

Imperative

Present
sommeille
sommeillons
sommeillez

Past
aie sommeillé
ayons sommeillé
ayez sommeillé

Present Infinitive
sommeiller

Past Infinitive
avoir sommeillé

Present Participle
sommeillant

Past Participle
sommeillé, ée
ayant sommeillé

NIER
to deny

Il *niait* aucun rapport au crime.
He denied any relation to the crime.

Indicative

Present
je nie
tu nies
il/elle nie
nous nions
vous niez
ils/elles nient

Past Indefinite
j'ai nié
tu as nié
il/elle a nié
nous avons nié
vous avez nié
ils/elles ont nié

Imperfect
je niais
tu niais
il/elle niait
nous niions
vous niiez
ils/elles niaient

Pluperfect
j'avais nié
tu avais nié
il/elle avait nié
nous avions nié
vous aviez nié
ils/elles avaient nié

Future
je nierai
tu nieras
il/elle niera
nous nierons
vous nierez
ils/elles nieront

Former Future
j'aurai nié
tu auras nié
il/elle aura nié
nous aurons nié
vous aurez nié
ils/elles auront nié

Subjunctive

Present
que je nie
que tu nies
qu'il/qu'elle nie
que nous niions
que vous niiez
qu'ils/qu'elles nient

Past
que j'aie nié
que tu aies nié
qu'il/qu'elle ait nié
que nous ayons nié
que vous ayez nié
qu'ils/qu'elles aient nié

Conditional

Present
je nierais
tu nierais
il/elle nierait
nous nierions
vous nieriez
ils/elles nieraient

Past
aurais nié
tu aurais nié
il/elle aurait nié
nous aurions nié
vous auriez nié
ils/elles auraient nié

Imperative

Present
nie
nions
niez

Past
aie nié
ayons nié
ayez nié

Present Infinitive
nier

Past Infinitive
avoir nié

Present Participle
niant

Past Participle
nié, ée
ayant nié

SOMMEILLER to doze

Après le repas copieux de sa grand-mère, Pierre a sommeillé.
After the large meal served by his grandmother, Pierre dozed off.

Indicative

Present
je sombre
tu sombres
il/elle sombre
nous sombrons
vous sombrez
ils/elles sombrent

Imperfect
je sombrais
tu sombrais
il/elle sombrait
nous sombrions
vous sombriez
ils/elles sombraient

Future
je sombrerai
tu sombreras
il/elle sombrera
nous sombrerons
vous sombrerez
ils/elles sombreront

Past Indefinite
j'ai sombré
tu as sombré
il/elle a sombré
nous avons sombré
vous avez sombré
ils/elles ont sombré

Pluperfect
j'avais sombré
tu avais sombré
il/elle avait sombré
nous avions sombré
vous aviez sombré
ils/elles avaient sombré

Former Future
j'aurai sombré
tu auras sombré
il/elle aura sombré
nous aurons sombré
vous aurez sombré
ils/elles auront sombré

Subjunctive

Present
que je sombre
que tu sombres
qu'il/qu'elle sombre
que nous sombrions
que vous sombriez
qu'ils/qu'elles sombrent

Past
que j'aie sombré
que tu aies sombré
qu'il/qu'elle ait sombré
que nous ayons sombré
que vous ayez sombré
qu'ils/qu'elles aient sombré

Conditional

Present
je sombrerais
tu sombrerais
il/elle sombrerait
nous sombrerions
vous sombreriez
ils/elles sombreraient

Past
j'aurais sombré
tu aurais sombré
il/elle aurait sombré
nous aurions sombré
vous auriez sombré
ils/elles auraient sombré

Imperative

Present
sombre
sombrons
sombrez

Past
aie sombré
ayons sombré
ayez sombré

Present Infinitive
sombrer

Past Infinitive
avoir sombré

Present Participle
sombrant

Past Participle
sombré, ée
ayant sombré

NUIRE (À)
to harm, to injure

Fumer nuira à votre santé.
Smoking will harm your health.

Indicative

Present
je nuis
tu nuis
il/elle nuit
nous nuisons
vous nuisez
ils/elles nuisent

Past Indefinite
j'ai nui
tu as nui
il/elle a nui
nous avons nui
vous avez nui
ils/elles ont nui

Imperfect
je nuisais
tu nuisais
il/elle nuisait
nous nuisions
vous nuisiez
ils/elles nuisaient

Pluperfect
j'avais nui
tu avais nui
il/elle avait nui
nous avions nui
vous aviez nui
ils/elles avaient nui

Future
je nuirai
tu nuiras
il/elle nuira
nous nuirons
vous nuirez
ils/elles nuiront

Former Future
j'aurai nui
tu auras nui
il/elle aura nui
nous aurons nui
vous aurez nui
ils/elles auront nui

Subjunctive

Present
que je nuise
que tu nuises
qu'il/qu'elle nuise
que nous nuisions
que vous nuisiez
qu'ils/qu'elles nuisent

Past
que j'aie nui
que tu aies nui
qu'il/qu'elle ait nui
que nous ayons nui
que vous ayez nui
qu'ils/qu'elles aient nui

Conditional

Present
je nuirais
tu nuirais
il/elle nuirait
nous nurionsi
vous nuiriez
ils/elles nuiraient

Past
j'aurais nui
tu aurais nui
il/elle aurait nui
nous aurions nui
vous auriez nui
ils/elles auraient nui

Imperative

Present
nuis
nuisons
nuisez

Past
aie nui
ayons nui
ayez nui

Present Infinitive
nuire

Past Infinitive
avoir nui

Present Participle
nuisant

Past Participle
nui
ayant nui

SOMBRER **to sink in**

Le navire n'avait pas *sombré* dans la tempête.
The ship did not sink in the storm.

Indicative

Present
je sollicite
tu sollicites
il/elle sollicite
nous sollicitons
vous sollicitez
ils/elles sollicitent

Imperfect
je sollicitais
tu sollicitais
il/elle sollicitait
nous sollicitions
vous sollicitiez
ils/elles sollicitaient

Future
je solliciterai
tu solliciteras
il/elle sollicitera
nous solliciterons
vous solliciterez
ils/elles solliciteront

Past Indefinite
j'ai sollicité
tu as sollicité
il/elle a sollicité
nous avons sollicité
vous avez sollicité
ils/elles ont sollicité

Pluperfect
j'avais sollicité
tu avais sollicité
il/elle avait sollicité
nous avions sollicité
vous aviez sollicité
ils/elles avaient sollicité

Former Future
j'aurai sollicité
tu auras sollicité
il/elle aura sollicité
nous aurons sollicité
vous aurez sollicité
ils/elles auront sollicité

Subjunctive

Present
que je sollicite
que tu sollicites
qu'il/qu'elle sollicite
que nous sollicitions
que vous sollicitiez
qu'ils/qu'elles sollicitent

Past
que j'aie sollicité
que tu aies sollicité
qu'il/qu'elle ait sollicité
que nous ayons sollicité
que vous ayez sollicité
qu'ils/qu'elles aient sollicité

Conditional

Present
je solliciterais
tu solliciterais
il/elle solliciterait
nous solliciterions
vous solliciteriez
ils/elles solliciteraient

Past
j'aurais sollicité
tu aurais sollicité
il/elle aurait sollicité
nous aurions sollicité
vous auriez sollicité
ils/elles auraient sollicité

Imperative

Present
sollicite
sollicitons
sollicitez

Past
aie sollicité
ayons sollicité
ayez sollicité

Present Infinitive
solliciter

Past Infinitive
avoir sollicité

Present Participle
sollicitant

Past Participle
sollicité, ée
ayant sollicité

OFFENSER
to offend

Le comte a *offensé* le père de Rodrigue.
The Count has offended Rodrigue's father.

Indicative

Present
j'offense
tu offenses
il/elle offense
nous offensons
vous offensez
ils/elles offensent

Past Indefinite
j'ai offensé
tu as offensé
il/elle a offensé
nous avons offensé
vous avez offensé
ils/elles ont offensé

Imperfect
j'offensais
tu offensais
il/elle offensait
nous offensions
vous offensiez
ils/elles offensaient

Pluperfect
j'avais offensé
tu avais offensé
il/elle avait offensé
nous avions offensé
vous aviez offensé
ils/elles avaient offensé

Future
j'offenserai
tu offenseras
il/elle offensera
nous offenserons
vous offenserez
ils/elles offenseront

Former Future
j'aurai offensé
tu auras offensé
il/elle aura offensé
nous aurons offensé
vous aurez offensé
ils/elles auront offensé

Subjunctive

Present
que j'offense
que tu offenses
qu'il/qu'elle offense
que nous offensions
que vous offensiez
qu'ils/qu'elles offensent

Past
que j'aie offensé
que tu aies offensé
qu'il/qu'elle ait offensé
que nous ayons offensé
que vous ayez offensé
qu'ils/qu'elles aient offensé

Conditional

Present
j'offenserais
tu offenserais
il/elle offenserait
nous offenserions
vous offenseriez
ils/elles offenseraient

Past
j'aurais offensé
tu aurais offensé
il/elle aurait offensé
nous aurions offensé
vous auriez offensé
ils/elles auraient offensé

Imperative

Present
offense
offensons
offensez

Past
aie offensé
ayons offensé
ayez offensé

Present Infinitive
offenser

Past Infinitive
avoir offensé

Present Participle
offensant

Past Participle
offensé, ée
ayant offensé

SOLLICITER
to request, to apply for (a job)

Son père voulait qu'elle *sollicite* un poste à la banque.
Her father wanted her to apply for a job at the bank.

Indicative

Present
je solidarise
tu solidarises
il/elle solidarise
nous solidarisons
vous solidarisez
ils/elles solidarisent

Imperfect
je solidarisais
tu solidarisais
il/elle solidarisait
nous solidarisions
vous solidarisiez
ils/elles solidarisaient

Future
je solidariserai
tu solidariseras
il/elle solidarisera
nous solidariserons
vous solidariserez
ils/elles solidariseront

Past Indefinite
j'ai solidarisé
tu as solidarisé
il/elle a solidarisé
nous avons solidarisé
vous avez solidarisé
ils/elles ont solidarisé

Pluperfect
j'avais solidarisé
tu avais solidarisé
il/elle avait solidarisé
nous avions solidarisé
vous aviez solidarisé
ils/elles avaient solidarisé

Former Future
j'aurai solidarisé
tu auras solidarisé
il/elle aura solidarisé
nous aurons solidarisé
vous aurez solidarisé
ils/elles auront solidarisé

Subjunctive

Present
que je solidarise
que tu solidarises
qu'il/qu'elle solidarise
que nous solidarisions
que vous solidarisiez
qu'ils/qu'elles solidarisent

Past
que j'aie solidarisé
que tu aies solidarisé
qu'il/qu'elle ait solidarisé
que nous ayons solidarisé
que vous ayez solidarisé
qu'ils/qu'elles aient solidarisé

Conditional

Present
je solidariserais
tu solidariserais
il/elle solidariserait
nous solidariserions
vous solidariseriez
ils/elles solidariseraient

Past
j'aurais solidarisé
tu aurais solidarisé
il/elle aurait solidarisé
nous aurions solidarisé
vous auriez solidarisé
ils/elles auraient solidarisé

Imperative

Present
solidarise
solidarisons
solidarisez

Past
aie solidarisé
ayons solidarisé
ayez solidarisé

Present Infinitive
solidariser

Past Infinitive
avoir solidarisé

Present Participle
solidarisant

Past Participle
solidarisé, ée
ayant solidarisé

OSER
to dare

Gabrielle a *osé* téléphoner à Julien pour l'inviter à son bal de "Prom."
Gabrielle dared to call Julien to invite him to her prom.

Indicative

Present
j'ose
tu oses
il/elle ose
nous osons
vous osez
ils/elles osent

Imperfect
j'osais
tu osais
il/elle osait
nous osions
vous osiez
ils/elles osaient

Future
j'oserai
tu oseras
il/elle osera
nous oserons
vous oserez
ils/elles oseront

Past Indefinite
j'ai osé
tu as osé
il/elle a osé
nous avons osé
vous avez osé
ils/elles ont osé

Pluperfect
j'avais osé
tu avais osé
il/elle avait osé
nous avions osé
vous aviez osé
ils/elles avaient osé

Former Future
j'aurai osé
tu auras osé
il/elle aura osé
nous aurons osé
vous aurez osé
ils/elles auront osé

Subjunctive

Present
que j'ose
que tu oses
qu'il/qu'elle ose
que nous osions
que vous osiez
qu'ils/qu'elles osent

Past
que j'aie osé
que tu aies osé
qu'il/qu'elle ait osé
que nous ayons osé
que vous ayez osé
qu'ils/qu'elles aient osé

Conditional

Present
j'oserais
tu oserais
il/elle oserait
nous oserions
vous oseriez
ils/elles oseraient

Past
j'aurais osé
tu aurais osé
il/elle aurait osé
nous aurions osé
vous auriez osé
ils/elles auraient osé

Imperative

Present
ose
osons
osez

Past
aie osé
ayons osé
ayez osé

Present Infinitive
oser

Past Infinitive
avoir osé

Present Participle
osant

Past Participle
osé, ée
ayant osé

Les chefs n'ont pas solidarisé avec les grévistes.
The bosses did not solidarize with the people on strike.

SOLIDARISER to solidarize

Indicative

Present
je soigne
tu soignes
il/elle soigne
nous soignons
vous soignez
ils/elles soignent

Imperfect
je soignais
tu soignais
il/elle soignait
nous soignions
vous soigniez
ils/elles soignaient

Future
je soignerai
tu soigneras
il/elle soignera
nous soignerons
vous soignerez
ils/elles soigneront

Past Indefinite
j'ai soigné
tu as soigné
il/elle a soigné
nous avons soigné
vous avez soigné
ils/elles ont soigné

Pluperfect
j'avais soigné
tu avais soigné
il/elle avait soigné
nous avions soigné
vous aviez soigné
ils/elles avaient soigné

Former Future
j'aurai soigné
tu auras soigné
il/elle aura soigné
nous aurons soigné
vous aurez soigné
ils/elles auront soigné

Subjunctive

Present
que je soigne
que tu soignes
qu'il/qu'elle soigne
que nous soignions
que vous soigniez
qu'ils/qu'elles soignent

Past
que j'aie soigné
que tu aies soigné
qu'il/qu'elle ait soigné
que nous ayons soigné
que vous ayez soigné
qu'ils/qu'elles aient soigné

Conditional

Present
je soignerais
tu soignerais
il/elle soignerait
nous soignerions
vous soigneriez
ils/elles soigneraient

Past
j'aurais soigné
tu aurais soigné
il/elle aurait soigné
nous aurions soigné
vous auriez soigné
ils/elles auraient soigné

Imperative

Present
soigne
soignons
soignez

Past
aie soigné
ayons soigné
ayez soigné

Present Infinitive
soigner

Past Infinitive
avoir soigné

Present Participle
soignant

Past Participle
soigné, ée
ayant soigné

ÔTER
to take away, to remove

Ôtez vos chapeaux quand vous entrez dans l'église.
Take off your hats when entering church.

Indicative

Present
j'ôte
tu ôtes
il/elle ôte
nous ôtons
vous ôtez
ils/elles ôtent

Imperfect
j'ôtais
tu ôtais
il/elle ôtait
nous ôtions
vous ôtiez
ils/elles ôtaient

Future
j'ôterai
tu ôteras
il/elle ôtera
nous ôterons
vous ôterez
ils/elles ôteront

Past Indefinite
j'ai ôté
tu as ôté
il/elle a ôté
nous avons ôté
vous avez ôté
ils/elles ont ôté

Pluperfect
j'avais ôté
tu avais ôté
il/elle avait ôté
nous avions ôté
vous aviez ôté
ils/elles avaient ôté

Former Future
j'aurai ôté
tu auras ôté
il/elle aura ôté
nous aurons ôté
vous aurez ôté
ils/elles auront ôté

Subjunctive

Present
que j'ôte
que tu ôtes
qu'il/qu'elle ôte
que nous ôtions
que vous ôtiez
qu'ils/qu'elles ôtent

Past
que j'aie ôté
que tu aies ôté
qu'il/qu'elle ait ôté
que nous ayons ôté
que vous ayez ôté
qu'ils/qu'elles aient ôté

Conditional

Present
j'ôterais
tu ôterais
il/elle ôterait
nous ôterions
vous ôteriez
ils/elles ôteraient

Past
j'aurais ôté
tu aurais ôté
il/elle aurait ôté
nous aurions ôté
vous auriez ôté
ils/elles auraient ôté

Imperative

Present
ôte
ôtons
ôtez

Past
aie ôté
ayons ôté
ayez ôté

Present Infinitive
ôter

Past Infinitive
avoir ôté

Present Participle
ôtant

Past Participle
ôté, ée
ayant ôté

SOIGNER
to nurse, to treat, to look after

Sa mère le *soignait* car il avait la grippe.
His mother took care of him since he had the flu.

Indicative

Present

je socialise
tu socialises
il/elle socialise
nous socialisons
vous socialisez
ils/elles socialisent

Imperfect

je socialisais
tu socialisais
il/elle socialisait
nous socialisions
vous socialisiez
ils/elles socialisaient

Future

je socialiserai
tu socialiseras
il/elle socialisera
nous socialiserons
vous socialiserez
ils/elles socialiseront

Past Indefinite

j'ai socialisé
tu as socialisé
il/elle a socialisé
nous avons socialisé
vous avez socialisé
ils/elles ont socialisé

Pluperfect

j'avais socialisé
tu avais socialisé
il/elle avait socialisé
nous avions socialisé
vous aviez socialisé
ils/elles avaient socialisé

Former Future

j'aurai socialisé
tu auras socialisé
il/elle aura socialisé
nous aurons socialisé
vous aurez socialisé
ils/elles auront socialisé

Subjunctive

Present

que je socialise
que tu socialises
qu'il/qu'elle socialise
que nous socialisions
que vous socialisiez
qu'ils/qu'elles socialisent

Past

que j'aie socialisé
que tu aies socialisé
qu'il/qu'elle ait socialisé
que nous ayons socialisé
que vous ayez socialisé
qu'ils/qu'elles aient socialisé

Conditional

Present

je socialiserais
tu socialiserais
il/elle socialiserait
nous socialiserions
vous socialiseriez
ils/elles socialiseraient

Past

j'aurais socialisé
tu aurais socialisé
il/elle aurait socialisé
nous aurions socialisé
vous auriez socialisé
ils/elles auraient socialisé

Imperative

Present

socialise
socialisons
socialisez

Past

aie socialisé
ayons socialisé
ayez socialisé

Present Infinitive

socialiser

Past Infinitive

avoir socialisé

Present Participle

socialisant

Past Participle

socialisé, ée
ayant socialisé

PARAÎTRE

to appear, to come out

Il *paraît que* les Dubois ont cassé.
It seems that the Duboises have broken up.

Indicative

Present
je parais
tu parais
il/elle paraît
nous paraissons
vous paraissez
ils/elles paraissent

Imperfect
je paraissais
tu paraissais
il/elle paraissait
nous paraissions
vous paraissiez
ils/elles paraissaient

Future
je paraîtrai
tu paraîtras
il/elle paraîtra
nous paraîtrons
vous paraîtrez
ils/elles paraîtront

Past Indefinite
j'ai paru
tu as paru
il/elle a paru
nous avons paru
vous avez paru
ils/elles ont paru

Pluperfect
j'avais paru
tu avais paru
il/elle avait paru
nous avions paru
vous aviez paru
ils/elles avaient paru

Former Future
j'aurai paru
tu auras paru
il/elle aura paru
nous aurons paru
vous aurez paru
ils/elles auront paru

Subjunctive

Present
que je paraisse
que tu paraisses
qu'il/qu'elle paraisse
que nous paraissions
que vous paraissiez
qu'ils/qu'elles paraissent

Past
que j'aie paru
que tu aies paru
qu'il/qu'elle ait paru
que nous ayons paru
que vous ayez paru
qu'ils/qu'elles aient paru

Conditional

Present
je paraîtrais
tu paraîtrais
il/elle paraîtrait
nous paraîtrions
vous paraîtriez
ils/elles paraîtraient

Past
j'aurais paru
tu aurais paru
il/elle aurait paru
nous aurions paru
vous auriez paru
ils/elles auraient paru

Imperative

Present
parais
paraissons
paraissez

Past
aie paru
ayons paru
ayez paru

Present Infinitive
paraître

Past Infinitive
avoir paru

Present Participle
par

Past Participle
paru, ue
ayant paru

The Leblancs rarely socialize with their neighbors.
Les Leblanc *socialise* rarement avec leurs voisins.

SOCIALISER to socialize

Indicative

Present
je sirote
tu sirotes
il/elle sirote
nous sirotons
vous sirotez
ils/elles sirotent

Imperfect
je sirotais
tu sirotais
il/elle sirotait
nous sirotions
vous sirotiez
ils/elles sirotaient

Future
je siroterai
tu siroteras
il/elle sirotera
nous siroterons
vous siroterez
ils/elles siroteront

Past Indefinite
j'ai siroté
tu as siroté
il/elle a siroté
nous avons siroté
vous avez siroté
ils/elles ont siroté

Pluperfect
j'avais siroté
tu avais siroté
il/elle avait siroté
nous avions siroté
vous aviez siroté
ils/elles avaient siroté

Former Future
j'aurai siroté
tu auras siroté
il/elle aura siroté
nous aurons siroté
vous aurez siroté
ils/elles auront siroté

Subjunctive

Present
que je sirote
que tu sirotes
qu'il/qu'elle sirote
que nous sirotions
que vous sirotiez
qu'ils/qu'elles sirotent

Past
que j'aie siroté
que tu aies siroté
qu'il/qu'elle ait siroté
que nous ayons siroté
que vous ayez siroté
qu'ils/qu'elles aient siroté

Conditional

Present
je siroterais
tu siroterais
il/elle siroterait
nous siroterions
vous siroteriez
ils/elles siroteraient

Past
j'aurais siroté
tu aurais siroté
il/elle aurait siroté
nous aurions siroté
vous auriez siroté
ils/elles auraient siroté

Imperative

Present
sirote
sirotons
sirotez

Past
aie siroté
ayons siroté
ayez siroté

Present Infinitive
siroter

Past Infinitive
avoir siroté

Present Participle
sirotant

Past Participle
siroté, ée
ayant siroté

PARCOURIR
to go over, to cover a distance

Ils *ont parcouru* 500 kms en une journée.
They covered a 500 kilometer distance in one day.

Indicative

Present
je parcours
tu parcours
il/elle parcourt
nous parcourons
vous parcourez
ils/elles parcourent

Imperfect
je parcourais
tu parcourais
il/elle parcourait
nous parcourions
vous parcouriez
ils/elles parcouraient

Future
je parcourrai
tu parcourras
il/elle parcourrons
nous parcourrons
vous parcourrez
ils/elles parcourront

Past Indefinite
j'ai parcouru
tu as parcouru
il/elle a parcouru
nous avons parcouru
vous avez parcouru
ils/elles ont parcouru

Pluperfect
j'avais parcouru
tu avais parcouru
il/elle avait parcouru
nous avions parcouru
vous aviez parcouru
ils/elles avaient parcouru

Former Future
j'aurai parcouru
tu auras parcouru
il/elle aura parcouru
nous aurons parcouru
vous aurez parcouru
ils/elles auront parcouru

Subjunctive

Present
que je parcoure
que tu parcoures
qu'il/qu'elle parcoure
que nous parcourions
que vous parcouriez
qu'ils/qu'elles parcourent

Past
que j'aie parcouru
que tu aies parcouru
qu'il/qu'elle ait parcouru
que nous ayons parcouru
que vous ayez parcouru
qu'ils/qu'elles aient parcouru

Conditional

Present
je parcourrais
tu parcourrais
il/elle parcourrait
nous parcourrions
vous parcourriez
ils/elles parcourraient

Past
j'aurais parcouru
tu aurais parcouru
il/elle aurait parcouru
nous aurions parcouru
vous auriez parcouru
ils/elles auraient parcouru

Imperative

Present
parcours
parcourons
parcourez

Past
aie parcouru
ayons parcouru
ayez parcouru

Present Infinitive
parcourer

Past Infinitive
avoir parcouru

Present Participle
parcourant

Past Participle
parcouru, ue
ayant parcouru

SIROTER
to sip

Le viel homme *sirotait* son vin blanc au comptoir.
The old man sipped his white wine at the bar.

Indicative

Present
je sillonne
tu sillonnes
il/elle sillonne
nous sillonnons
vous sillonnez
ils/elles sillonnent

Imperfect
je sillonnais
tu sillonnais
il/elle sillonnait
nous sillonnions
vous sillonniez
ils/elles sillonnaient

Future
je sillonnerai
tu sillonneras
il/elle sillonnera
nous sillonnerons
vous sillonnerez
ils/elles sillonneront

Past Indefinite
j'ai sillonné
tu as sillonné
il/elle a sillonné
nous avons sillonné
vous avez sillonné
ils/elles ont sillonné

Pluperfect
j'avais sillonné
tu avais sillonné
il/elle avait sillonné
nous avions sillonné
vous aviez sillonné
ils/elles avaient sillonné

Former Future
j'aurai sillonné
tu auras sillonné
il/elle aura sillonné
nous aurons sillonné
vous aurez sillonné
ils/elles auront sillonné

Subjunctive

Present
que je sillonne
que tu sillonnes
qu'il/qu'elle sillonne
que nous sillonnions
que vous sillonniez
qu'ils/qu'elles sillonnent

Past
que j'aie sillonné
que tu aies sillonné
qu'il/qu'elle ait sillonné
que nous ayons sillonné
que vous ayez sillonné
qu'ils/qu'elles aient sillonné

Conditional

Present
je sillonnerais
tu sillonnerais
il/elle sillonnerait
nous sillonnerions
vous sillonneriez
ils/elles sillonneraient

Past
j'aurais sillonné
tu aurais sillonné
il/elle aurait sillonné
nous aurions sillonné
vous auriez sillonné
ils/elles auraient sillonné

Imperative

Present
sillonne
sillonnons
sillonnez

Past
aie sillonné
ayons sillonné
ayez sillonné

Present Infinitive
sillonner

Past Infinitive
avoir sillonné

Present Participle
sillonnant

Past Participle
sillonné, ée
ayant sillonné

PARVENIR (À)
to arrive, to reach

Après une heure nous *parviendrons* au sommet du rocher.

After an hour, we will reach the the tip of the rock.

Indicative

Present
je parviens
tu parviens
il/elle parvient
nous parvenons
vous parvenez
ils/elles parviennent

Past Indefinite
je suis parvenu
tu es parvenu
il/elle est parvenu(e)
nous sommes parvenus
vous êtes parvenu(s)
ils/elles sont parvenus(es)

Imperfect
je parvenais
tu parvenais
il/elle parvenait
nous parvenions
vous parveniez
ils/elles parvenaient

Pluperfect
j'étais parvenu
tu étais parvenu
il/elle était parvenu(e)
nous étions parvenus
vous étiez parvenu(s)
ils/elles étaient parvenus(es)

Future
je parviendrai
tu parviendras
il/elle parviendra
nous parviendrons
vous parviendrez
ils/elles parviendront

Former Future
je serai parvenu
tu seras parvenu
il/elle sera parvenu(e)
nous serons parvenus
vous serez parvenu(s)
ils/elles seront parvenus(es)

Subjunctive

Present
que je parvienne
que tu parviennes
qu'il/qu'elle parvienne
que nous parvenions
que vous parveniez
qu'ils/qu'elles parviennent

Past
que je sois parvenu
que tu sois parvenu
qu'il/qu'elle soit parvenu(e)
que nous soyons parvenus
que vous soyez parvenu(s)
qu'ils/qu'elles soient parvenus(es)

Conditional

Present
je parviendrais
tu parviendrais
il/elle parviendrait
nous parviendrions
vous parviendriez
ils/elles parviendraient

Past
je serais parvenu
tu serais parvenu
il/elle serait parvenu
nous serions parvenus
vous seriez parvenus
ils/elles seraient parvenus

Imperative

Present
parviens
parvenons
parvenez

Past
sois parvenu
syons parvenu
soyez parvenu

Present Infinitive
parvenir

Past Infinitive
être parvenu

Present Participle
parvenant

Past Participle
parvenu, ue
étant parvenu

Les navigateurs *avaient sillonné* le Pacifique.
The navigators had traveled around the Pacific.

SILLONNER
to travel around, to furrow

Indicative

Present
je signale
tu signales
il/elle signale
nous signalons
vous signalez
ils/elles signalent

Imperfect
je signalais
tu signalais
il/elle signalait
nous signalions
vous signaliez
ils/elles signalaient

Future
je signalerai
tu signaleras
il/elle signalera
nous signalerons
vous signalerez
ils/elles signaleront

Past Indefinite
j'ai signalé
tu as signalé
il/elle a signalé
nous avons signalé
vous avez signalé
ils/elles ont signalé

Pluperfect
j'avais signalé
tu avais signalé
il/elle avait signalé
nous avions signalé
vous aviez signalé
ils/elles avaient signalé

Former Future
j'aurai signalé
tu auras signalé
il/elle aura signalé
nous aurons signalé
vous aurez signalé
ils/elles auront signalé

Subjunctive

Present
que je signale
que tu signales
qu'il/qu'elle signale
que nous signalions
que vous signaliez
qu'ils/qu'elles signalent

Past
que j'aie signalé
que tu aies signalé
qu'il/qu'elle ait signalé
que nous ayons signalé
que vous ayez signalé
qu'ils/qu'elles aient signalé

Conditional

Present
je signalerais
tu signalerais
il/elle signalerait
nous signalerions
vous signaleriez
ils/elles signaleraient

Past
j'aurais signalé
tu aurais signalé
il/elle aurait signalé
nous aurions signalé
vous auriez signalé
ils/elles auraient signalé

Imperative

Present
signale
signalons
signalez

Past
aie signalé
ayons signalé
ayez signalé

Present Infinitive
signaler

Past Infinitive
avoir signalé

Present Participle
signalant

Past Participle
signalé, ée
ayant signalé

PÉCHER
to sin, to err

Ne *péchez* pas.
Do not sin.

Indicative

Present
je pêche
tu pêches
il/elle pêche
nous pêchons
vous pêchez
ils/elles pêchent

Imperfect
je pêchais
tu pêchais
il/elle pêchait
nous pêchions
vous pêchiez
ils/elles pêchaient

Future
je pêcherai
tu pêcheras
il/elle pêchera
nous pêcherons
vous pêcherez
ils/elles pêcheront

Past Indefinite
j'ai pêché
tu as pêché
il/elle a pêché
nous avons pêché
vous avez pêché
ils/elles ont pêché

Pluperfect
j'avais pêché
tu avais pêché
il/elle avait pêché
nous avions pêché
vous aviez pêché
ils/elles avaient pêché

Former Future
j'aurai pêché
tu auras pêché
il/elle aura pêché
nous aurons pêché
vous aurez pêché
ils/elles auront pêché

Subjunctive

Present
que je pêche
que tu pêches
qu'il/qu'elle pêche
que nous pêchions
que vous pêchiez
qu'ils/qu'elles pêchent

Past
que j'aie pêché
que tu aies pêché
qu'il/qu'elle ait pêché
que nous ayons pêché
que vous ayez pêché
qu'ils/qu'elles aient pêché

Conditional

Present
je pêcherais
tu pêcherais
il/elle pêcherait
nous pêcherions
vous pêcheriez
ils/elles pêcheraient

Past
j'aurais pêché
tu aurais pêché
il/elle aurait pêché
nous aurions pêché
vous auriez pêché
ils/elles auraient pêché

Imperative

Present
pêche
pêchons
pêchez

Past
aie pêché
ayons pêché
ayez pêché

Present Infinitive
pêcher

Past Infinitive
avoir pêché

Present Participle
pêchant

Past Participle
pêché, ée
ayant pêché

Je vous *signale* que nous sommes en retard.
I indicate to you that we are late.

SIGNALER to indicate

Indicative

Present

je siffle
tu siffles
il/elle siffle
nous sifflons
vous sifflez
ils/elles sifflent

Imperfect

je sifflais
tu sifflais
il/elle sifflait
nous sifflions
vous siffliez
ils/elles sifflaient

Future

je sifflerai
tu siffleras
il/elle sifflera
nous sifflerons
vous sifflerez
ils/elles siffleront

Past Indefinite

j'ai sifflé
tu as sifflé
il/elle a sifflé
nous avons sifflé
vous avez sifflé
ils/elles ont sifflé

Pluperfect

j'avais sifflé
tu avais sifflé
il/elle avait sifflé
nous avions sifflé
vous aviez sifflé
ils/elles avaient sifflé

Former Future

j'aurai sifflé
tu auras sifflé
il/elle aura sifflé
nous aurons sifflé
vous aurez sifflé
ils/elles auront sifflé

Subjunctive

Present

que je siffle
que tu siffles
qu'il/qu'elle siffle
que nous sifflions
que vous siffliez
qu'ils/qu'elles sifflent

Past

que j'aie sifflé
que tu aies sifflé
qu'il/qu'elle ait sifflé
que nous ayons sifflé
que vous ayez sifflé
qu'ils/qu'elles aient sifflé

Conditional

Present

je sifflerais
tu sifflerais
il/elle sifflerait
nous sifflerions
vous siffleriez
ils/elles siffleraient

Past

j'aurais sifflé
tu aurais sifflé
il/elle aurait sifflé
nous aurions sifflé
vous auriez sifflé
ils/elles auraient sifflé

Imperative

Present

siffle
sifflons
sifflez

Past

aie sifflé
ayons sifflé
ayez sifflé

Present Infinitive
siffler

Past Infinitive
avoir sifflé

Present Participle
sifflant

Past Participle
sifflé, ée
ayant sifflé

PESER
to weigh, to ponder

L'épicière a *pesé* les fruits.
The green grocer weighed the fruits.

Indicative

Present
je pèse
tu pèses
il/elle pèse
nous pesons
vous pesez
ils/elles pèsent

Past Indefinite
j'ai pesé
tu as pesé
il/elle a pesé
nous avons pesé
vous avez pesé
ils/elles ont pesé

Imperfect
je pesais
tu pesais
il/elle pesait
nous pesions
vous pesiez
ils/elles pesaient

Pluperfect
j'avais pesé
tu avais pesé
il/elle avait pesé
nous avions pesé
vous aviez pesé
ils/elles avaient pesé

Future
je pèserai
tu pèseras
il/elle pèsera
nous pèserons
vous pèserez
ils/elles pèseront

Former Future
j'aurai pesé
tu auras pesé
il/elle aura pesé
nous aurons pesé
vous aurez pesé
ils/elles auront pesé

Subjunctive

Present
que je pèsee
que tu pèses
qu'il/qu'elle pèse
que nous pesions
que vous pesiez
qu'ils/qu'elles pèsent

Past
que j'aie pesé
que tu aies pesé
qu'il/qu'elle ait pesé
que nous ayons pesé
que vous ayez pesé
qu'ils/qu'elles aient pesé

Conditional

Present
je pèserais
tu pèserais
il/elle pèserait
nous pèserions
vous pèseriez
ils/elles pèseraient

Past
j'aurais pesé
tu aurais pesé
il/elle aurait pesé
nous aurions pesé
vous auriez pesé
ils/elles auraient pesé

Imperative

Present
pèse
pesons
pesez

Past
aie pesé
ayons pesé
ayez pesé

Present Infinitive
peser

Past Infinitive
avoir pesé

Present Participle
pesant

Past Participle
pesé, ée
ayant pesé

SIFFLER to whistle

L'agent de circulation *sifflait* avec force pour que les voitures s'arrêtent.
The traffic cop whistled forcefully to stop the cars.

Indicative

Present
je sévis
tu sévis
il/elle sévit
nous sévissons
vous sévissez
ils/elles sévissent

Imperfect
je sévissais
tu sévissais
il/elle sévissait
nous sévissions
vous sévissiez
ils/elles sévissaient

Future
je sévirai
tu séviras
il/elle sévira
nous sévirons
vous sévirez
ils/elles séviront

Past Indefinite
j'ai sévi
tu as sévi
il/elle a sévi
nous avons sévi
vous avez sévi
ils/elles ont sévi

Pluperfect
j'avais sévi
tu avais sévi
il/elle avait sévi
nous avions sévi
vous aviez sévi
ils/elles avaient sévi

Former Future
j'aurai sévi
tu auras sévi
il/elle aura sévi
nous aurons sévi
vous aurez sévi
ils/elles auront sévi

Subjunctive

Present
que je sévisse
que tu sévisses
qu'il/qu'elle sévisse
que nous sévissions
que vous sévissiez
qu'ils/qu'elles sévissent

Past
que j'aie sévi
que tu aies sévi
qu'il/qu'elle ait sévi
que nous ayons sévi
que vous ayez sévi
qu'ils/qu'elles aient sévi

Conditional

Present
je sévirais
tu sévirais
il/elle sévirait
nous sévirions
vous séviriez
ils/elles séviraient

Past
j'aurais sévi
tu aurais sévi
il/elle aurait sévi
nous aurions sévi
vous auriez sévi
ils/elles auraient sévi

Imperative

Present
sévis
sévissons
sévissez

Past
aie sévi
ayons sévi
ayez sévi

Present Infinitive
sévir

Past Infinitive
avoir sévi

Present Participle
sévissant

Past Participle
sévi, ie
ayant sévi

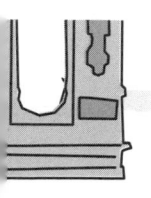

PLAINDRE
to pity

Il mérite qu'on le *plaigne*.
He deserves to be pitied.

Indicative

Present
je plains
tu plains
il/elle plaint
nous plaignons
vous plaignez
ils/elles plaignent

Past Indefinite
j'ai plaint
tu as plaint
il/elle a plaint
nous avons plaint
vous avez plaint
ils/elles ont plaint

Imperfect
je plaignais
tu plaignais
il/elle plaignait
nous plaignions
vous plaigniez
ils/elles plaignaient

Pluperfect
j'avais plaint
tu avais plaint
il/elle avait plaint
nous avions plaint
vous aviez plaint
ils/elles avaient plaint

Future
je plaindrai
tu plaindras
il/elle plaindra
nous plaindrons
vous plaindrez
ils/elles plaindront

Former Future
j'aurai plaint
tu auras plaint
il/elle aura plaint
nous aurons plaint
vous aurez plaint
ils/elles auront plaint

Subjunctive

Present
que je plaigne
que tu plaignes
qu'il/qu'elle plaigne
que nous plaignions
que vous plaigniez
qu'ils/qu'elles plaignent

Past
que j'aie plaint
que tu aies plaint
qu'il/qu'elle ait plaint
que nous ayons plaint
que vous ayez plaint
qu'ils/qu'elles aient plaint

Conditional

Present
je plaindrais
tu plaindrais
il/elle plaindrait
nous plaindrions
vous plaindriez
ils/elles plaindraient

Past
j'aurais plaint
tu aurais plaint
il/elle aurait plaint
nous aurions plaint
vous auriez plaint
ils/elles auraient plaint

Imperative

Present
plains
plaignons
plaignez

Past
aie plaint
ayons plaint
ayez plaint

Present Infinitive
plaindre

Past Infinitive
avoir plaint

Present Participle
plaignant

Past Participle
plaint, ainte
ayant plaint

Le capitaine en courroux *avait sévi* contre ses lieutenants.
The angry captain had dealt severely with his lieutenants.

SÉVIR (CONTRE) to deal severely with

Indicative

Present
je serre
tu serres
il/elle serre
nous serrons
vous serrez
ils/elles serrent

Imperfect
je serrais
tu serrais
il/elle serrait
nous serrions
vous serriez
ils/elles serraient

Future
je serrerai
tu serreras
il/elle serrera
nous serrerons
vous serrerez
ils/elles serreront

Past Indefinite
j'ai serré
tu as serré
il/elle a serré
nous avons serré
vous avez serré
ils/elles ont serré

Pluperfect
j'avais serré
tu avais serré
il/elle avait serré
nous avions serré
vous aviez serré
ils/elles avaient serré

Former Future
j'aurai serré
tu auras serré
il/elle aura serré
nous aurons serré
vous aurez serré
ils/elles auront serré

Subjunctive

Present
que je serre
que tu serres
qu'il/qu'elle serre
que nous serrions
que vous serriez
qu'ils/qu'elles serrent

Past
que j'aie serré
que tu aies serré
qu'il/qu'elle ait serré
que nous ayons serré
que vous ayez serré
qu'ils/qu'elles aient serré

Conditional

Present
je serrerais
tu serrerais
il/elle serrerait
nous serrerions
vous serreriez
ils/elles serreraient

Past
j'aurais serré
tu aurais serré
il/elle aurait serré
nous aurions serré
vous auriez serré
ils/elles auraient serré

Imperative

Present
serre
serrons
serrez

Past
aie serré
ayons serré
ayez serré

Present Infinitive
serrer

Past Infinitive
avoir serré

Present Participle
serrant

Past Participle
serré, ée
ayant serré

POURSUIVRE
to pursue

Elle *poursuit* ses études à Montpellier.
She pursues her studies in Montpellier.

Indicative

Present
je poursuis
tu poursuis
il/elle poursuit
nous poursuivons
vous poursuivez
ils/elles poursuivent

Past Indefinite
j'ai poursuivi
tu as poursuivi
il/elle a poursuivi
nous avons poursuivi
vous avez poursuivi
ils/elles ont poursuivi

Imperfect
je poursuivais
tu poursuivais
il/elle poursuivait
nous poursuivions
vous poursuiviez
ils/elles poursuivaient

Pluperfect
j'avais poursuivi
tu avais poursuivi
il/elle avait poursuivi
nous avions poursuivi
vous aviez poursuivi
ils/elles avaient poursuivi

Future
je poursuivrai
tu poursuivras
il/elle poursuivra
nous poursuivrons
vous poursuivrez
ils/elles poursuivront

Former Future
j'aurai poursuivi
tu auras poursuivi
il/elle aura poursuivi
nous aurons poursuivi
vous aurez poursuivi
ils/elles auront poursuivi

Subjunctive

Present
que je poursuive
que tu poursuives
qu'il/qu'elle poursuive
que nous poursuivions
que vous poursuiviez
qu'ils/qu'elles poursuivent

Past
que j'aie poursuivi
que tu aies poursuivi
qu'il/qu'elle ait poursuivi
que nous ayons poursuivi
que vous ayez poursuivi
qu'ils/qu'elles aient poursuivi

Conditional

Present
je poursuivrais
tu poursuivrais
il/elle poursuivrait
nous poursuivrions
vous poursuivriez
ils/elles poursuivraient

Past
j'aurais poursuivi
tu aurais poursuivi
il/elle aurait poursuivi
nous aurions poursuivi
vous auriez poursuivi
ils/elles auraient poursuivi

Imperative

Present
poursuis
poursuivons
poursuivez

Past
aie poursuivi
ayons poursuivi
ayez poursuivi

Present Infinitive
poursuivre

Past Infinitive
avoir poursuivi

Present Participle
poursuivant

Past Participle
poursuivi, ie
ayant poursuivi

SERRER
to squeeze tightly, to shake (hands)

Il *avait serré* sa main longuement.
He squeezed her hand for a long time.

Indicative

Present
je serpente
tu serpentes
il/elle serpente
nous serpentons
vous serpentez
ils/elles serpentent

Imperfect
je serpentais
tu serpentais
il/elle serpentait
nous serpentions
vous serpentiez
ils/elles serpentaient

Future
je serpenterai
tu serpenteras
il/elle serpentera
nous serpenterons
vous serpenterez
ils/elles serpenteront

Past Indefinite
j'ai serpenté
tu as serpenté
il/elle a serpenté
nous avons serpenté
vous avez serpenté
ils/elles ont serpenté

Pluperfect
j'avais serpenté
tu avais serpenté
il/elle avait serpenté
nous avions serpenté
vous aviez serpenté
ils/elles avaient serpenté

Former Future
j'aurai serpenté
tu auras serpenté
il/elle aura serpenté
nous aurons serpenté
vous aurez serpenté
ils/elles auront serpenté

Subjunctive

Present
que je serpente
que tu serpentes
qu'il/qu'elle serpente
que nous serpentions
que vous serpentiez
qu'ils/qu'elles serpentent

Past
que j'aie serpenté
que tu aies serpenté
qu'il/qu'elle ait serpenté
que nous ayons serpenté
que vous ayez serpenté
qu'ils/qu'elles aient serpenté

Conditional

Present
je serpenterais
tu serpenterais
il/elle serpenterait
nous serpenterions
vous serpenteriez
ils/elles serpenteraient

Past
j'aurais serpenté
tu aurais serpenté
il/elle aurait serpenté
nous aurions serpenté
vous auriez serpenté
ils/elles auraient serpenté

Imperative

Present
serpente
serpentons
serpentez

Past
aie serpenté
ayons serpenté
ayez serpenté

Present Infinitive
serpenter

Past Infinitive
avoir serpenté

Present Participle
serpentant

Past Participle
serpenté, ée
ayant serpenté

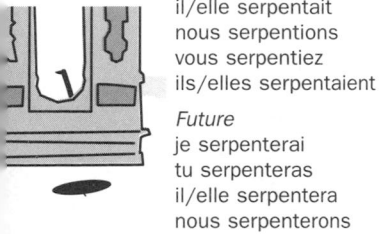

Il nous *ont prévenus* qu'il pleuvrait.
They informed us that it would rain.

PRÉVENIR to anticipate, to inform

Indicative

Present
je préviens
tu préviens
il/elle prévient
nous prévenons
vous prévenez
ils/elles préviennent

Past Indefinite
j'ai prévenu
tu as prévenu
il/elle a prévenu
nous avons prévenu
vous avez prévenu
ils/elles ont prévenu

Imperfect
je prévenais
tu prévenais
il/elle prévenait
nous prévenions
vous préveniez
ils/elles prévenaient

Pluperfect
j'avais prévenu
tu avais prévenu
il/elle avait prévenu
nous avions prévenu
vous aviez prévenu
ils/elles avaient prévenu

Future
je préviendrai
tu préviendras
il/elle préviendra
nous préviendrons
vous préviendrez
ils/elles préviendront

Former Future
j'aurai prévenu
tu auras prévenu
il/elle aura prévenu
nous aurons prévenu
vous aurez prévenu
ils/elles auront prévenu

Subjunctive

Present
que je prévienne
que tu préviennes
qu'il/qu'elle prévienne
que nous prévenions
que vous préveniez
qu'ils/qu'elles préviennent

Past
que j'aie prévenu
que tu aies prévenu
qu'il/qu'elle ait prévenu
que nous ayons prévenu
que vous ayez prévenu
qu'ils/qu'elles aient prévenu

Conditional

Present
je préviendrais
tu préviendrais
il/elle préviendrait
nous préviendrions
vous préviendriez
ils/elles préviendraient

Past
j'aurais prévenu
tu aurais prévenu
il/elle aurait prévenu
nous aurions prévenu
vous auriez prévenu
ils/elles auraient prévenu

Imperative

Present
préviens
prévenons
prévenez

Past
aie prévenu
ayons prévenu
ayez prévenu

Present Infinitive
prévenir

Past Infinitive
avoir prévenu

Present Participle
prévenant

Past Participle
prévenu, ue
ayant prévenu

Le sentier *serpentait* à travers les vignes.
The trail wound through the vineyards.

SERPENTER to wind

Indicative

Present
je sermonne
tu sermonnes
il/elle sermonne
nous sermonnons
vous sermonnez
ils/elles sermonnent

Past Indefinite
j'ai sermonné
tu as sermonné
il/elle a sermonné
nous avons sermonné
vous avez sermonné
ils/elles ont sermonné

Imperfect
je sermonnais
tu sermonnais
il/elle sermonnait
nous sermonnions
vous sermonniez
ils/elles sermonnaient

Pluperfect
j'avais sermonné
tu avais sermonné
il/elle avait sermonné
nous avions sermonné
vous aviez sermonné
ils/elles avaient sermonné

Future
je sermonnerai
tu sermonneras
il/elle sermonnera
nous sermonnerons
vous sermonnerez
ils/elles sermonneront

Former Future
j'aurai sermonné
tu auras sermonné
il/elle aura sermonné
nous aurons sermonné
vous aurez sermonné
ils/elles auront sermonné

Subjunctive

Present
que je sermonne
que tu sermonnes
qu'il/qu'elle sermonne
que nous sermonnions
que vous sermonniez
qu'ils/qu'elles sermonnent

Past
que j'aie sermonné
que tu aies sermonné
qu'il/qu'elle ait sermonné
que nous ayons sermonné
que vous ayez sermonné
qu'ils/qu'elles aient sermonné

Conditional

Present
je sermonnerais
tu sermonnerais
il/elle sermonnerait
nous sermonnerions
vous sermonneriez
ils/elles sermonneraient

Past
j'aurais sermonné
tu aurais sermonné
il/elle aurait sermonné
nous aurions sermonné
vous auriez sermonné
ils/elles auraient sermonné

Imperative

Present
sermonne
sermonnons
sermonnez

Past
aie sermonné
ayons sermonné
ayez sermonné

Present Infinitive
sermonner

Past Infinitive
avoir sermonné

Present Participle
sermonnant

Past Participle
sermonné, ée
ayant sermonné

PRÉVOIR
to foresee, to forecast

Les experts en météo avaient *prévu* 14 ouragans pour l'été 2004.
The weather experts had forecasted 14 hurricanes for summer 2004.

Indicative

Present
je prévois
tu prévois
il/elle prévoit
nous prévoyons
vous prévoyez
ils/elles prévoient

Past Indefinite
j'ai prévu
tu as prévu
il/elle a prévu
nous avons prévu
vous avez prévu
ils/elles ont prévu

Imperfect
je prévoyais
tu prévoyais
il/elle prévoyait
nous prévoyions
vous prévoyiez
ils/elles prévoyaient

Pluperfect
j'avais prévu
tu avais prévu
il/elle avait prévu
nous avions prévu
vous aviez prévu
ils/elles avaient prévu

Future
je prévoirai
tu prévoiras
il/elle prévoiras
nous prévoirons
vous prévoirez
ils/elles prévoiront

Former Future
j'aurai prévu
tu auras prévu
il/elle aura prévu
nous aurons prévu
vous aurez prévu
ils/elles auront prévu

Subjunctive

Present
que je prévoie
que tu prévoies
qu'il/qu'elle prévoie
que nous prévoyions
que vous prévoyiez
qu'ils/qu'elles prévoient

Past
que j'aie prévu
que tu aies prévu
qu'il/qu'elle ait prévu
que nous ayons prévu
que vous ayez prévu
qu'ils/qu'elles aient prévu

Conditional

Present
je prévoirais
tu prévoirais
il/elle prévoirait
nous prévoirions
vous prévoiriez
ils/elles prévoiraient

Past
j'aurais prévu
tu aurai prévu
il/elle aurait prévu
nous aurions prévu
vous auriez prévu
ils/elles auraient prévu

Imperative

Present
prévois
prévoyons
prévoyez

Past
aie prévu
ayons prévu
ayez prévu

Present Infinitive
prévoir

Past Infinitive
avoir prévu

Present Participle
prévoyant

Past Participle
prévu, ue
ayant prévu

SERMONNER
to preach, to lecture

Il *sermonnait* son audience sur la place publique.
He preached to his audience on the public square.

Indicative

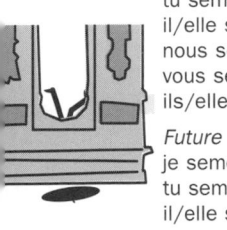

Present
je seme
tu semes
il/elle seme
nous semons
vous semez
ils/elles sement

Imperfect
je semais
tu semais
il/elle semait
nous semions
vous semiez
ils/elles semaient

Future
je semerai
tu semeras
il/elle semera
nous semerons
vous semerez
ils/elles semeront

Past Indefinite
j'ai semé
tu as semé
il/elle a semé
nous avons semé
vous avez semé
ils/elles ont semé

Pluperfect
j'avais semé
tu avais semé
il/elle avait semé
nous avions semé
vous aviez semé
ils/elles avaient semé

Former Future
j'aurai semé
tu auras semé
il/elle aura semé
nous aurons semé
vous aurez semé
ils/elles auront semé

Subjunctive

Present
que je seme
que tu semes
qu'il/qu'elle seme
que nous semions
que vous semiez
qu'ils/qu'elles sement

Past
que j'aie semé
que tu aies semé
qu'il/qu'elle ait semé
que nous ayons semé
que vous ayez semé
qu'ils/qu'elles aient semé

Conditional

Present
je semerais
tu semerais
il/elle semerait
nous semerions
vous semeriez
ils/elles semeraient

Past
j'aurais semé
tu aurais semé
il/elle aurait semé
nous aurions semé
vous auriez semé
ils/elles auraient semé

Imperative

Present
seme
semons
semez

Past
aie semé
ayons semé
ayez semé

Present Infinitive
semer

Past Infinitive
avoir semé

Present Participle
semant

Past Participle
semé, ée
ayant semé

PROTÉGER to protect

Prends ton écharpe et tes gants, ils te *protégeront* du froid.
Take your scarf and gloves, they will protect you from the cold.

Indicative

Present
je protège
tu protèges
il/elle protège
nous protégeons
vous protégez
ils/elles protègent

Past Indefinite
j'ai protégé
tu as protégé
il/elle a protégé
nous avons protégé
vous avez protégé
ils/elles ont protégé

Imperfect
je protégeais
tu protégeais
il/elle protégeait
nous protégions
vous protégiez
ils/elles protégeaient

Pluperfect
j'avais protégé
tu avais protégé
il/elle avait protégé
nous avions protégé
vous aviez protégé
ils/elles avaient protégé

Future
je protégerai
tu protégeras
il/elle protégera
nous protégerons
vous protégerez
ils/elles protégeront

Former Future
j'aurai protégé
tu auras protégé
il/elle aura protégé
nous aurons protégé
vous aurez protégé
ils/elles auront protégé

Subjunctive

Present
que je protège
que tu protèges
qu'il/qu'elle protège
que nous protégions
que vous protégiez
qu'ils/qu'elles protègent

Past
que j'aie protégé
que tu aies protégé
qu'il/qu'elle ait protégé
que nous ayons protégé
que vous ayez protégé
qu'ils/qu'elles aient protégé

Conditional

Present
je protégerais
tu protégerais
il/elle protégerait
nous protégerions
vous protégeriez
ils/elles protégeraient

Past
j'aurais protégé
tu aurais protégé
il/elle aurait protégé
nous aurions protégé
vous auriez protégé
ils/elles auraient protégé

Imperative

Present
protège
protégeons
protégez

Past
aie protégé
ayons protégé
ayez protégé

Present Infinitive
protéger

Past Infinitive
avoir protégé

Present Participle
protégeant

Past Participle
protégé, ée
ayant protégé

SEMER to sow

Ma sœur a semé des graines dans son jardin potager.
My sister sowed seeds in her vegetable garden.

Indicative

Present
je séjourne
tu séjournes
il/elle séjourne
nous séjournons
vous séjournez
ils/elles séjournent

Past Indefinite
j'ai séjourné
tu as séjourné
il/elle a séjourné
nous avons séjourné
vous avez séjourné
ils/elles ont séjourné

Imperfect
je séjournais
tu séjournais
il/elle séjournait
nous séjournions
vous séjourniez
ils/elles séjournaient

Pluperfect
j'avais séjourné
tu avais séjourné
il/elle avait séjourné
nous avions séjourné
vous aviez séjourné
ils/elles avaient séjourné

Future
je séjournerai
tu séjourneras
il/elle séjournera
nous séjournerons
vous séjournerez
ils/elles séjourneront

Former Future
j'aurai séjourné
tu auras séjourné
il/elle aura séjourné
nous aurons séjourné
vous aurez séjourné
ils/elles auront séjourné

Subjunctive

Present
que je séjourne
que tu séjournes
qu'il/qu'elle séjourne
que nous séjournions
que vous séjourniez
qu'ils/qu'elles séjournent

Past
que j'aie séjourné
que tu aies séjourné
qu'il/qu'elle ait séjourné
que nous ayons séjourné
que vous ayez séjourné
qu'ils/qu'elles aient séjourné

Conditional

Present
je séjournerais
tu séjournerais
il/elle séjournerait
nous séjournerions
vous séjourneriez
ils/elles séjourneraient

Past
j'aurais séjourné
tu aurais séjourné
il/elle aurait séjourné
nous aurions séjourné
vous auriez séjourné
ils/elles auraient séjourné

Imperative

Present
séjourne
séjournons
séjournez

Past
aie séjourné
ayons séjourné
ayez séjourné

Present Infinitive
séjourner

Past Infinitive
avoir séjourné

Present Participle
séjournant

Past Participle
séjourné, ée
ayant séjourné

PUISER
to draw, to derive

Elle *puisait* beaucoup d'encouragement par la présence de son ami.
She derived alot of encouragement from her friend.

Indicative

Present
je puise
tu puises
il/elle puise
nous puisons
vous puisez
ils/elles puisent

Imperfect
je puisais
tu puisais
il/elle puisait
nous puisions
vous puisiez
ils/elles puisaient

Future
je puiserai
tu puiseras
il/elle puisera
nous puiserons
vous puiserez
ils/elles puiseront

Past Indefinite
j'ai puisé
tu as puisé
il/elle a puisé
nous avons puisé
vous avez puisé
ils/elles ont puisé

Pluperfect
j'avais puisé
tu avais puisé
il/elle avait puisé
nous avions puisé
vous aviez puisé
ils/elles avaient puisé

Former Future
j'aurai puisé
tu auras puisé
il/elle aura puisé
nous aurons puisé
vous aurez puisé
ils/elles auront puisé

Subjunctive

Present
que je puise
que tu puises
qu'il/qu'elle puise
que nous puisions
que vous puisiez
qu'ils/qu'elles puisent

Past
que j'aie puisé
que tu aies puisé
qu'il/qu'elle ait puisé
que nous ayons puisé
que vous ayez puisé
qu'ils/qu'elles aient puisé

Conditional

Present
je puiserais
tu puiserais
il/elle puiserait
nous puiserions
vous puiseriez
ils/elles puiseraient

Past
j'aurais puisé
tu aurais puisé
il/elle aurait puisé
nous aurions puisé
vous auriez puisé
ils/elles auraient puisé

Imperative

Present
puise
puisons
puisez

Past
aie puisé
ayons puisé
ayez puisé

Present Infinitive
puiser

Past Infinitive
avoir puisé

Present Participle
puisant

Past Participle
puisé, ée
ayant puisé

SÉJOURNER to stay

Nous *séjournerons* à Florence une semaine.
We will stay one week in Florence.

Indicative

Present
je séduis
tu séduis
il/elle séduit
nous séduisons
vous séduisez
ils/elles séduisent

Imperfect
je séduisais
tu séduisais
il/elle séduisait
nous séduisions
vous séduisiez
ils/elles séduisaient

Future
je séduirai
tu séduiras
il/elle séduira
nous séduirons
vous séduirez
ils/elles séduiront

Past Indefinite
j'ai séduit
tu as séduit
il/elle a séduit
nous avons séduit
vous avez séduit
ils/elles ont séduit

Pluperfect
j'avais séduit
tu avais séduit
il/elle avait séduit
nous avions séduit
vous aviez séduit
ils/elles avaient séduit

Former Future
j'aurai séduit
tu auras séduit
il/elle aura séduit
nous aurons séduit
vous aurez séduit
ils/elles auront séduit

Subjunctive

Present
que je séduise
que tu séduises
qu'il/qu'elle séduise
que nous séduisions
que vous séduisiez
qu'ils/qu'elles séduisent

Past
que j'aie séduit
que tu aies séduit
qu'il/qu'elle ait séduit
que nous ayons séduit
que vous ayez séduit
qu'ils/qu'elles aient séduit

Conditional

Present
je séduirais
tu séduirais
il/elle séduirait
nous séduirions
vous séduiriez
ils/elles séduiraient

Past
j'aurais séduit
tu aurais séduit
il/elle aurait séduit
nous aurions séduit
vous auriez séduit
ils/elles auraient séduit

Imperative

Present
séduis
séduisons
séduisez

Past
aie séduit
ayons séduit
ayez séduit

Present Infinitive
séduir

Past Infinitive
avoir séduit

Present Participle
séduisant

Past Participle
séduit, te
ayant séduit

QUITTER
to leave, to vacate, to desert

Elle l'*avait quitté* sans explications.
She left him without explanation.

Indicative

Present
je quitte
tu quittes
il/elle quitte
nous quittons
vous quittez
ils/elles quittent

Imperfect
je quittais
tu quittais
il/elle quittait
nous quittions
vous quittiez
ils/elles quittaient

Future
je quitterai
tu quitteras
il/elle quittera
nous quitterons
vous quitterez
ils/elles quitteront

Past Indefinite
j'ai quitté
tu as quitté
il/elle a quitté
nous avons quitté
vous avez quitté
ils/elles ont quitté

Pluperfect
j'avais quitté
tu avais quitté
il/elle avait quitté
nous avions quitté
vous aviez quitté
ils/elles avaient quitté

Former Future
j'aurai quitté
tu auras quitté
il/elle aura quitté
nous aurons quitté
vous aurez quitté
ils/elles auront quitté

Subjunctive

Present
que je quitte
que tu quittes
qu'il/qu'elle quitte
que nous quittions
que vous quittiez
qu'ils/qu'elles quittent

Past
que j'aie quitté
que tu aies quitté
qu'il/qu'elle ait quitté
que nous ayons quitté
que vous ayez quitté
qu'ils/qu'elles aient quitté

Conditional

Present
je quitterais
tu quitterais
il/elle quitterait
nous quitterions
vous quitteriez
ils/elles quitteraint

Past
j'aurais quitté
tu aurais quitté
il/elle aurait quitté
nous aurions quitté
vous auriez quitté
ils/elles auraient quitté

Imperative

Present
quitte
quittons
quittez

Past
aie quitté
ayons quitté
ayez quitté

Present Infinitive
quitter

Past Infinitive
avoir quitté

Present Participle
quittant

Past Participle
quitté, ée
ayant quitté

Le beau chevalier avait *séduit* sa dame.
The handsome knight had seduced his lady.

SÉDUIRE to seduce

Indicative

Present
je secours
tu secours
il/elle secourt
nous secourons
vous secourez
ils/elles secourent

Imperfect
je secourais
tu secourais
il/elle secourait
nous secourions
vous secouriez
ils/elles secouraient

Future
je secourrai
tu secourras
il/elle secourra
nous secourrons
vous secourrez
ils/elles secourront

Past Indefinite
j'ai secouru
tu as secouru
il/elle a secouru
nous avons secouru
vous avez secouru
ils/elles ont secouru

Pluperfect
j'avais secouru
tu avais secouru
il/elle avait secouru
nous avions secouru
vous aviez secouru
ils/elles avaient secouru

Former Future
j'aurai secouru
tu auras secouru
il/elle aura secouru
nous aurons secouru
vous aurez secouru
ils/elles auront secouru

Subjunctive

Present
que je secoure
que tu secoures
qu'il/qu'elle secoure
que nous secourions
que vous secouriez
qu'ils/qu'elles secourent

Past
que j'aie secouru
que tu aies secouru
qu'il/qu'elle ait secouru
que nous ayons secouru
que vous ayez secouru
qu'ils/qu'elles aient secouru

Conditional

Present
je secourrais
tu secourrais
il/elle secourrait
nous secourrions
vous secourriez
ils/elles secourraient

Past
j'aurais secouru
tu aurais secouru
il/elle aurait secouru
nous aurions secouru
vous auriez secouru
ils/elles auraient secouru

Imperative

Present
secours
secourons
secourez

Past
aie secouru
ayons secouru
ayez secouru

Present Infinitive
secourir

Past Infinitive
avoir secouru

Present Participle
secourant

Past Participle
secouru, ue
ayant secouru

Indicative

Present
je raffole
tu raffoles
il/elle raffole
nous raffolons
vous raffolez
ils/elles raffolent

Past Indefinite
j'ai raffolé
tu as raffolé
il/elle a raffolé
nous avons raffolé
vous avez raffolé
ils/elles ont raffolé

Imperfect
je raffolais
tu raffolais
il/elle raffolait
nous raffolions
vous raffoliez
ils/elles raffolaient

Pluperfect
j'avais raffolé
tu avais raffolé
il/elle avait raffolé
nous avions raffolé
vous aviez raffolé
ils/elles avaient raffolé

Future
je raffolerai
tu raffoleras
il/elle raffolera
nous raffolerons
vous raffolerez
ils/elles raffoleront

Former Future
j'aurai raffolé
tu auras raffolé
il/elle aura raffolé
nous aurons raffolé
vous aurez raffolé
ils/elles auront raffolé

Subjunctive

Present
que je raffole
que tu raffoles
qu'il/qu'elle raffole
que nous raffolions
que vous raffoliez
qu'ils/qu'elles raffolent

Past
que j'aie raffolé
que tu aies raffolé
qu'il/qu'elle ait raffolé
que nous ayons raffolé
que vous ayez raffolé
qu'ils/qu'elles aient raffolé

Conditional

Present
je raffolerais
tu raffolerais
il/elle raffolerait
nous raffolerions
vous raffoleriez
ils/elles raffoleraient

Past
j'aurais raffolé
tu aurais raffolé
il/elle aurait raffolé
nous aurions raffolé
vous auriez raffolé
ils/elles auraient raffolé

Imperative

Present
raffole
raffolons
raffolez

Past
aie raffolé
ayons raffolé
ayez raffolé

Present Infinitive
raffoler

Past Infinitive
avoir raffolé

Present Participle
raffolant

Past Participle
raffolé, ée
ayant raffolé

Les pompiers *ont secouru* les victimes de l'incendie.
The firemen helped the victims of the blaze.

SECOURIR
to help, to rescue

Indicative

Present
je sèche
tu sèches
il/elle sèche
nous séchons
vous séchez
ils/elles sèchent

Imperfect
je séchais
tu séchais
il/elle séchait
nous séchions
vous séchiez
ils/elles séchaient

Future
je sécherai
tu sécheras
il/elle séchera
nous sécherons
vous sécherez
ils/elles sécheront

Past Indefinite
j'ai séché
tu as séché
il/elle a séché
nous avons séché
vous avez séché
ils/elles ont séché

Pluperfect
j'avais séché
tu avais séché
il/elle avait séché
nous avions séché
vous aviez séché
ils/elles avaient séché

Former Future
j'aurai séché
tu auras séché
il/elle aura séché
nous aurons séché
vous aurez séché
ils/elles auront séché

Subjunctive

Present
que je sèche
que tu sèches
qu'il/qu'elle sèche
que nous séchions
que vous séchiez
qu'ils/qu'elles sèchent

Past
que j'aie séché
que tu aies séché
qu'il/qu'elle ait séché
que nous ayons séché
que vous ayez séché
qu'ils/qu'elles aient séché

Conditional

Present
je sécherais
tu sécherais
il/elle sécherait
nous sécherions
vous sécheriez
ils/elles sécheraient

Past
j'aurais séché
tu aurais séché
il/elle aurait séché
nous aurions séché
vous auriez séché
ils/elles auraient séché

Imperative

Present
sèche
séchons
séchez

Past
aie séché
ayons séché
ayez séché

Present Infinitive
sécher

Past Infinitive
avoir séché

Present Participle
séchant

Past Participle
séché, ée
ayant séché

RAFRAÎCHIR to cool down, to brighten up

La baignade dans le lac les rafraîchissait.
The swim in the lake was cooling them down.

Indicative

Present
je rafraîchis
tu rafraîchis
il/elle rafraîchit
nous rafraîchissons
vous rafraîchissez
ils/elles rafraîchissent

Past Indefinite
j'ai rafraîchi
tu as rafraîchi
il/elle a rafraîchi
nous avons rafraîchi
vous avez rafraîchi
ils/elles ont rafraîchi

Imperfect
je rafraîchissais
tu rafraîchissais
il/elle rafraîchissait
nous rafraîchissions
vous rafraîchissiez
ils/elles rafraîchissaient

Pluperfect
j'avais rafraîchi
tu avais rafraîchi
il/elle avait rafraîchi
nous avions rafraîchi
vous aviez rafraîchi
ils/elles avaient rafraîchi

Future
je rafraîchirai
tu rafraîchiras
il/elle rafraîchira
nous rafraîcironsh
vous rafraîchirez
ils/elles rafraîchiront

Former Future
j'aurai rafraîchi
tu auras rafraîchi
il/elle aura rafraîchi
nous aurons rafraîchi
vous aurez rafraîchi
ils/elles auront rafraîchi

Subjunctive

Present
que je rafraîchisse
que tu rafraîchisses
qu'il/qu'elle rafraîchisse
que nous rafraîcissionsh
que vous rafraîchissiez
qu'ils/qu'elles rafraîchissent

Past
que j'aie rafraîchi
que tu aies rafraîchi
qu'il/qu'elle ait rafraîchi
que nous ayons rafraîchi
que vous ayez rafraîchi
qu'ils/qu'elles aient rafraîchi

Conditional

Present
je rafraîchirais
tu rafraîchirais
il/elle rafraîchirait
nous rafraîchirions
vous rafraîchiriez
ils/elles rafraîchiraient

Past
j'aurais rafraîchi
tu aurais rafraîchi
il/elle aurait rafraîchi
nous aurions rafraîchi
vous auriez rafraîchi
ils/elles auraient rafraîchi

Imperative

Present
rafraîchis
rafraîchissons
rafraîchissez

Past
aie rafraîchi
ayons rafraîchi
ayez rafraîchi

Present Infinitive
rafraîcher

Past Infinitive
avoir rafraîchi

Present Participle
rafraîchissant

Past Participle
rafraîchi, ie
ayant rafraîchi

The shirts are drying by the fire.

Les chemises *sèchent* près du feu.

SÉCHER
to dry

Indicative

Present
je savoure
tu savoures
il/elle savoure
nous savourons
vous savourez
ils/elles savourent

Past Indefinite
j'ai savouré
tu as savouré
il/elle a savouré
nous avons savouré
vous avez savouré
ils/elles ont savouré

Imperfect
je savourais
tu savourais
il/elle savourait
nous savourions
vous savouriez
ils/elles savouraient

Pluperfect
j'avais savouré
tu avais savouré
il/elle avait savouré
nous avions savouré
vous aviez savouré
ils/elles avaient savouré

Future
je savourerai
tu savoureras
il/elle savourera
nous savourerons
vous savourerez
ils/elles savoureront

Former Future
j'aurai savouré
tu auras savouré
il/elle aura savouré
nous aurons savouré
vous aurez savouré
ils/elles auront savouré

Subjunctive

Present
que je savoure
que tu savoures
qu'il/qu'elle savoure
que nous savourions
que vous savouriez
qu'ils/qu'elles savourent

Past
que j'aie savouré
que tu aies savouré
qu'il/qu'elle ait savouré
que nous ayons savouré
que vous ayez savouré
qu'ils/qu'elles aient savouré

Conditional

Present
je savourerais
tu savourerais
il/elle savourerait
nous savourerions
vous savoureriez
ils/elles savoureraient

Past
j'aurais savouré
tu aurais savouré
il/elle aurait savouré
nous aurions savouré
vous auriez savouré
ils/elles auraient savouré

Imperative

Present
savoure
savourons
savourez

Past
aie savouré
ayons savouré
ayez savouré

Present Infinitive
savourer

Past Infinitive
avoir savouré

Present Participle
savourant

Past Participle
savouré, ée
ayant savouré

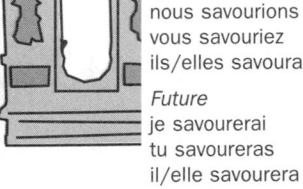

Son séjour en Thalasso l'avait *rajeuni*.
Her stay at a spa had rejuvenated her.

RAJEUNIR to rejuvenate

Indicative

Present
je rajeunis
tu rajeunis
il/elle rajeunit
nous rajeunissons
vous rajeunissez
ils/elles rajeunissent

Past Indefinite
j'ai rajeuni
tu as rajeuni
il/elle a rajeuni
nous avons rajeuni
vous avez rajeuni
ils/elles ont rajeuni

Imperfect
je rajeunissais
tu rajeunissais
il/elle rajeunissait
nous rajeunissions
vous rajeunissiez
ils/elles rajeunissaient

Pluperfect
j'avais rajeuni
tu avais rajeuni
il/elle avait rajeuni
nous avions rajeuni
vous aviez rajeuni
ils/elles avaient rajeuni

Future
je rajeunirai
tu rajeuniras
il/elle rajeunira
nous rajeunirons
vous rajeunirez
ils/elles rajeuniront

Former Future
j'aurai rajeuni
tu auras rajeuni
il/elle aura rajeuni
nous aurons rajeuni
vous aurez rajeuni
ils/elles auront rajeuni

Subjunctive

Present
que je rajeunisse
que tu rajeunisses
qu'il/qu'elle rajeunisse
que nous rajeunissions
que vous rajeunissiez
qu'ils/qu'elles rajeunissent

Past
que j'aie rajeuni
que tu aies rajeuni
qu'il/qu'elle ait rajeuni
que nous ayons rajeuni
que vous ayez rajeuni
qu'ils/qu'elles aient rajeuni

Conditional

Present
je rajeunirais
tu rajeunirais
il/elle rajeunirait
nous rajeunirions
vous rajeuniriez
ils/elles rajeuniraient

Past
j'aurais rajeuni
tu aurais rajeuni
il/elle aurait rajeuni
nous aurions rajeuni
vous auriez rajeuni
ils/elles auraient rajeuni

Imperative

Present
rajeunis
rajeunissons
rajeunissez

Past
aie rajeuni
ayons rajeuni
ayez rajeuni

Present Infinitive
rajeunir

Past Infinitive
avoir rajeuni

Present Participle
rajeunissant

Past Participle
rajeuni, ie
ayant rajeuni

SAVOURER to savor

Les invités *savourent* avec délice le gâteau de ma mère.
The guests savor my mother's cake with pleasure.

Indicative

Present
je sauve
tu sauves
il/elle sauve
nous sauvons
vous sauvez
ils/elles sauvent

Imperfect
je sauvais
tu sauvais
il/elle sauvait
nous sauvions
vous sauviez
ils/elles sauvaient

Future
je sauverai
tu sauveras
il/elle sauvera
nous sauverons
vous sauverez
ils/elles sauveront

Past Indefinite
j'ai sauvé
tu as sauvé
il/elle a sauvé
nous avons sauvé
vous avez sauvé
ils/elles ont sauvé

Pluperfect
j'avais sauvé
tu avais sauvé
il/elle avait sauvé
nous avions sauvé
vous aviez sauvé
ils/elles avaient sauvé

Former Future
j'aurai sauvé
tu auras sauvé
il/elle aura sauvé
nous aurons sauvé
vous aurez sauvé
ils/elles auront sauvé

Subjunctive

Present
que je sauve
que tu sauves
qu'il/qu'elle sauve
que nous sauvions
que vous sauviez
qu'ils/qu'elles sauvent

Past
que j'aie sauvé
que tu aies sauvé
qu'il/qu'elle ait sauvé
que nous ayons sauvé
que vous ayez sauvé
qu'ils/qu'elles aient sauvé

Conditional

Present
je sauverais
tu sauverais
il/elle sauverait
nous sauverions
vous sauveriez
ils/elles sauveraient

Past
j'aurais sauvé
tu aurais sauvé
il/elle aurait sauvé
nous aurions sauvé
vous auriez sauvé
ils/elles auraient sauvé

Imperative

Present
sauve
sauvons
sauvez

Past
aie sauvé
ayons sauvé
ayez sauvé

Present Infinitive
sauver

Past Infinitive
avoir sauvé

Present Participle
sauvant

Past Participle
sauvé, ée
ayant sauvé

Les enfants *ramassaient* les feuilles dans le jardin.
The children gathered the leaves in the garden.

RAMASSER to gather, to pick up

Indicative

Present
je ramasse
tu ramasses
il/elle ramasse
nous ramassons
vous ramassez
ils/elles ramassent

Imperfect
je ramassais
tu ramassais
il/elle ramassait
nous ramassions
vous ramassiez
ils/elles ramassaient

Future
je ramasserai
tu ramasseras
il/elle ramassera
nous ramasserons
vous ramasserez
ils/elles ramasseront

Past Indefinite
j'ai ramassé
tu as ramassé
il/elle a ramassé
nous avons ramassé
vous avez ramassé
ils/elles ont ramassé

Pluperfect
j'avais ramassé
tu avais ramassé
il/elle avait ramassé
nous avions ramassé
vous aviez ramassé
ils/elles avaient ramassé

Former Future
j'aurai ramassé
tu auras ramassé
il/elle aura ramassé
nous aurons ramassé
vous aurez ramassé
ils/elles auront ramassé

Subjunctive

Present
que je ramasse
que tu ramasses
qu'il/qu'elle ramasse
que nous ramionsass
que vous ramassiez
qu'ils/qu'elles ramassent

Past
que j'aie ramassé
que tu aies ramassé
qu'il/qu'elle ait ramassé
que nous ayons ramassé
que vous ayez ramassé
qu'ils/qu'elles aient ramassé

Conditional

Present
je ramasserais
tu ramasserais
il/elle ramasserait
nous ramasserions
vous ramasseriez
ils/elles ramasseraient

Past
j'aurais ramassé
tu aurais ramassé
il/elle aurait ramassé
nous aurions ramassé
vous auriez ramassé
ils/elles auraient ramassé

Imperative

Present
ramasse
ramassons
ramassez

Past
aie ramassé
ayons ramassé
ayez ramassé

Present Infinitive
ramasser

Past Infinitive
avoir ramassé

Present Participle
ramassant

Past Participle
ramassé, ée
ayant ramassé

Les marins *ont sauvé* les touristes du raz-de-marée.
The sailors saved the tourists from the tsunami.

SAUVER to save (from)

Indicative

Present
je saute
tu sautes
il/elle saute
nous sautons
vous sautez
ils/elles sautent

Imperfect
je sautais
tu sautais
il/elle sautait
nous sautions
vous sautiez
ils/elles sautaient

Future
je sauterai
tu sauteras
il/elle sautera
nous sauterons
vous sauterez
ils/elles sauteront

Past Indefinite
j'ai sauté
tu as sauté
il/elle a sauté
nous avons sauté
vous avez sauté
ils/elles ont sauté

Pluperfect
j'avais sauté
tu avais sauté
il/elle avait sauté
nous avions sauté
vous aviez sauté
ils/elles avaient sauté

Former Future
j'aurai sauté
tu auras sauté
il/elle aura sauté
nous aurons sauté
vous aurez sauté
ils/elles auront sauté

Subjunctive

Present
que je saute
que tu sautes
qu'il/qu'elle saute
que nous sautions
que vous sautiez
qu'ils/qu'elles sautent

Past
que j'aie sauté
que tu aies sauté
qu'il/qu'elle ait sauté
que nous ayons sauté
que vous ayez sauté
qu'ils/qu'elles aient sauté

Conditional

Present
je sauterais
tu sauterais
il/elle sauterait
nous sauterions
vous sauteriez
ils/elles sauteraient

Past
j'aurais sauté
tu aurais sauté
il/elle aurait sauté
nous aurions sauté
vous auriez sauté
ils/elles auraient sauté

Imperative

Present
saute
sautons
sautez

Past
aie sauté
ayons sauté
ayez sauté

Present Infinitive
sauter

Past Infinitive
avoir sauté

Present Participle
sautant

Past Participle
sauté, ée
ayant sauté

RAPPROCHER
to bring near

Chaque jour nous *rapproche* du mariage de ma soeur.
Each day bring us nearer to my sister's wedding.

Indicative

Present
je rapproche
tu rapproches
il/elle rapproche
nous rapprochons
vous rapprochez
ils/elles rapprochent

Past Indefinite
j'ai rapproché
tu as rapproché
il/elle a rapproché
nous avons rapproché
vous avez rapproché
ils/elles ont rapproché

Imperfect
je rapprochais
tu rapprochais
il/elle rapprochait
nous rapprochions
vous rapprochiez
ils/elles rapprochaient

Pluperfect
j'avais rapproché
tu avais rapproché
il/elle avait rapproché
nous avions rapproché
vous aviez rapproché
ils/elles avaient rapproché

Future
je rapprocherai
tu rapprocheras
il/elle rapprochera
nous rapprocherons
vous rapprocherez
ils/elles rapprocheront

Former Future
j'aurai rapproché
tu auras rapproché
il/elle aura rapproché
nous aurons rapproché
vous aurez rapproché
ils/elles auront rapproché

Subjunctive

Present
que je rapproche
que tu rapproches
qu'il/qu'elle rapproche
que nous rapprochions
que vous rapprochiez
qu'ils/qu'elles rapprochent

Past
que j'aie rapproché
que tu aies rapproché
qu'il/qu'elle ait rapproché
que nous ayons rapproché
que vous ayez rapproché
qu'ils/qu'elles aient rapproché

Conditional

Present
je rapprocherais
tu rapprocherais
il/elle rapprocherait
nous rapprocherions
vous rapprocheriez
ils/elles rapprocheraient

Past
j'aurais rapproché
tu aurais rapproché
il/elle aurait rapproché
nous aurions rapproché
vous auriez rapproché
ils/elles auraient rapproché

Imperative

Present
rapproche
rapprochons
rapprochez

Past
aie rapproché
ayons rapproché
ayez rapproché

Present Infinitive
rapprocher

Past Infinitive
avoir rapproché

Present Participle
rapprochant

Past Participle
rapproché, ée
ayant rapproché

SAUTER to jump

Les petits *sauteront* à la corde dans la cour.
The little ones will jump rope in the court yard.

Indicative

Present
je sanglote
tu sanglotes
il/elle sanglote
nous sanglotons
vous sanglotez
ils/elles sanglotent

Imperfect
je sanglotais
tu sanglotais
il/elle sanglotait
nous sanglotions
vous sanglotiez
ils/elles sanglotaient

Future
je sangloterai
tu sangloteras
il/elle sanglotera
nous sangloterons
vous sangloterez
ils/elles sangloteront

Past Indefinite
j'ai sangloté
tu as sangloté
il/elle a sangloté
nous avons sangloté
vous avez sangloté
ils/elles ont sangloté

Pluperfect
j'avais sangloté
tu avais sangloté
il/elle avait sangloté
nous avions sangloté
vous aviez sangloté
ils/elles avaient sangloté

Former Future
j'aurai sangloté
tu auras sangloté
il/elle aura sangloté
nous aurons sangloté
vous aurez sangloté
ils/elles auront sangloté

Subjunctive

Present
que je sanglote
que tu sanglotes
qu'il/qu'elle sanglote
que nous sanglotions
que vous sanglotiez
qu'ils/qu'elles sanglotent

Past
que j'aie sangloté
que tu aies sangloté
qu'il/qu'elle ait sangloté
que nous ayons sangloté
que vous ayez sangloté
qu'ils/qu'elles aient sangloté

Conditional

Present
je sangloterais
tu sangloterais
il/elle sangloterait
nous sangloterions
vous sangloteriez
ils/elles sangloteraient

Past
j'aurais sangloté
tu aurais sangloté
il/elle aurait sangloté
nous aurions sangloté
vous auriez sangloté
ils/elles auraient sangloté

Imperative

Present
sanglote
sanglotons
sanglotez

Past
aie sangloté
ayons sangloté
ayez sangloté

Present Infinitive
sangloter

Past Infinitive
avoir sangloté

Present Participle
sanglotant

Past Participle
sangloté, ée
ayant sangloté

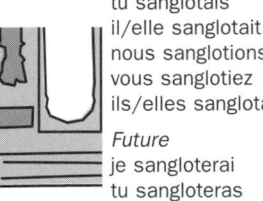

RASER to shave

Mon père a *rasé* sa barbe.
My father shaved his beard.

Indicative

Present
je rase
tu rases
il/elle rase
nous rasons
vous rasez
ils/elles rasent

Past Indefinite
j'ai rasé
tu as rasé
il/elle a rasé
nous avons rasé
vous avez rasé
ils/elles ont rasé

Imperfect
je rasais
tu rasais
il/elle rasait
nous rasions
vous rasiez
ils/elles rasaient

Pluperfect
j'avais rasé
tu avais rasé
il/elle avait rasé
nous avions rasé
vous aviez rasé
ils/elles avaient rasé

Future
je raserai
tu raseras
il/elle rasera
nous raserons
vous raserez
ils/elles raseront

Former Future
j'aurai rasé
tu auras rasé
il/elle aura rasé
nous aurons rasé
vous aurez rasé
ils/elles auront rasé

Subjunctive

Present
que je rase
que tu rases
qu'il/qu'elle rase
que nous rasions
que vous rasiez
qu'ils/qu'elles rasont

Past
que j'aie rasé
que tu aies rasé
qu'il/qu'elle ait rasé
que nous ayons rasé
que vous ayez rasé
qu'ils/qu'elles aient rasé

Conditional

Present
je raserais
tu raserais
il/elle raserait
nous raserions
vous raseriez
ils/elles raseraient

Past
j'aurais rasé
tu aurais rasé
il/elle aurait rasé
nous aurions rasé
vous auriez rasé
ils/elles auraient rasé

Imperative

Present
rase
rasons
rasez

Past
aie rasé
ayons rasé
ayez rasé

Present Infinitive
raser

Past Infinitive
avoir rasé

Present Participle
rasant

Past Participle
rasé, ée
ayant rasé

SANGLOTER
to sob

Elle avait tellement eu peur qu'elle *sanglotait* sans pouvoir s'arrêter.
She had been so scared that she sobbed without being able to stop.

Indicative

Present
je salue
tu salues
il/elle salue
nous saluons
vous saluez
ils/elles saluent

Past Indefinite
j'ai salué
tu as salué
il/elle a salué
nous avons salué
vous avez salué
ils/elles ont salué

Imperfect
je saluais
tu saluais
il/elle saluait
nous saluions
vous saluiez
ils/elles saluaient

Pluperfect
j'avais salué
tu avais salué
il/elle avait salué
nous avions salué
vous aviez salué
ils/elles avaient salué

Future
je saluerai
tu salueras
il/elle saluera
nous saluerons
vous saluerez
ils/elles salueront

Former Future
j'aurai salué
tu auras salué
il/elle aura salué
nous aurons salué
vous aurez salué
ils/elles auront salué

Subjunctive

Present
que je salue
que tu salues
qu'il/qu'elle salue
que nous saluions
que vous saluiez
qu'ils/qu'elles saluent

Past
que j'aie salué
que tu aies salué
qu'il/qu'elle ait salué
que nous ayons salué
que vous ayez salué
qu'il/qu'elles aient salué

Conditional

Present
je saluerais
tu saluerais
il/elle saluerait
nous saluerions
vous salueriez
ils/elles salueraient

Past
j'aurais salué
tu aurais salué
il/elle aurait salué
nous aurions salué
vous auriez salué
ils/elles auraient salué

Imperative

Present
salue
saluons
saluez

Past
aie salué
ayons salué
ayez salué

Present Infinitive
saluer

Past Infinitive
avoir salué

Present Participle
saluant

Past Participle
salué, ée
ayant salué

RATER to fail, to miss

Marc ratait le métro tous les matins.
Marc missed the subway every morning.

Indicative

Present
je rate
tu rates
il/elle rate
nous ratons
vous ratez
ils/elles ratent

Past Indefinite
j'ai raté
tu as raté
il/elle a raté
nous avons raté
vous avez raté
ils/elles ont raté

Imperfect
je ratais
tu ratais
il/elle ratait
nous rations
vous ratiez
ils/elles rataient

Pluperfect
j'avais raté
tu avais raté
il/elle avait raté
nous avions raté
vous aviez raté
ils/elles avaient raté

Future
je raterai
tu rateras
il/elle ratera
nous raterons
vous raterez
ils/elles rateront

Former Future
j'aurai raté
tu auras raté
il/elle aura raté
nous aurons raté
vous aurez raté
ils/elles auront raté

Subjunctive

Present
que je rate
que tu rates
qu'il/qu'elle rate
que nous rations
que vous ratiez
qu'ils/qu'elles ratent

Past
que j'aie raté
que tu aies raté
qu'il/qu'elle ait raté
que nous ayons raté
que vous ayez raté
qu'ils/qu'elles aient raté

Conditional

Present
je raterais
tu raterais
il/elle raterait
nous raterions
vous rateriez
ils/elles rateraient

Past
j'aurais raté
tu aurais raté
il/elle aurait raté
nous aurions raté
vous auriez raté
ils/elles auraient raté

Imperative

Present
rate
ratons
ratez

Past
aie raté
ayons raté
ayez raté

Present Infinitive
rater

Past Infinitive
avoir raté

Present Participle
ratant

Past Participle
raté, ée
ayant raté

SALUER to greet, to salute

Monsieur Lenoir *salue* toujours ma mère.
Mr. Lenoir always greets my mother.

Indicative

Present
je salis
tu salis
il/elle salit
nous salissons
vous salissez
ils/elles salissent

Past Indefinite
j'ai sali
tu as sali
il/elle a sali
nous avons sali
vous avez sali
ils/elles ont sali

Imperfect
je salissais
tu salissais
il/elle salissait
nous salissions
vous salissiez
ils/elles salissaient

Pluperfect
j'avais sali
tu avais sali
il/elle avait sali
nous avions sali
vous aviez sali
ils/elles avaient sali

Future
je salirai
tu saliras
il/elle salira
nous salirons
vous salirez
ils/elles saliront

Former Future
j'aurai sali
tu auras sali
il/elle aura sali
nous aurons sali
vous aurez sali
ils/elles auront sali

Subjunctive

Present
que je salisse
que tu salisses
qu'il/qu'elle salisse
que nous salissions
que vous salissiez
qu'ils/qu'elles salississent

Past
que j'aie sali
que tu aies sali
qu'il/qu'elle ait sali
que nous ayons sali
que vous ayez sali
qu'ils/qu'elles aient sali

Conditional

Present
je salirais
tu salirais
il/elle salirait
nous salirions
vous saliriez
ils/elles saliraient

Past
j'aurais sali
tu aurais sali
il/elle aurait sali
nous aurions sali
vous auriez sali
ils/elles auraient sali

Imperative

Present
salis
salissons
salissez

Past
aie sali
ayons sali
ayez sali

Present Infinitive
salir

Past Infinitive
avoir sali

Present Participle
salissant

Past Participle
sali, ie
ayant sali

RAVITAILLER to refill, to re-supply

La camionnette de l'épicier *ravitaillait* les petits villages en hiver.
The grocery truck re-supplied the little villages in winter.

Indicative

Present
je ravitaille
tu ravitailles
il/elle ravitaille
nous ravitaillons
vous ravitaillez
ils/elles ravitaillent

Past Indefinite
j'ai ravitaillé
tu as ravitaillé
il/elle a ravitaillé
nous avons ravitaillé
vous avez ravitaillé
ils/elles ont ravitaillé

Imperfect
je ravitaillais
tu ravitaillais
il/elle ravitaillait
nous ravitaillions
vous ravitailliez
ils/elles ravitaillaient

Pluperfect
j'avais ravitaillé
tu avais ravitaillé
il/elle avait ravitaillé
nous avions ravitaillé
vous aviez ravitaillé
ils/elles avaient ravitaillé

Future
je ravitaillerai
tu ravitailleras
il/elle ravitaillera
nous ravitaillerons
vous ravitaillerez
ils/elles ravitailleront

Former Future
j'aurai ravitaillé
tu auras ravitaillé
il/elle aura ravitaillé
nous aurons ravitaillé
vous aurez ravitaillé
ils/elles auront ravitaillé

Subjunctive

Present
que je ravitaille
que tu ravitailles
qu'il/qu'elle ravitaille
que nous ravitaillions
que vous ravitailliez
qu'ils/qu'elles ravitaillent

Past
que j'aie ravitaillé
que tu aies ravitaillé
qu'il/qu'elle ait ravitaillé
que nous ayons ravitaillé
que vous ayez ravitaillé
qu'ils/qu'elles aient ravitaillé

Conditional

Present
je ravitaillerais
tu ravitaillerais
il/elle ravitaillerait
nous ravitaillerions
vous ravitailleriez
ils/elles ravitailleraient

Past
j'aurais ravitaillé
tu aurais ravitaillé
il/elle aurait ravitaillé
nous aurions ravitaillé
vous auriez ravitaillé
ils/elles auraient ravitaillé

Imperative

Present
ravitaille
ravitaillons
ravitaillez

Past
aie ravitaillé
ayons ravitaillé
ayez ravitaillé

Present Infinitive
ravitailler

Past Infinitive
avoir ravitaillé

Present Participle
ravitaillant

Past Participle
ravitaillé, ée
ayant ravitaillé

SALIR to dirty

Elle *avait sali* sa belle robe de Pâques.
She had dirtied her pretty Easter dress.

Indicative

Present
je saisis
tu saisis
il/elle saisit
nous saisissons
vous saisissez
ils/elles saisissent

Imperfect
je saisissais
tu saisissais
il/elle saisissait
nous saisissions
vous saisissiez
ils/elles saisissaient

Future
je saisirai
tu saisiras
il/elle saisira
nous saisirons
vous saisirez
ils/elles saisiront

Past Indefinite
j'ai saisi
tu as saisi
il/elle a saisi
nous avons saisi
vous avez saisi
ils/elles ont saisi

Pluperfect
j'avais saisi
tu avais saisi
il/elle avait saisi
nous avions saisi
vous aviez saisi
ils/elles avaient saisi

Former Future
j'aurai saisi
tu auras saisi
il/elle aura saisi
nous aurons saisi
vous aurez saisi
ils/elles auront saisi

Subjunctive

Present
que je saisisse
que tu saisisses
qu'il/qu'elle saisisse
que nous saisissions
que vous saisissiez
qu'ils/qu'elles saisissiont

Past
que j'aie saisi
que tu aies saisi
qu'il/qu'elle ait saisi
que nous ayons saisi
que vous ayez saisi
qu'ils/qu'elles aient saisi

Conditional

Present
je saisirais
tu saisirais
il/elle saisirait
nous saisirions
vous saisiriez
ils/elles saisiraient

Past
j'aurais saisi
tu aurais saisi
il/elle aurait saisi
nous aurions saisi
vous auriez saisi
ils/elles auraient saisi

Imperative

Present
saisis
saisissons
saisissez

Past
aie saisi
ayons saisi
ayez saisi

Present Infinitive
saisir

Past Infinitive
avoir saisi

Present Participle
saisissant

Past Participle
saisi, ie
ayant saisi

RAYONNER
to radiate

Ils *rayonnaient* de bonheur.
They glowed with happiness.

Indicative

Present
je rayonne
tu rayonnes
il/elle rayonne
nous rayonnons
vous rayonnez
ils/elles rayonnent

Past Indefinite
j'ai rayonné
tu as rayonné
il/elle a rayonné
nous avons rayonné
vous avez rayonné
ils/elles ont rayonné

Imperfect
je rayonnais
tu rayonnais
il/elle rayonnait
nous rayonnions
vous rayonniez
ils/elles rayonnaient

Pluperfect
j'avais rayonné
tu avais rayonné
il/elle avait rayonné
nous avions rayonné
vous aviez rayonné
ils/elles avaient rayonné

Future
je rayonnerai
tu rayonneras
il/elle rayonnera
nous rayonnerons
vous rayonnerez
ils/elles rayonneront

Former Future
j'aurai rayonné
tu auras rayonné
il/elle aura rayonné
nous aurons rayonné
vous aurez rayonné
ils/elles auront rayonné

Subjunctive

Present
que je rayonne
que tu rayonnes
qu'il/qu'elle rayonne
que nous rayonnions
que vous rayonniez
qu'ils/qu'elles rayonnent

Past
que j'aie rayonné
que tu aies rayonné
qu'il/qu'elle ait rayonné
que nous ayons rayonné
que vous ayez rayonné
qu'ils/qu'elles aient rayonné

Conditional

Present
je rayonnerais
tu rayonnerais
il/elle rayonnerait
nous rayonnerions
vous rayonneriez
ils/elles rayonneraient

Past
j'aurais rayonné
tu aurais rayonné
il/elle aurait rayonné
nous aurions rayonné
vous auriez rayonné
ils/elles auraient rayonné

Imperative

Present
rayonne
rayonnons
rayonnez

Past
aie rayonné
ayons rayonné
ayez rayonné

Present Infinitive
rayonner

Past Infinitive
avoir rayonné

Present Participle
rayonnant

Past Participle
rayonné, ée
ayant rayonné

KAPLAN

SAISIR
to seize

La petite armée *avait saisi* l'abbeye.
The small army had seized the abbey.

Indicative

Present
je rugis
tu rugis
il/elle rugit
nous rugissons
vous rugissez
ils/elles rugissent

Imperfect
je rugissais
tu rugissais
il/elle rugissait
nous rugissions
vous rugissiez
ils/elles rugissaient

Future
je rugirai
tu rugiras
il/elle rugira
nous rugirons
vous rugirez
ils/elles rugiront

Past Indefinite
j'ai rugi
tu as rugi
il/elle a rugi
nous avons rugi
vous avez rugi
ils/elles ont rugi

Pluperfect
j'avais rugi
tu avais rugi
il/elle avait rugi
nous avions rugi
vous aviez rugi
ils/elles avaient rugi

Former Future
j'aurai rugi
tu auras rugi
il/elle aura rugi
nous aurons rugi
vous aurez rugi
ils/elles auront rugi

Subjunctive

Present
que je rugisse
que tu rugisses
qu'il/qu'elle rugisse
que nous rugissions
que vous rugissiez
qu'ils/qu'elles rugissent

Past
que j'aie rugi
que tu aies rugi
qu'il/qu'elle ait rugi
que nous ayons rugi
que vous ayez rugi
qu'ils/qu'elles aient rugi

Conditional

Present
je rugirais
tu rugirais
il/elle rugirait
nous rugirions
vous rugiriez
ils/elles rugiraient

Past
j'aurais rugi
tu aurais rugi
il/elle aurait rugi
nous aurions rugi
vous auriez rugi
ils/elles auraient rugi

Imperative

Present
rugis
rugissons
rugissez

Past
aie rugi
ayons rugi
ayez rugi

Present Infinitive
rugir

Past Infinitive
avoir rugi

Present Participle
rugissant

Past Participle
rugi, ie
ayant rugi

RÉAGIR
to react

Il n'a pas *réagi* à la pression de ses parents.
He did not react to his parents' pressure.

Indicative

Present
je réagis
tu réagis
il/elle réagit
nous réagisons
vous réagissez
ils/elles réagissent

Past Indefinite
j'ai réagi
tu as réagi
il/elle a réagi
nous avons réagi
vous avez réagi
ils/elles ont réagi

Imperfect
je réagissais
tu réagissais
il/elle réagissait
nous réagissions
vous réagissiez
ils/elles réagissaient

Pluperfect
j'avais réagi
tu avais réagi
il/elle avait réagi
nous avions réagi
vous aviez réagi
ils/elles avaient réagi

Future
je réagirai
tu réagiras
il/elle réagira
nous réagirons
vous réagirez
ils/elles réagiront

Former Future
j'aurai réagi
tu auras réagi
il/elle aura réagi
nous aurons réagi
vous aurez réagi
ils/elles auront réagi

Subjunctive

Present
que je réagisse
que tu réagisses
qu'il/qu'elle réagisse
que nous réagissions
que vous réagissiez
qu'ils/qu'elles réagissent

Past
que j'aie réagi
que tu aies réagi
qu'il/qu'elle ait réagi
que nous ayons réagi
que vous ayez réagi
qu'ils/qu'elles aient réagi

Conditional

Present
je réagirais
tu réagirais
il/elle réagirait
nous réagirions
vous réagiriez
ils/elles réagiraient

Past
j'aurais réagi
tu aurais réagi
il/elle aurait réagi
nous aurions réagi
vous auriez réagi
ils/elles auraient réagi

Imperative

Present
réagis
réagissons
réagissez

Past
aie réagi
ayons réagi
ayez réagi

Present Infinitive
réagir

Past Infinitive
avoir réagi

Present Participle
réagissant

Past Participle
réagi, ie
ayant réagi

RUGIR to bellow, to roar

Le lion *rugissait* dans la savane.
The lion roared in the savannah.

Indicative

Present
je rouspète
tu rouspètes
il/elle rouspète
nous rouspétons
vous rouspétez
ils/elles rouspètent

Past Indefinite
j'ai rouspété
tu as rouspété
il/elle a rouspété
nous avons rouspété
vous avez rouspété
ils/elles ont rouspété

Imperfect
je rouspétais
tu rouspétais
il/elle rouspétait
nous rouspétions
vous rouspétiez
ils/elles rouspétaient

Pluperfect
j'avais rouspété
tu avais rouspété
il/elle avait rouspété
nous avions rouspété
vous aviez rouspété
ils/elles avaient rouspété

Future
je rouspéterai
tu rouspéteras
il/elle rouspétera
nous rouspéterons
vous rouspéterez
ils/elles rouspéteront

Former Future
j'aurai rouspété
tu auras rouspété
il/elle aura rouspété
nous aurons rouspété
vous aurez rouspété
ils/elles auront rouspété

Subjunctive

Present
que je rouspète
que tu rouspètes
qu'il/qu'elle rouspète
que nous rouspétions
que vous rouspétiez
qu'ils/qu'elles rouspètent

Past
que j'aie rouspété
que tu aies rouspété
qu'il/qu'elle ait rouspété
que nous ayons rouspété
que vous ayez rouspété
qu'ils/qu'elles aient rouspété

Conditional

Present
je rouspéterais
tu rouspéterais
il/elle rouspéterait
nous rouspéterions
vous rouspéteriez
ils/elles rouspéteraient

Past
j'aurais rouspété
tu aurais rouspété
il/elle aurait rouspété
nous aurions rouspété
vous auriez rouspété
ils/elles auraient rouspété

Imperative

Present
rouspète
rouspétons
rouspétez

Past
aie rouspété
ayons rouspété
ayez rouspété

Present Infinitive
rouspéter

Past Infinitive
avoir rouspété

Present Participle
rouspétant

Past Participle
rouspété, ée
ayant rouspété

RÉALISER to produce a film

Truffaut a *réalisé* "L'argent de poche dans" les années soixante.

Truffaut produced *Small Change* in the sixties.

Indicative

Present
je réalise
tu réalises
il/elle réalise
nous réalisons
vous réalisez
ils/elles réalisent

Past Indefinite
j'ai réalisé
tu as réalisé
il/elle a réalisé
nous avons réalisé
vous avez réalisé
ils/elles ont réalisé

Imperfect
je réalisais
tu réalisais
il/elle réalisait
nous réalisions
vous réalisiez
ils/elles réalisaient

Pluperfect
j'avais réalisé
tu avais réalisé
il/elle avait réalisé
nous avions réalisé
vous aviez réalisé
ils/elles avaient réalisé

Future
je réaliserai
tu réaliseras
il/elle réalisera
nous réaliserons
vous réaliserez
ils/elles réaliseront

Former Future
j'aurai réalisé
tu auras réalisé
il/elle aura réalisé
nous aurons réalisé
vous aurez réalisé
ils/elles auront réalisé

Subjunctive

Present
que je réalise
que tu réalises
qu'il/qu'elle réalise
que nous réalisions
que vous réalisiez
qu'ils/qu'elles réalisent

Past
que j'aie réalisé
que tu aies réalisé
qu'il/qu'elle ait réalisé
que nous ayons réalisé
que vous ayez réalisé
qu'ils/qu'elles aient réalisé

Conditional

Present
je réaliserais
tu réaliserais
il/elle réaliserait
nous réaliserions
vous réaliseriez
ils/elles réaliseraient

Past
j'aurais réalisé
tu aurais réalisé
il/elle aurait réalisé
nous aurions réalisé
vous auriez réalisé
ils/elles auraient réalisé

Imperative

Present
réalise
réalisons
réalisez

Past
aie réalisé
ayons réalisé
ayez réalisé

Present Infinitive
réaliser

Past Infinitive
avoir réalisé

Present Participle
réalisant

Past Participle
réalisé, ée
ayant réalisé

Les étudiants *rouspètent* car ils ont trop de devoirs.
The students protest because they have too much homework.

ROUSPÉTER to protest

Indicative

Present
je roule
tu roules
il/elle roule
nous roulons
vous roulez
ils/elles roulent

Imperfect
je roulerais
tu roulerais
il/elle roulerait
nous roulerions
vous rouleriez
ils/elles rouleraient

Future
je roulerai
tu rouleras
il/elle roulera
nous roulerons
vous roulerez
ils/elles rouleront

Past Indefinite
j'ai roulé
tu as roulé
il/elle a roulé
nous avons roulé
vous avez roulé
ils/elles ont roulé

Pluperfect
j'avais roulé
tu avais roulé
il/elle avait roulé
nous avions roulé
vous aviez roulé
ils/elles avaient roulé

Former Future
j'aurai roulé
tu auras roulé
il/elle aura roulé
nous aurons roulé
vous aurez roulé
ils/elles auront roulé

Subjunctive

Present
que je roule
que tu roules
qu'il/qu'elle roule
que nous roulons
que vous roulez
qu'ils/qu'elles roulent

Past
que j'aie roulé
que tu aies roulé
qu'il/qu'elle ait roulé
que nous ayons roulé
que vous ayez roulé
qu'ils/qu'elles aient roulé

Conditional

Present
je roulerais
tu roulerais
il/elle roulerait
nous roulerions
vous rouleriez
ils/elles rouleraient

Past
j'aurais roulé
tu aurais roulé
il/elle aurait roulé
nous aurions roulé
vous auriez roulé
ils/elles auraient roulé

Imperative

Present
roule
roulons
roulez

Past
aie roulé
ayons roulé
ayez roulé

Present Infinitive
rouler

Past Infinitive
avoir roulé

Present Participle
roulant

Past Participle
roulé, ée
ayant roulé

RÉCHAUFFER
to reheat, to warm up

La chaleur du feu de cheminée les a réchauffés.
The heat from the fireplace warmed them up.

Indicative

Present
je réchauffe
tu réchauffes
il/elle réchauffe
nous réchauffons
vous réchauffez
ils/elles réchauffent

Past Indefinite
j'ai réchauffé
tu as réchauffé
il/elle a réchauffé
nous avons réchauffé
vous avez réchauffé
ils/elles ont réchauffé

Imperfect
je réchauffais
tu réchauffais
il/elle réchauffait
nous réchauffions
vous réchauffiez
ils/elles réchauffaient

Pluperfect
j'avais réchauffé
tu avais réchauffé
il/elle avait réchauffé
nous avions réchauffé
vous aviez réchauffé
ils/elles avaient réchauffé

Future
je réchaufferai
tu réchaufferas
il/elle réchauffera
nous réchaufferons
vous réchaufferez
ils/elles réchaufferont

Former Future
j'aurai réchauffé
tu auras réchauffé
il/elle aura réchauffé
nous aurons réchauffé
vous aurez réchauffé
ils/elles auront réchauffé

Subjunctive

Present
que je réchauffe
que tu réchauffes
qu'il/qu'elle réchauffe
que nous réchauffions
que vous réchauffiez
qu'ils/qu'elles réchauffent

Past
que j'aie réchauffé
que tu aies réchauffé
qu'il/qu'elle ait réchauffé
que nous ayons réchauffé
que vous ayez réchauffé
qu'ils/qu'elles aient réchauffé

Conditional

Present
je réchaufferais
tu réchaufferais
il/elle réchaufferait
nous réchaufferions
vous réchaufferiez
ils/elles réchaufferaient

Past
j'aurais réchauffé
tu aurais réchauffé
il/elle aurait réchauffé
nous aurions réchauffé
vous auriez réchauffé
ils/elles auraient réchauffé

Imperative

Present
réchauffe
réchauffons
réchauffez

Past
aie réchauffé
ayons réchauffé
ayez réchauffé

Present Infinitive
réchauffer

Past Infinitive
avoir réchauffé

Present Participle
réchauffant

Past Participle
réchauffé, ée
ayant réchauffé

ROULER to run a car

La voiture *roulait* à 140 kms heures sur l'auto route.
The car was running at 90 miles per hour on the interstate.

Indicative

Present
je rougeoie
tu rougeoies
il/elle rougeoie
nous rougeoyons
vous rougeoyez
ils/elles rougeoient

Imperfect
je rougeoyais
tu rougeoyais
il/elle rougeoyait
nous rougeoyions
vous rougeoyiez
ils/elles rougeoyaient

Future
je rougeoierai
tu rougeoieras
il/elle rougeoiera
nous rougeoierons
vous rougeoierez
ils/elles rougeoieront

Past Indefinite
j'ai rougeoyé
tu as rougeoyé
il/elle a rougeoyé
nous avons rougeoyé
vous avez rougeoyé
ils/elles ont rougeoyé

Pluperfect
j'avais rougeoyé
tu avais rougeoyé
il/elle avait rougeoyé
nous avions rougeoyé
vous aviez rougeoyé
ils/elles avaient rougeoyé

Former Future
j'aurai rougeoyé
tu auras rougeoyé
il/elle aura rougeoyé
nous aurons rougeoyé
vous aurez rougeoyé
ils/elles auront rougeoyé

Subjunctive

Present
que je rougeoie
que tu rougeoies
qu'il/qu'elle rougeoie
que nous rougeoyions
que vous rougeoyiez
qu'ils/qu'elles rougeoient

Past
que j'aie rougeoyé
que tu aies rougeoyé
qu'il/qu'elle ait rougeoyé
que nous ayons rougeoyé
que vous ayez rougeoyé
qu'ils/qu'elles aient rougeoyé

Conditional

Present
je rougeoierais
tu rougeoierais
il/elle rougeoierait
nous rougeoierions
vous rougeoieriez
ils/elles rougeoieraient

Past
j'aurais rougeoyé
tu aurais rougeoyé
il/elle aurait rougeoyé
nous aurions rougeoyé
vous auriez rougeoyé
ils/elles auraient rougeoyé

Imperative

Present
rougeoie
rougeoyons
rougeoyez

Past
aie rougeoyé
ayons rougeoyé
ayez rougeoyé

Present Infinitive
rougeoyer

Past Infinitive
avoir rougeoyé

Present Participle
rougeoyant

Past Participle
rougeoyé, ée
ayant rougeoyé

RECHUTER
to have a relapse

Pierre n'aurait pas dû sortir dans le froid; il a *rechuté*.
Pierre should not have gone out in the cold; he had a relapse.

Indicative

Present
je rechute
tu rechutes
il/elle rechute
nous rechutons
vous rechutez
ils/elles rechutent

Imperfect
je rechutais
tu rechutais
il/elle rechutait
nous rechutions
vous rechutiez
ils/elles rechutaient

Future
je rechuterai
tu rechuteras
il/elle rechutera
nous rechuterons
vous rechuterez
ils/elles rechuteront

Past Indefinite
j'ai rechuté
tu as rechuté
il/elle a rechuté
nous avons rechuté
vous avez rechuté
ils/elles ont rechuté

Pluperfect
j'avais rechuté
tu avais rechuté
il/elle avait rechuté
nous avions rechuté
vous aviez rechuté
ils/elles avaient rechuté

Former Future
j'aurai rechuté
tu auras rechuté
il/elle aura rechuté
nous aurons rechuté
vous aurez rechuté
ils/elles auront rechuté

Subjunctive

Present
que je rechute
que tu rechutes
qu'il/qu'elle rechute
que nous rechutions
que vous rechutiez
qu'ils/qu'elles rechutent

Past
que j'aie rechuté
que tu aies rechuté
qu'il/qu'elle ait rechuté
que nous ayons rechuté
que vous ayez rechuté
qu'ils/qu'elles aient rechuté

Conditional

Present
je rechuterais
tu rechuterais
il/elle rechuterait
nous rechuterions
vous rechuteriez
ils/elles rechuteraient

Past
j'aurais rechuté
tu aurais rechuté
il/elle aurait rechuté
nous aurions rechuté
vous auriez rechuté
ils/elles auraient rechuté

Imperative

Present
rechute
rechutons
rechutez

Past
aie rechuté
ayons rechuté
ayez rechuté

Present Infinitive
rechuter

Past Infinitive
avoir rechuté

Present Participle
rechutant

Past Participle
rechuté, ée
ayant rechuté

ROUGEOYER
to turn red, to glow

Les cendres *rougeoyaient* dans la cheminée.
The ashes were glowing in the fireplace.

Indicative

Present
je rôtis
tu rôtis
il/elle rôtit
nous rôtissons
vous rôtissez
ils/elles rôtissent

Imperfect
je rôtissais
tu rôtissais
il/elle rôtissait
nous rôt issions
vous rôtissiez
ils/elles rôtissaient

Future
je rôtirai
tu rôtiras
il/elle rôtira
nous rôtirons
vous rôtirez
ils/elles rôtiront

Past Indefinite
j'ai rôti
tu as rôti
il/elle a rôti
nous avons rôti
vous avez rôti
ils/elles ont rôti

Pluperfect
j'avais rôti
tu avais rôti
il/elle avait rôti
nous avions rôti
vous aviez rôti
ils/elles avaient rôti

Former Future
j'aurai rôti
tu auras rôti
il/elle aura rôti
nous aurons rôti
vous aurez rôti
ils/elles auront rôti

Subjunctive

Present
que je rôtisse
que tu rôtisses
qu'il/qu'elle rôtisse
que nous rôtissions
que vous rôtissiez
qu'ils/qu'elles rôtissent

Past
que j'aie rôti
que tu aies rôti
qu'il/qu'elle ait rôti
que nous ayons rôti
que vous ayez rôti
qu'ils/qu'elles aient rôti

Conditional

Present
je rôtirais
tu rôtirais
il/elle rôtirait
nous rôtirions
vous rôtiriez
ils/elles rôtiraient

Past
j'aurais rôti
tu aurais rôti
il/elle aurait rôti
nous aurions rôti
vous auriez rôti
ils/elles auraient rôti

Imperative

Present
rôtis
rôtissons
rôtissez

Past
aie rôti
ayons rôti
ayez rôti

Present Infinitive
rôtir

Past Infinitive
avoir rôti

Present Participle
rôtissant

Past Participle
rôti, ie
ayant rôti

RÉCLAMER
to ask for, to complain about

Les enfants *réclameront* leurs goûters après le match.
The kids will ask for their snacks after the game.

Indicative

Present
je réclame
tu réclames
il/elle réclame
nous réclamons
vous réclamez
ils/elles réclament

Past Indefinite
j'ai réclamé
tu as réclamé
il/elle a réclamé
nous avons réclamé
vous avez réclamé
ils/elles ont réclamé

Imperfect
je réclamais
tu réclamais
il/elle réclamait
nous réclamions
vous réclamiez
ils/elles réclamaient

Pluperfect
j'avais réclamé
tu avais réclamé
il/elle avait réclamé
nous avions réclamé
vous aviez réclamé
ils/elles avaient réclamé

Future
je réclamerai
tu réclameras
il/elle réclamera
nous réclamerons
vous réclamerez
ils/elles réclameront

Former Future
j'aurai réclamé
tu auras réclamé
il/elle aura réclamé
nous aurons réclamé
vous aurez réclamé
ils/elles auront réclamé

Subjunctive

Present
que je réclame
que tu réclames
qu'il/qu'elle réclame
que nous réclamions
que vous réclamiez
qu'ils/qu'elles réclament

Past
que j'aie réclamé
que tu aies réclamé
qu'il/qu'elle ait réclamé
que nous ayons réclamé
que vous ayez réclamé
qu'ils/qu'elles aient réclamé

Conditional

Present
je réclamerais
tu réclamerais
il/elle réclamerait
nous réclamerions
vous réclameriez
ils/elles réclameraient

Past
j'aurais réclamé
tu aurais réclamé
il/elle aurait réclamé
nous aurions réclamé
vous auriez réclamé
ils/elles auraient réclamé

Imperative

Present
réclame
réclamons
réclamez

Past
aie réclamé
ayons réclamé
ayez réclamé

Present Infinitive
réclamer

Past Infinitive
avoir réclamé

Present Participle
réclamant

Past Participle
réclamé, ée
ayant réclamé

RÔTIR to roast

Ils *ont rôti* les châtaignes sur le feu de bois.
They roasted chestnuts on the wood fire.

Indicative

Present
je ronronne
tu ronronnes
il/elle ronronne
nous ronronnons
vous ronronnez
ils/elles ronronnent

Imperfect
je ronronnais
tu ronronnais
il/elle ronronnait
nous ronronnions
vous ronronniez
ils/elles ronronnaient

Future
je ronronnerai
tu ronronneras
il/elle ronronnera
nous ronronnerons
vous ronronnerez
ils/elles ronronneront

Past Indefinite
j'ai ronronné
tu as ronronné
il/elle a ronronné
nous avons ronronné
vous avez ronronné
ils/elles ont ronronné

Pluperfect
j'avais ronronné
tu avais ronronné
il/elle avait ronronné
nous avions ronronné
vous aviez ronronné
ils/elles avaient ronronné

Former Future
j'aurai ronronné
tu auras ronronné
il/elle aura ronronné
nous aurons ronronné
vous aurez ronronné
ils/elles auront ronronné

Subjunctive

Present
que je ronronne
que tu ronronnes
qu'il/qu'elle ronronne
que nous ronronnions
que vous ronronniez
qu'ils/qu'elles ronronnent

Past
que j'aie ronronné
que tu aies ronronné
qu'il/qu'elle ait ronronné
que nous ayons ronronné
que vous ayez ronronné
qu'ils/qu'elles aient ronronné

Conditional

Present
je ronronnerais
tu ronronnerais
il/elle ronronnerait
nous ronronnerions
vous ronronneriez
ils/elles ronronneraient

Past
j'aurais ronronné
tu aurais ronronné
il/elle aurait ronronné
nous aurions ronronné
vous auriez ronronné
ils/elles auraient ronronné

Imperative

Present
ronronne
ronronnons
ronronnez

Past
aie ronronné
ayons ronronné
ayez ronronné

Present Infinitive
ronronner

Past Infinitive
avoir ronronné

Present Participle
ronronnant

Past Participle
ronronné, ée
ayant ronronné

RÉCOLTER
to harvest

Ils *récoltent* les pommes en Septembre.
They harvest apples in September.

Indicative

Present
je récolte
tu récoltes
il/elle récolte
nous récoltons
vous récoltez
ils/elles récoltent

Past Indefinite
j'ai récolté
tu as récolté
il/elle a récolté
nous avons récolté
vous avez récolté
ils/elles ont récolté

Imperfect
je récoltais
tu récoltais
il/elle récoltait
nous récoltions
vous récoltiez
ils/elles récoltaient

Pluperfect
j'avais récolté
tu avais récolté
il/elle avait récolté
nous avions récolté
vous aviez récolté
ils/elles avaient récolté

Future
je récolterai
tu récolteras
il/elle récolte
nous récolterons
vous récolterez
ils/elles récolteront

Former Future
j'aurai récolté
tu auras récolté
il/elle aura récolté
nous aurons récolté
vous aurez récolté
ils/elles auront récolté

Subjunctive

Present
que je récolte
que tu récoltes
qu'il/qu'elle récolte
que nous récoltions
que vous récoltiez
qu'ils/qu'elles récoltent

Past
que j'aie récolté
que tu aies récolté
qu'il/qu'elle ait récolté
que nous ayons récolté
que vous ayez récolté
qu'ils/qu'elles aient récolté

Conditional

Present
je récolterais
tu récolterais
il/elle récolterait
nous récolterions
vous récolteriez
ils/elles récolteraient

Past
j'aurais récolté
tu aurais récolté
il/elle aurait récolté
nous aurions récolté
vous auriez récolté
ils/elles auraient récolté

Imperative

Present
récolte
récoltons
récoltez

Past
aie récolté
ayons récolté
ayez récolté

Present Infinitive
récolter

Past Infinitive
avoir récolté

Present Participle
récoltant

Past Participle
récolté, ée
ayant récolté

RONRONNER **to purr**

Le chat *ronronnait* près du feu.
The cat was purring by the fire.

Indicative

Present
je ronfle
tu ronfles
il/elle ronfle
nous ronflons
vous ronflez
ils/elles ronflent

Imperfect
je ronflais
tu ronflais
il/elle ronflait
nous ronflions
vous ronfliez
ils/elles ronflaient

Future
je ronflerai
tu ronfleras
il/elle ronflera
nous ronflerons
vous ronflerez
ils/elles ronfleront

Past Indefinite
j'ai ronflé
tu as ronflé
il/elle a ronflé
nous avons ronflé
vous avez ronflé
ils/elles ont ronflé

Pluperfect
j'avais ronflé
tu avais ronflé
il/elle avait ronflé
nous avions ronflé
vous aviez ronflé
ils/elles avaient ronflé

Former Future
j'aurai ronflé
tu auras ronflé
il/elle aura ronflé
nous aurons ronflé
vous aurez ronflé
ils/elles auront ronflé

Subjunctive

Present
que je ronfle
que tu ronfles
qu'il/qu'elle ronfle
que nous ronflions
que vous ronfliez
qu'ils/qu'elles ronflent

Past
que j'aie ronflé
que tu aies ronflé
qu'il/qu'elle ait ronflé
que nous ayons ronflé
que vous ayez ronflé
qu'ils/qu'elles aient ronflé

Conditional

Present
je ronflerais
tu ronflerais
il/elle ronflerait
nous ronflerions
vous ronfleriez
ils/elles ronfleraient

Past
j'aurais ronflé
tu aurais ronflé
il/elle aurait ronflé
nous aurions ronflé
vous auriez ronflé
ils/elles auraient ronflé

Imperative

Present
ronfle
ronflons
ronflez

Past
aie ronflé
ayons ronflé
ayez ronflé

Present Infinitive
ronfler

Past Infinitive
avoir ronflé

Present Participle
ronflant

Past Participle
ronflé, ée
ayant ronflé

RÉCOMPENSER
to reward

Le père a *récompensé les* efforts de son fils.
The father rewarded his son's efforts.

Indicative

Present
je récompense
tu récompenses
il/elle récompense
nous récompensons
vous récompensez
ils/elles récompensent

Past Indefinite
j'ai récompensé
tu as récompensé
il/elle a récompensé
nous avons récompensé
vous avez récompensé
ils/elles ont récompensé

Imperfect
je récompensais
tu récompensais
il/elle récompensait
nous récompensions
vous récompensiez
ils/elles récompensaient

Pluperfect
j'avais récompensé
tu avais récompensé
il/elle avait récompensé
nous avions récompensé
vous aviez récompensé
ils/elles avaient récompensé

Future
je récompenserai
tu récompenseras
il/elle récompensera
nous récompenserons
vous récompenserez
ils/elles récompenseront

Former Future
j'aurai récompensé
tu auras récompensé
il/elle aura récompensé
nous aurons récompensé
vous aurez récompensé
ils/elles auront récompensé

Subjunctive

Present
que je récompense
que tu récompenses
qu'il/qu'elle récompense
que nous récompensions
que vous récompensiez
qu'ils/qu'elles récompensent

Past
que j'aie récompensé
que tu aies récompensé
qu'il/qu'elle ait récompensé
que nous ayons récompensé
que vous ayez récompensé
qu'ils/qu'elles aient récompensé

Conditional

Present
je récompenserais
tu récompenserais
il/elle récompenserait
nous récompenserions
vous récompenseriez
ils/elles récompenseraient

Past
j'aurais récompensé
tu aurais récompensé
il/elle aurait récompensé
nous aurions récompensé
vous auriez récompensé
ils/elles auraient récompensé

Imperative

Present
récompense
récompensons
récompensez

Past
aie récompensé
ayons récompensé
ayez récompensé

Present Infinitive
récompenser

Past Infinitive
avoir récompensé

Present Participle
récompenant

Past Participle
récompensé, ée
ayant récompensé

Il ronflait sans interruption.
He was snoring without interruption.

to snore
RONFLER

Indicative

Present
je romps
tu romps
il/elle rompt
nous rompons
vous rompez
ils/elles rompent

Imperfect
je rompais
tu rompais
il/elle rompait
nous rompions
vous rompiez
ils/elles rompaient

Future
je romprai
tu rompras
il/elle rompra
nous romprons
vous romprez
ils/elles rompront

Past Indefinite
j'ai rompu
tu as rompu
il/elle a rompu
nous avons rompu
vous avez rompu
ils/elles ont rompu

Pluperfect
j'avais rompu
tu avais rompu
il/elle avait rompu
nous avions rompu
vous aviez rompu
ils/elles avaient rompu

Former Future
j'aurai rompu
tu auras rompu
il/elle aura rompu
nous aurons rompu
vous aurez rompu
ils/elles auront rompu

Subjunctive

Present
que je rompe
que tu rompes
qu'il/qu'elle rompe
que nous rompions
que vous rompiez
qu'ils/qu'elles rompent

Past
que j'aie rompu
que tu aies rompu
qu'il/qu'elle ait rompu
que nous ayons rompu
que vous ayez rompu
qu'ils/qu'elles aient rompu

Conditional

Present
je romprais
tu romprais
il/elle romprait
nous romprions
vous rompriez
ils/elles rompraient

Past
j'aurais rompu
tu aurais rompu
il/elle aurait rompu
nous aurions rompu
vous auriez rompu
ils/elles auraient rompu

Imperative

Present
romps
rompons
rompez

Past
aie rompu
ayons rompu
ayez rompu

Present Infinitive
rompre

Past Infinitive
avoir rompu

Present Participle
rompant

Past Participle
rompu, ue
ayant rompu

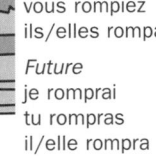

RECONDUIRE
to escort home

Après le bal il a *reconduit* Isabelle chez elle.
After the ball he escorted Isabelle back to her house.

Indicative

Present
je reconduis
tu reconduis
il/elle reconduit
nous reconspmsdui
vous reconduisez
ils/elles reconduisent

Past Indefinite
j'ai reconduit
tu as reconduit
il/elle a reconduit
nous avons reconduit
vous avez reconduit
ils/elles ont reconduit

Imperfect
je reconduisais
tu reconduisais
il/elle reconduisait
nous reconduisions
vous reconduisiez
ils/elles reconduisaient

Pluperfect
j'avais reconduit
tu avais reconduit
il/elle avait reconduit
nous avions reconduit
vous aviez reconduit
ils/elles avaient reconduit

Future
je reconduirai
tu reconduiras
il/elle reconduira
nous reconduirons
vous reconduirez
ils/elles reconduiront

Former Future
j'aurai reconduit
tu auras reconduit
il/elle aura reconduit
nous aurons reconduit
vous aurez reconduit
ils/elles auront reconduit

Subjunctive

Present
que je reconduise
que tu reconduises
qu'il/qu'elle reconduise
que nous reconduisions
que vous reconduisiez
qu'ils/qu'elles reconduisent

Past
que j'aie reconduit
que tu aies reconduit
qu'il/qu'elle ait reconduit
que nous ayons reconduit
que vous ayez reconduit
qu'ils/qu'elles aient reconduit

Conditional

Present
je reconduirais
tu reconduirais
il/elle reconduirait
nous reconduirions
vous reconduiriez
ils/elles reconduiraient

Past
j'aurais reconduit
tu aurais reconduit
il/elle aurait reconduit
nous aurions reconduit
vous auriez reconduit
ils/elles auraient reconduit

Imperative

Present
reconduis
reconduisons
reconduisez

Past
aie reconduit
ayons reconduit
ayez reconduit

Present Infinitive
reconduire

Past Infinitive
avoir reconduit

Present Participle
reconduisant

Past Participle
reconduit, uite
ayant reconduit

ROMPRE to break off, to snap

Nathalie a *rompu* avec son petit copain car il était trop jaloux.
Nathalie broke up with her boyfriend because he was too jealous.

Indicative

Present
je rigole
tu rigoles
il/elle rigole
nous rigolons
vous rigolez
ils/elles rigolent

Imperfect
je rigolais
tu rigolais
il/elle rigolait
nous rigolions
vous rigoliez
ils/elles rigolaient

Future
je rigolerai
tu rigolera
il/elle rigoleras
nous rigolerons
vous rigolerez
ils/elles rigoleront

Past Indefinite
j'ai rigolé
tu as rigolé
il/elle a rigolé
nous avons rigolé
vous avez rigolé
ils/elles ont rigolé

Pluperfect
j'avais rigolé
tu avais rigolé
il/elle avait rigolé
nous avions rigolé
vous aviez rigolé
ils/elles avaient rigolé

Former Future
j'aurai rigolé
tu auras rigolé
il/elle aura rigolé
nous aurons rigolé
vous aurez rigolé
ils/elles auront rigolé

Subjunctive

Present
que je rigole
que tu rigoles
qu'il/qu'elle rigole
que nous rigolions
que vous rigoliez
qu'ils/qu'elles rigolent

Past
que j'aie rigolé
que tu aies rigolé
qu'il/qu'elle ait rigolé
que nous ayons rigolé
que vous ayez rigolé
qu'ils/qu'elles aient rigolé

Conditional

Present
je rigolerais
tu rigolerais
il/elle rigolerait
nous rigolerions
vous rigoleriez
ils/elles rigoleraient

Past
j'aurais rigolé
tu aurais rigolé
il/elle aurait rigolé
nous aurions rigolé
vous auriez rigolé
ils/elles auraient rigolé

Imperative

Present
rigole
rigolons
rigolez

Past
aie rigolé
ayons rigolé
ayez rigolé

Present Infinitive
rigoler

Past Infinitive
avoir rigolé

Present Participle
rigolant

Past Participle
rigolé, ée
ayant rigolé

RÉCONFORTER to comfort

Il faut que vous *réconfortiez* votre amie; elle se sent seule.
You should comfort your friend; she feels lonely.

Indicative

Present
je réconforte
tu réconfortes
il/elle réconforte
nous réconfortons
vous réconfortez
ils/elles réconfortent

Past Indefinite
j'ai réconforté
tu as réconforté
il/elle a réconforté
nous avons réconforté
vous avez réconforté
ils/elles ont réconforté

Imperfect
je réconfortais
tu réconfortais
il/elle réconfortait
nous réconfortions
vous réconfortiez
ils/elles réconfortaient

Pluperfect
j'avais réconforté
tu avais réconforté
il/elle avait réconforté
nous avions réconforté
vous aviez réconforté
ils/elles avaient réconforté

Future
je réconforterai
tu réconforteras
il/elle réconfortera i
nous réconforterons
vous réconforterez
ils/elles réconforteront

Former Future
j'aurai réconforté
tu auras réconforté
il/elle aura réconforté
nous aurons réconforté
vous aurez réconforté
ils/elles auront réconforté

Subjunctive

Present
que je réconforte
que tu réconfortes
qu'il/qu'elle réconforte
que nous réconfortions
que vous réconfortiez
qu'ils/qu'elles réconfortent

Past
que j'aie réconforté
que tu aies réconforté
qu'il/qu'elle ait réconforté
que nous ayons réconforté
que vous ayez réconforté
qu'ils/qu'elles aient réconforté

Conditional

Present
je réconforterais
tu réconforterais
il/elle réconforterait
nous réconforterions
vous réconforteriez
ils/elles réconforteraient

Past
j'aurais réconforté
tu aurais réconforté
il/elle aurait réconforté
nous aurions réconforté
vous auriez réconforté
ils/elles auraient réconforté

Imperative

Present
réconforte
réconfortons
réconfortez

Past
aie réconforté
ayons réconforté
ayez réconforté

Present Infinitive
réconforter

Past Infinitive
avoir réconforté

Present Participle
réconfortant

Past Participle
réconforté, ée
ayant réconforté

RIGOLER to laugh

Dès que le prof tournait le dos ils *rigolaient*.
As soon as the teacher turned his back they laughed.

Indicative

Present
je revendique
tu revendiques
il/elle revendique
nous revendiquons
vous revendiquez
ils/elles revendiquent

Imperfect
je revendiquais
tu revendiquais
il/elle revendiquait
nous revendiquions
vous revendiquiez
ils/elles revendiquaient

Future
je revendiquerai
tu revendiqueras
il/elle revendiquera
nous revendiquerons
vous revendiquerez
ils/elles revendiqueront

Past Indefinite
j'ai revendiqué
tu as revendiqué
il/elle a revendiqué
nous avons revendiqué
vous avez revendiqué
ils/elles ont revendiqué

Pluperfect
j'avais revendiqué
tu avais revendiqué
il/elle avait revendiqué
nous avions revendiqué
vous aviez revendiqué
ils/elles avaient revendiqué

Former Future
j'aurai revendiqué
tu auras revendiqué
il/elle aura revendiqué
nous aurons revendiqué
vous aurez revendiqué
ils/elles auront revendiqué

Subjunctive

Present
que je revendique
que tu revendiques
qu'il/qu'elle revendique
que nous revendiquions
que vous revendiquiez
qu'ils/qu'elles revendiquent

Past
que j'aie revendiqué
que tu aies revendiqué
qu'il/qu'elle ait revendiqué
que nous ayons revendiqué
que vous ayez revendiqué
qu'ils/qu'elles aient revendiqué

Conditional

Present
je revendiquerais
tu revendiquerais
il/elle revendiquerait
nous revendiquerions
vous revendiqueriez
ils/elles revendiqueraient

Past
j'aurais revendiqué
tu aurais revendiqué
il/elle aurait revendiqué
nous aurions revendiqué
vous auriez revendiqué
ils/elles auraient revendiqué

Imperative

Present
revendique
revendiquons
revendiquez

Past
aie revendiqué
ayons revendiqué
ayez revendiqué

Present Infinitive
revendiquer

Past Infinitive
avoir revendiqué

Present Participle
revendiquant

Past Participle
revendiqué, ée
ayant revendiqué

RECOURIR (À)
to resort to

Ils ont *recouru* à un détective pour résoudre le problème.
They resorted to a detective to solve their problem.

Indicative

Present
je recours
tu recours
il/elle recourt
nous recourons
vous recourez
ils/elles recouremt

Imperfect
je recourais
tu recourais
il/elle recourait
nous recourions
vous recouriez
ils/elles recouraient

Future
je recourrai
tu recourras
il/elle recourra
nous recourrons
vous recourrez
ils/elles recourront

Past Indefinite
j'ai recouru
tu as recouru
il/elle a recouru
nous avons recouru
vous avez recouru
ils/elles ont recouru

Pluperfect
j'avais recouru
tu avais recouru
il/elle avait recouru
nous avions recouru
vous aviez recouru
ils/elles avaient recouru

Former Future
j'aurai recouru
tu auras recouru
il/elle aura recouru
nous aurons recouru
vous aurez recouru
ils/elles auront recouru

Subjunctive

Present
que je recoure
que tu recoures
qu'il/qu'elle recoure
que nous recourons
que vous recourez
qu'ils/qu'elles recourent

Past
que j'aie recouru
que tu aies recouru
qu'il/qu'elle ait recouru
que nous ayons recouru
que vous ayez recouru
qu'ils/qu'elles aient recouru

Conditional

Present
je recourrais
tu recourrais
il/elle recourrait
nous recourrions
vous recourriez
ils/elles recourraient

Past
j'aurais recouru
tu aurais recouru
il/elle aurait recouru
nous aurions recouru
vous auriez recouru
ils/elles auraient recouru

Imperative

Present
recours
recourons
recourez

Past
aie recouru
ayons recouru
ayez recouru

Present Infinitive
recourir

Past Infinitive
avoir recouru

Present Participle
recourant

Past Participle
recouru, ue
ayant recouru

REVENDIQUER to claim

Ils ont *revendiqué* les heures supplémentaires.
They claimed for overtime.

Indicative

Present
je rêvasse
tu rêvasses
il/elle rêvasse
nous rêvassons
vous rêvassez
ils/elles rêvassont

Imperfect
je rêvassais
tu rêvassais
il/elle rêvassait
nous rêvassions
vous rêvassiez
ils/elles rêvassaient

Future
je rêvasserai
tu rêvasseras
il/elle rêvassera
nous rêvasserons
vous rêvasserez
ils/elles rêvasseront

Past Indefinite
j'ai rêvassé
tu as rêvassé
il/elle a rêvassé
nous avons rêvassé
vous avez rêvassé
ils/elles ont rêvassé

Pluperfect
j'avais rêvassé
tu avais rêvassé
il/elle avait rêvassé
nous avions rêvassé
vous aviez rêvassé
ils/elles avaient rêvassé

Former Future
j'aurai rêvassé
tu auras rêvassé
il/elle aura rêvassé
nous aurons rêvassé
vous aurez rêvassé
ils/elles auront rêvassé

Subjunctive

Present
que je rêvasse
que tu rêvasses
qu'il/qu'elle rêvasse
que nous rêvassions
que vous rêvassiez
qu'ils/qu'elles rêvassent

Past
que j'aie rêvassé
que tu aies rêvassé
qu'il/qu'elle ait rêvassé
que nous ayons rêvassé
que vous ayez rêvassé
qu'ils/qu'elles aient rêvassé

Conditional

Present
je rêvasserais
tu rêvasserais
il/elle rêvasserait
nous rêvasserions
vous rêvasseriez
ils/elles rêvasseraient

Past
j'aurais rêvassé
tu aurais rêvassé
il/elle aurait rêvassé
nous aurions rêvassé
vous auriez rêvassé
ils/elles auraient rêvassé

Imperative

Present
rêvasse
rêvassons
rêvassez

Past
aie rêvassé
ayons rêvassé
ayez rêvassé

Present Infinitive
rêvasser

Past Infinitive
avoir rêvassé

Present Participle
rêvassant

Past Participle
rêvassé, ée
ayant rêvassé

RECOUVRER to recover

Ils ont *recouvert* leur frais.
They recovered their expenses.

Indicative

Present
je recouvre
tu recouvres
il/elle recouvre
nous recouvrons
vous recouvrez
ils/elles recouvrent

Imperfect
je recouvrais
tu recouvrais
il/elle recouvrait
nous recouvrions
vous recouvriez
ils/elles recouvraient

Future
je recouvrerai
tu recouvreras
il/elle recouvrera
nous recouvrerons
vous recouvrerez
ils/elles recouvreront

Past Indefinite
j'ai recouvert
tu as recouvert
il/elle a recouvert
nous avons recouvert
vous avez recouvert
ils/elles ont recouvert

Pluperfect
j'avais recouvert
tu avais recouvert
il/elle avait recouvert
nous avions recouvert
vous aviez recouvert
ils/elles avaient recouvert

Former Future
j'aurai recouvert
tu auras recouvert
il/elle aura recouvert
nous aurons recouvert
vous aurez recouvert
ils/elles auront recouvert

Subjunctive

Present
que je recouvre
que tu recouvres
qu'il/qu'elle recouvre
que nous recouvrions
que vous recouvriez
qu'ils/qu'elles recouvrent

Past
que j'aie recouvert
que tu aies recouvert
qu'il/qu'elle ait recouvert
que nous ayons recouvert
que vous ayez recouvert
qu'ils/qu'elles aient recouvert

Conditional

Present
je recouvrerais
tu recouvrerais
il/elle recouvrerait
nous recouvrerions
vous recouvreriez
ils/elles recouvreraient

Past
j'aurais recouvert
tu aurais recouvert
il/elle aurait recouvert
nous aurions recouvert
vous auriez recouvert
ils/elles auraient recouvert

Imperative

Present
recouvre
recouvrons
recouvrez

Past
aie recouvert
ayons recouvert
ayez recouvert

Present Infinitive
recouvrer

Past Infinitive
avoir recouvert

Present Participle
recouvrant

Past Participle
recouvert, te
ayant recouvert

RÉVASSER to daydream

"Ne rêvassez pas!" gronda le prof de français.
"Do not daydream!" scolded the French teacher.

Indicative

Present
je réunis
tu réunis
il/elle réunit
nous réunissons
vous réunissez
ils/elles réunissent

Imperfect
je réunissais
tu réunissais
il/elle réunissait
nous réunissions
vous réunissiez
ils/elles réunissaient

Future
je réunirai
tu réuniras
il/elle réunira
nous réunirons
vous réunirez
ils/elles réuniront

Past Indefinite
j'ai réuni
tu as réuni
il/elle a réuni
nous avons réuni
vous avez réuni
ils/elles ont réuni

Pluperfect
j'avais réuni
tu avais réuni
il/elle avait réuni
nous avions réuni
vous aviez réuni
ils/elles avaient réuni

Former Future
j'aurai réuni
tu auras réuni
il/elle aura réuni
nous aurons réuni
vous aurez réuni
ils/elles auront réuni

Subjunctive

Present
que je réunisse
que tu réunisses
qu'il/qu'elle réunisse
que nous réunissions
que vous réunissiez
qu'ils/qu'elles réunissent

Past
que j'aie réuni
que tu aies réuni
qu'il/qu'elle ait réuni
que nous ayons réuni
que vous ayez réuni
qu'ils/qu'elles aient réuni

Conditional

Present
je réunirais
tu réunirais
il/elle réunirait
nous réunirions
vous réuniriez
ils/elles réuniraient

Past
j'aurais réuni
tu aurais réuni
il/elle aurait réuni
nous aurions réuni
vous auriez réuni
ils/elles auraient réuni

Imperative

Present
réunis
réunissons
réunissez

Past
aie réuni
ayons réuni
ayez réuni

Present Infinitive
réunir

Past Infinitive
avoir réuni

Present Participle
réunissant

Past Participle
réuni, ie
ayant réuni

RECUEILLIR
to collect, to gather

Ils *ont recueilli* toutes les lettres de leur grand-mère.
They gathered all of their grandmother's letters.

Indicative

Present
je recueille
tu recueilles
il/elle recueille
nous recueillons
vous recueillez
ils/elles recueillent

Past Indefinite
j'ai recueilli
tu as recueilli
il/elle a recueilli
nous avons recueilli
vous avez recueilli
ils/elles ont recueilli

Imperfect
je recueillais
tu recueillais
il/elle recueillait
nous recueillions
vous recueilliez
ils/elles recueillaient

Pluperfect
j'avais recueilli
tu avais recueilli
il/elle avait recueilli
nous avions recueilli
vous aviez recueilli
ils/elles avaient recueilli

Future
je recueillerai
tu recueilleras
il/elle recueillera
nous recueillerons
vous recueillerez
ils/elles recueilleront

Former Future
j'aurai recueilli
tu auras recueilli
il/elle aura recueilli
nous aurons recueilli
vous aurez recueilli
ils/elles auront recueilli

Subjunctive

Present
que je recueille
que tu recueilles
qu'il/qu'elle recueille
que nous recueillions
que vous recueilliez
qu'ils/qu'elles recueillent

Past
que j'aie recueilli
que tu aies recueilli
qu'il/qu'elle ait recueilli
que nous ayons recueilli
que vous ayez recueilli
qu'ils/qu'elles aient recueilli

Conditional

Present
je recueillerais
tu recueillerais
il/elle recueillerait
nous recueillerions
vous recueilleriez
ils/elles recueilleraient

Past
j'aurais recueilli
tu aurais recueilli
il/elle aurait recueilli
nous aurions recueilli
vous auriez recueilli
ils/elles auraient recueilli

Imperative

Present
recueille
recueillons
recueillez

Past
aie recueilli
ayons recueilli
ayez recueilli

Present Infinitive
recueillir

Past Infinitive
avoir recueilli

Present Participle
recueillant

Past Participle
recueilli, ie
ayant recueilli

RÉUNIR
to gather, to merge

Ils *ont réuni* tous les candidats.
They gathered all the candidates.

Indicative

Present
je rétrécis
tu rétrécis
il/elle rétrécit
nous rétrécissons
vous rétrécissez
ils/elles rétrécissent

Imperfect
je rétrécissais
tu rétrécissais
il/elle rétrécissait
nous rétrécissions
vous rétrécissiez
ils/elles rétrécissaient

Future
je rétrécirai
tu rétréciras
il/elle rétrécira
nous rétrécirons
vous rétrécirez
ils/elles rétréciront

Past Indefinite
j'ai rétréci
tu as rétréci
il/elle a rétréci
nous avons rétréci
vous avez rétréci
ils/elles ont rétréci

Pluperfect
j'avais rétréci
tu avais rétréci
il/elle avait rétréci
nous avions rétréci
vous aviez rétréci
ils/elles avaient rétréci

Former Future
j'aurai rétréci
tu auras rétréci
il/elle aura rétréci
nous aurons rétréci
vous aurez rétréci
ils/elles auront rétréci

Subjunctive

Present
que je rétrécisse
que tu rétrécisses
qu'il/qu'elle rétrécisse
que nous rétrécissions
que vous rétrécissiez
qu'ils/qu'elles rétrécissent

Past
que j'aie rétréci
que tu aies rétréci
qu'il/qu'elle ait rétréci
que nous ayons rétréci
que vous ayez rétréci
qu'ils/qu'elles aient rétréci

Conditional

Present
je rétrécirais
tu rétrécirais
il/elle rétrécirait
nous rétrécirions
vous rétréciriez
ils/elles rétréciraient

Past
j'aurais rétréci
tu aurais rétréci
il/elle aurait rétréci
nous aurions rétréci
vous auriez rétréci
ils/elles auraient rétréci

Imperative

Present
rétrécis
rétrécissons
rétrécissez

Past
aie rétréci
ayons rétréci
ayez rétréci

Present Infinitive
rétrécir

Past Infinitive
avoir rétréci

Present Participle
rétrécissant

Past Participle
rétréci, ie
ayant rétréci

RECULER

to move back, to step back, to be on the decline

Les ventes *ont reculé* ce mois.
The sales have declined this month.

Indicative

Present
je recule
tu recules
il/elle recule
nous reculons
vous reculez
ils/elles reculent

Past Indefinite
j'ai reculé
tu as reculé
il/elle a reculé
nous avons reculé
vous avez reculé
ils/elles ont reculé

Imperfect
je reculais
tu reculais
il/elle reculait
nous reculions
vous reculiez
ils/elles reculaient

Pluperfect
j'avais reculé
tu avais reculé
il/elle avait reculé
nous avions reculé
vous aviez reculé
ils/elles avaient reculé

Future
je reculerai
tu reculeras
il/elle reculera
nous reculerons
vous reculerez
ils/elles reculeront

Former Future
j'aurai reculé
tu auras reculé
il/elle aura reculé
nous aurons reculé
vous aurez reculé
ils/elles auront reculé

Subjunctive

Present
que je recule
que tu recules
qu'il/qu'elle recule
que nous reculions
que vous reculiez
qu'ils/qu'elles reculent

Past
que j'aie reculé
que tu aies reculé
qu'il/qu'elle ait reculé
que nous ayons reculé
que vous ayez reculé
qu'ils/qu'elles aient reculé

Conditional

Present
je reculerais
tu reculerais
il/elle reculerait
nous reculerions
vous reculeriez
ils/elles reculeraient

Past
j'aurais reculé
tu aurais reculé
il/elle aurait reculé
nous aurions reculé
vous auriez reculé
ils/elles auraient reculé

Imperative

Present
recule
reculons
reculez

Past
aie reculé
ayons reculé
ayez reculé

Present Infinitive
reculer

Past Infinitive
avoir reculé

Present Participle
reculant

Past Participle
reculé, ée
ayant reculé

RÉTRÉCIR to narrow

Le sentier *rétrécissait* à l'approche du sommet.
The trail narrowed near the summit.

Indicative

Present
je rétorque
tu rétorques
il/elle rétorque
nous rétorquons
vous rétorquez
ils/elles rétorquent

Imperfect
je rétorquais
tu rétorquais
il/elle rétorquait
nous rétorquions
vous rétorquiez
ils/elles rétorquaient

Future
je rétorquerai
tu rétorqueras
il/elle rétorquera
nous rétorquerons
vous rétorquerez
ils/elles rétorqueront

Past Indefinite
j'ai rétorqué
tu as rétorqué
il/elle a rétorqué
nous avons rétorqué
vous avez rétorqué
ils/elles ont rétorqué

Pluperfect
j'avais rétorqué
tu avais rétorqué
il/elle avait rétorqué
nous avions rétorqué
vous aviez rétorqué
ils/elles avaient rétorqué

Former Future
j'aurai rétorqué
tu auras rétorqué
il/elle aura rétorqué
nous aurons rétorqué
vous aurez rétorqué
ils/elles auront rétorqué

Subjunctive

Present
que je rétorque
que tu rétorques
qu'il/qu'elle rétorque
que nous rétorquions
que vous rétorquiez
qu'ils/qu'elles rétorquent

Past
que j'aie rétorqué
que tu aies rétorqué
qu'il/qu'elle ait rétorqué
que nous ayons rétorqué
que vous ayez rétorqué
qu'ils/qu'elles aient rétorqué

Conditional

Present
je rétorquerais
tu rétorquerais
il/elle rétorquerait
nous rétorquerions
vous rétorqueriez
ils/elles rétorqueraient

Past
j'aurais rétorqué
tu aurais rétorqué
il/elle aurait rétorqué
nous aurions rétorqué
vous auriez rétorqué
ils/elles auraient rétorqué

Imperative

Present
rétorque
rétorquons
rétorquez

Past
aie rétorqué
ayons rétorqué
ayez rétorqué

Present Infinitive
rétorquer

Past Infinitive
avoir rétorqué

Present Participle
rétorquant

Past Participle
rétorqué, ée
ayant rétorqué

RÉDIGER
to write out, to draft

Les étudiants *rédigeront* une composition en 40 minutes.
The students will write out a composition in 40 minutes.

Indicative

Present
je rédige
tu rédiges
il/elle rédige
nous rédigeons
vous rédigez
ils/elles rédigent

Past Indefinite
j'ai rédigé
tu as rédigé
il/elle a rédigé
nous avons rédigé
vous avez rédigé
ils/elles ont rédigé

Imperfect
je rédigeais
tu rédigeais
il/elle rédigeait
nous rédigions
vous rédigiez
ils/elles rédigeaient

Pluperfect
j'avais rédigé
tu avais rédigé
il/elle avait rédigé
nous avions rédigé
vous aviez rédigé
ils/elles avaient rédigé

Future
je rédigerai
tu rédigeras
il/elle rédigera
nous rédigerons
vous rédigerez
ils/elles rédigeront

Former Future
j'aurai rédigé
tu auras rédigé
il/elle aura rédigé
nous aurons rédigé
vous aurez rédigé
ils/elles auront rédigé

Subjunctive

Present
que je rédige
que tu rédiges
qu'il/qu'elle rédige
que nous rédigions
que vous rédigiez
qu'ils/qu'elles rédigent

Past
que j'aie rédigé
que tu aies rédigé
qu'il/qu'elle ait rédigé
que nous ayons rédigé
que vous ayez rédigé
qu'ils/qu'elles aient rédigé

Conditional

Present
je rédigerais
tu rédigerais
il/elle rédigerait
nous rédigerions
vous rédigeriez
ils/elles rédigeraient

Past
j'aurais rédigé
tu aurais rédigé
il/elle aurait rédigé
nous aurions rédigé
vous auriez rédigé
ils/elles auraient rédigé

Imperative

Present
rédige
rédigeons
rédigez

Past
aie rédigé
ayons rédigé
ayez rédigé

Present Infinitive
rédiger

Past Infinitive
avoir rédigé

Present Participle
rédigeant

Past Participle
rédigé, ée
ayant rédigé

RÉTORQUER to retort

Elle a *rétorqué* avec véhémence a ses accusations.
She retorted vehemently to his accusations.

Indicative

Present
je retiens
tu retiens
il/elle retient
nous retenons
vous retenez
ils/elles retiennent

Imperfect
je retenais
tu retenais
il/elle retenait
nous retenions
vous reteniez
ils/elles retenaient

Future
je retiendrai
tu retiendras
il/elle retiendra
nous retiendrons
vous retiendrez
ils/elles retiendront

Past Indefinite
j'ai retenu
tu as retenu
il/elle a retenu
nous avons retenu
vous avez retenu
ils/elles ont retenu

Pluperfect
j'avais retenu
tu avais retenu
il/elle avait retenu
nous avions retenu
vous aviez retenu
ils/elles avaient retenu

Former Future
j'aurai retenu
tu auras retenu
il/elle aura retenu
nous aurons retenu
vous aurez retenu
ils/elles auront retenu

Subjunctive

Present
que je retienne
que tu retiennes
qu'il/qu'elle retienne
que nous retenions
que vous reteniez
qu'ils/qu'elles retiennent

Past
que j'aie retenu
que tu aies retenu
qu'il/qu'elle ait retenu
que nous ayons retenu
que vous ayez retenu
qu'ils/qu'elles aient retenu

Conditional

Present
je retiendrais
tu retiendrais
il/elle retiendrait
nous retiendrions
vous retiendriez
ils/elles retiendraient

Past
j'aurais retenu
tu aurais retenu
il/elle aurait retenu
nous aurions retenu
vous auriez retenu
ils/elles auraient retenu

Imperative

Present
retiens
retenons
retenez

Past
aie retenu
ayons retenu
ayez retenu

Present Infinitive
retenir

Past Infinitive
avoir retenu

Present Participle
retenant

Past Participle
retenu, ue
ayant retenu

REDOUBLER
to repeat, to repeat a class

Il a *redoublé* ses efforts.
He repeated his efforts.

Indicative

Present
je redouble
tu redoubles
il/elle redouble
nous redoublons
vous redoublez
ils/elles redoublent

Past Indefinite
j'ai redoublé
tu as redoublé
il/elle a redoublé
nous avons redoublé
vous avez redoublé
ils/elles ont redoublé

Imperfect
je redoublais
tu redoublais
il/elle redoublait
nous redoublions
vous redoubliez
ils/elles redoublaient

Pluperfect
j'avais redoublé
tu avais redoublé
il/elle avait redoublé
nous avions redoublé
vous aviez redoublé
ils/elles avaient redoublé

Future
je redoublerai
tu redoubleras
il/elle redoublera
nous redoublerons
vous redoublerez
ils/elles redoubleront

Former Future
j'aurai redoublé
tu auras redoublé
il/elle aura redoublé
nous aurons redoublé
vous aurez redoublé
ils/elles auront redoublé

Subjunctive

Present
que je redouble
que tu redoubles
qu'il/qu'elle redouble
que nous redoublions
que vous redoubliez
qu'ils/qu'elles redoublent

Past
que j'aie redoublé
que tu aies redoublé
qu'il/qu'elle ait redoublé
que nous ayons redoublé
que vous ayez redoublé
qu'ils/qu'elles aient redoublé

Conditional

Present
je redoublerais
tu redoublerais
il/elle redoublerait
nous redoublerions
vous redoubleriez
ils/elles redoubleraient

Past
j'aurais redoublé
tu aurais redoublé
il/elle aurait redoublé
nous aurions redoublé
vous auriez redoublé
ils/elles auraient redoublé

Imperative

Present
redouble
redoublons
redoublez

Past
aie redoublé
ayons redoublé
ayez redoublé

Present Infinitive
redoubler

Past Infinitive
avoir redoublé

Present Participle
redoublant

Past Participle
redoublé, ée
ayant redoublé

RETENIR to hold back

Il faut que vous *reteniez* vos commentaires.
It is necessary to hold back your comments.

Indicative

Present

je restrains
tu restreins
il/elle restreint
nous restreignons
vous restreignez
ils/elles restreignaient

Imperfect

je restreignais
tu restreignais
il/elle restreignait
nous restreignions
vous restreignions
ils/elles restreignaient

Future

je restreindrai
tu restreindras
il/elle restreindra
nous restreindrons
vous restreindrez
ils/elles restreindront

Past Indefinite

j'ai restreint
tu as restreint
il/elle a restreint
nous avons restreint
vous avez restreint
ils/elles ont restreint

Pluperfect

j'avais restreint
tu avais restreint
il/elle avait restreint
nous avions restreint
vous aviez restreint
ils/elles avaient restreint

Former Future

j'aurai restreint
tu auras restreint
il/elle aura restreint
nous aurons restreint
vous aurez restreint
ils/elles auront restreint

Subjunctive

Present

que je restreigne
que tu restreignes
qu'il/qu'elle restreigne
que nous restreignions
que vous restreigniez
qu'ils/qu'elles restreignent

Past

que j'aie restreint
que tu aies restreint
qu'il/qu'elle ait restreint
que nous ayons restreint
que vous ayez restreint
qu'ils/qu'elles aient restreint

Conditional

Present

je restreindrais
tu restreindrais
il/elle restreindrait
nous restreindrions
vous restreindriez
ils/elles restreindraient

Past

j'aurais restreint
tu aurais restreint
il/elle aurait restreint
nous aurions restreint
vous auriez restreint
ils/elles auraient restreint

Imperative

Present

restreins
restreignons
restreignez

Past

aie restreint
ayons restreint
ayez restreint

Present Infinitive
restreindre

Past Infinitive
avoir restreint

Present Participle
restreignant

Past Participle
restreint, einte
ayant restreint

REDOUTER
to fear

Elle *redoutait* l'arrivée du nouveau directeur.
She feared the arrival of the new principal.

Indicative

Present
je redoute
tu redoutes
il/elle redoute
nous redoutons
vous redoutez
ils/elles redoutent

Past Indefinite
j'ai redouté
tu as redouté
il/elle a redouté
nous avons redouté
vous avez redouté
ils/elles ont redouté

Imperfect
je redoutais
tu redoutais
il/elle redoutait
nous redoutions
vous redoutiez
ils/elles redoutaient

Pluperfect
j'avais redouté
tu avais redouté
il/elle avait redouté
nous avions redouté
vous aviez redouté
ils/elles avaient redouté

Future
je redouterai
tu redouteras
il/elle redoutera
nous redouterons
vous redouterez
ils/elles redouteront

Former Future
j'aurai redouté
tu auras redouté
il/elle aura redouté
nous aurons redouté
vous aurez redouté
ils/elles auront redouté

Subjunctive

Present
que je redoute
que tu redoutes
qu'il/qu'elle redoute
que nous redoutions
que vous redoutiez
qu'ils/qu'elles redoutent

Past
que j'aie redouté
que tu aies redouté
qu'il/qu'elle ait redouté
que nous ayons redouté
que vous ayez redouté
qu'ils/qu'elles aient redouté

Conditional

Present
je redouterais
tu redouterais
il/elle redouterait
nous redouterions
vous redouteriez
ils/elles redouteraient

Past
j'aurais redouté
tu aurais redouté
il/elle aurait redouté
nous aurions redouté
vous auriez redouté
ils/elles auraient redouté

Imperative

Present
redoute
redoutons
redoutez

Past
aie redouté
ayons redouté
ayez redouté

Present Infinitive
redouter

Past Infinitive
avoir redouté

Present Participle
redoutant

Past Participle
redouté, ée
ayant redouté

RESTREINDRE
to restrict, to limit

Ils ont *restreint* l'entrée des visiteurs à la Maison Blanche.
They *restricted* the visitors' entrance at the White House.

Indicative

Present
je ressens
tu ressens
il/elle ressent
nous ressentons
vous ressentez
ils/elles ressentent

Past Indefinite
j'ai ressenti
tu as ressenti
il/elle a ressenti
nous avons ressenti
vous avez ressenti
ils/elles ont ressenti

Imperfect
je ressentais
tu ressentais
il/elle ressentait
nous ressentions
vous ressentiez
ils/elles ressentaient

Pluperfect
j'avais ressenti
tu avais ressenti
il/elle avait ressenti
nous avions ressenti
vous aviez ressenti
ils/elles avaient ressenti

Future
je ressentirai
tu ressentiras
il/elle ressentira
nous ressentirons
vous ressentirez
ils/elles ressentiront

Former Future
j'aurai ressenti
tu auras ressenti
il/elle aura ressenti
nous aurons ressenti
vous aurez ressenti
ils/elles auront ressenti

Subjunctive

Present
que je ressente
que tu ressentes
qu'il/qu'elle ressente
que nous ressentions
que vous ressentiez
qu'ils/qu'elles ressentent

Past
que j'aie ressenti
que tu aies ressenti
qu'il/qu'elle ait ressenti
que nous ayons ressenti ressenti
que vous ayez ressenti
qu'ils/qu'elles aient ressenti

Conditional

Present
je ressentirais
tu ressentirais
il/elle ressentirait
nous ressentirions
vous ressentiriez
ils/elles ressentiraient

Past
j'aurais ressenti
tu aurais ressenti
il/elle aurait ressenti
nous aurions ressenti
vous auriez ressenti
ils/elles auraient ressenti

Imperative

Present
ressens
ressentons
ressentez

Past
aie ressenti
ayons ressenti
ayez ressenti

Present Infinitive
ressentir

Past Infinitive
avoir ressenti

Present Participle
ressentant

Past Participle
ressenti, ie
ayant ressenti

RÉDUIRE
to reduce

L'usine a *réduit* ses effectifs.
The factory reduced its workforce.

Indicative

Present
je réduis
tu réduis
il/elle réduit
nous réduisons
vous réduisez
ils/elles réduisent

Past Indefinite
j'ai réduit
tu as réduit
il/elle a réduit
nous avons réduit
vous avez réduit
ils/elles ont réduit

Imperfect
je réduisais
tu réduisais
il/elle réduisait
nous réduisions
vous réduisiez
ils/elles réduisaient

Pluperfect
j'avais réduit
tu avais réduit
il/elle avait réduit
nous avions réduit
vous aviez réduit
ils/elles avaient réduit

Future
je réduirai
tu réduiras
il/elle réduira
nous réduirons
vous réduirez
ils/elles réduiront

Former Future
j'aurai réduit
tu auras réduit
il/elle aura réduit
nous aurons réduit
vous aurez réduit
ils/elles auront réduit

Subjunctive

Present
que je réduise
que tu réduises
qu'il/qu'elle réduise
que nous réduisions
que vous réduisiez
qu'ils/qu'elles réduisent

Past
que j'aie réduit
que tu aies réduit
qu'il/qu'elle ait réduit
que nous ayons réduit
que vous ayez réduit
qu'ils/qu'elles aient réduit

Conditional

Present
je réduirais
tu réduirais
il/elle réduirait
nous réduirions
vous réduiriez
ils/elles réduiraient

Past
j'aurais réduit
tu aurais réduit
il/elle aurait réduit
nous aurions réduit
vous auriez réduit
ils/elles auraient réduit

Imperative

Present
réduis
réduisons
réduisez

Past
aie réduit
ayons réduit
ayez réduit

Present Infinitive
réduire

Past Infinitive
avoir réduit

Present Participle
réduisant

Past Participle
réduit, uite
ayant réduit

RESSENTIR to feel

Elle a *ressenti* beaucoup de peine à l'annonce du départ de sa tante.
She felt very sad upon hearing of her aunt's departure.

Indicative

Present
je respire
tu respires
il/elle respire
nous respirons
vous respirez
ils/elles respirent

Imperfect
je respirais
tu respirais
il/elle respirait
nous respirions
vous respiriez
ils/elles respiraient

Future
je respirerai
tu respireras
il/elle respirera
nous respirerons
vous respirerez
ils/elles respireront

Past Indefinite
j'ai respiré
tu as respiré
il/elle a respiré
nous avons respiré
vous avez respiré
ils/elles ont respiré

Pluperfect
j'avais respiré
tu avais respiré
il/elle avait respiré
nous avions respiré
vous aviez respiré
ils/elles avaient respiré

Former Future
j'aurai respiré
tu auras respiré
il/elle aura respiré
nous aurons respiré
vous aurez respiré
ils/elles auront respiré

Subjunctive

Present
que je respire
que tu respires
qu'il/qu'elle respire
que nous respirions
que vous respiriez
qu'ils/qu'elles respirent

Past
que j'aie respiré
que tu aies respiré
qu'il/qu'elle ait respiré
que nous ayons respiré
que vous ayez respiré
qu'ils/qu'elles aient respiré

Conditional

Present
je respirerais
tu respirerais
il/elle respirerait
nous respirerions
vous respireriez
ils/elles respireraient

Past
j'aurais respiré
tu aurais respiré
il/elle aurait respiré
nous aurions respiré
vous auriez respiré
ils/elles auraient respiré

Imperative

Present
respire
respirons
respirez

Past
aie respiré
ayons respiré
ayez respiré

Present Infinitive
respirer

Past Infinitive
avoir respiré

Present Participle
respirant

Past Participle
respiré, ée
ayant respiré

Réfléchissez avant d'agir.
Think before acting.

RÉFLÉCHIR (À) to think about

Indicative

Present
je réfléchis
tu réfléchis
il/elle réfléchit
nous réfléchissons
vous réfléchissez
ils/elles réfléchissent

Past Indefinite
j'ai réfléchi
tu as réfléchi
il/elle a réfléchi
nous avons réfléchi
vous avez réfléchi
ils/elles ont réfléchi

Imperfect
je réfléchissais
tu réfléchissais
il/elle réfléchissait
nous réfléchissions
vous réfléchissiez
ils/elles réfléchissaient

Pluperfect
j'avais réfléchi
tu avais réfléchi
il/elle avait réfléchi
nous avions réfléchi
vous aviez réfléchi
ils/elles avaient réfléchi

Future
je réfléchirai
tu réfléchira
il/elle réfléchiras
nous réfléchirons
vous réfléchirez
ils/elles réfléchiront

Former Future
j'aurai réfléchi
tu auras réfléchi
il/elle aura réfléchi
nous aurons réfléchi
vous aurez réfléchi
ils/elles auront réfléchi

Subjunctive

Present
que je réfléchisse
que tu réfléchisses
qu'il/qu'elle réfléchisse
que nous réfléchissions
que vous réfléchissiez
qu'ils/qu'elles réfléchissent

Past
que j'aie réfléchi
que tu aies réfléchi
qu'il/qu'elle ait réfléchi
que nous ayons réfléchi
que vous ayez réfléchi
qu'ils/qu'elles aient réfléchi

Conditional

Present
je réfléchirais
tu réfléchirais
il/elle réfléchirait
nous réfléchirions
vous réfléchiriez
ils/elles réfléchiraient

Past
j'aurais réfléchi
tu aurais réfléchi
il/elle aurait réfléchi
nous aurions réfléchi
vous auriez réfléchi
ils/elles auraient réfléchi

Imperative

Present
réfléchis
réfléchissons
réfléchissez

Past
aie réfléchi
ayons réfléchi
ayez réfléchi

Present Infinitive
réfléchir

Past Infinitive
avoir réfléchi

Present Participle
réfléchissant

Past Participle
réfléchi, ie
ayant réfléchi

RESPIRER to breathe

Ils *respirent* le bon air du bord de mer.
They breathe the good seaside air.

Indicative

Present
je résous
tu résous
il/elle résout
nous résolvons
vous résolvez
ils/elles résolvent

Imperfect
je résolvais
tu résolvais
il/elle résolvait
nous résolvions
vous résolviez
ils/elles résolvaient

Future
je résoudrai
tu résoudras
il/elle résoudra
nous résoudrons
vous résoudrez
ils/elles résoudront

Past Indefinite
j'ai résolu
tu as résolu
il/elle a résolu
nous avons résolu
vous avez résolu
ils/elles ont résolu

Pluperfect
j'avais résolu
tu avais résolu
il/elle avait résolu
nous avions résolu
vous aviez résolu
ils/elles avaient résolu

Former Future
j'aurai résolu
tu auras résolu
il/elle aura résolu
nous aurons résolu
vous aurez r résolu
ils/elles auront résolu

Subjunctive

Present
que je résolve
que tu résolves
qu'il/qu'elle résolve
que nous résolvions
que vous résolviez
qu'ils/qu'elles résolvent

Past
que j'aie résolu
que tu aies résolu
qu'il/qu'elle ait résolu
que nous ayons résolu
que vous ayez résolu
qu'ils/qu'elles aient résolu

Conditional

Present
je résoudrais
tu résoudrais
il/elle résoudrait
nous résoudrions
vous résoudriez
ils/elles résoudraient

Past
j'aurais résolu
tu aurais résolu
il/elle aurait résolu
nous aurions résolu
vous auriez résolu
ils/elles auraient résolu

Imperative

Present
résous
résolvons
résolvez

Past
aie résolu
ayons résolu
ayez résolu

Present Infinitive
résoudre

Past Infinitive
avoir résolu

Present Participle
résolvant

Past Participle
résolu
ayant résolu

RÉFLÉTER
to reflect, to mirror

Son visage *reflète* ses sentiments.
Her face reflects her feelings.

Indicative

Present
je reflète
tu reflètes
il/elle reflète
nous reflétons
vous reflétez
ils/elles reflètent

Past Indefinite
j'ai reflété
tu as reflété
il/elle a reflété
nous avons reflété
vous avez reflété
ils/elles ont reflété

Imperfect
je reflétais
tu reflétais
il/elle reflétait
nous reflétions
vous reflétiez
ils/elles reflétaient

Pluperfect
j'avais reflété
tu avais reflété
il/elle avait reflété
nous avions reflété
vous aviez reflété
ils/elles avaient reflété

Future
je refléterai
tu refléteras
il/elle reflétera
nous refléterons
vous refléterez
ils/elles refléteront

Former Future
j'aurai reflété
tu auras reflété
il/elle aura reflété
nous aurons reflété
vous aurez reflété
ils/elles auront reflété

Subjunctive

Present
que je reflète
que tu reflètes
qu'il/qu'elle reflète
que nous reflétions
que vous reflétiez
qu'ils/qu'elles reflètent

Past
que j'aie reflété
que tu aies reflété
qu'il/qu'elle ait reflété
que nous ayons reflété
que vous ayez reflété
qu'ils/qu'elles aient reflété

Conditional

Present
je refléterais
tu refléterais
il/elle refléterait
nous refléterions
vous refléteriez
ils/elles refléteraient

Past
j'aurais reflété
tu aurais reflété
il/elle aurait reflété
nous aurions reflété
vous auriez reflété
ils/elles auraient reflété

Imperative

Present
reflète
reflétons
reflétez

Past
aie reflété
ayons reflété
ayez reflété

Present Infinitive
refléter

Past Infinitive
avoir reflété

Present Participle
reflétant

Past Participle
reflété, ée
ayant reflété

RÉSOUDRE to resolve, to settle

Le prof *résout* toutes les équations.
The teacher resolves all the equations.

Indicative

Present
je reproduis
tu reproduis
il/elle reproduit
nous reproduisons
vous reproduisez
ils/elles reproduisent

Past Indefinite
j'ai reproduit
tu as reproduit
il/elle a reproduit
nous avons reproduit
vous avez reproduit
ils/elles ont reproduit

Imperfect
je reproduisais
tu reproduisais
il/elle reproduisait
nous reproduisions
vous reproduisiez
ils/elles reproduisaient

Pluperfect
j'avais reproduit
tu avais reproduit
il/elle avait reproduit
nous avions reproduit
vous aviez reproduit
ils/elles avaient reproduit

Future
je reproduirai
tu reproduiras
il/elle reproduira
nous reproduirons
vous reproduirez
ils/elles reproduirent

Former Future
j'aurai reproduit
tu auras reproduit
il/elle aura reproduit
nous aurons reproduit
vous aurez reproduit
ils/elles auront reproduit

Subjunctive

Present
que je reproduise
que tu reproduises
qu'il/qu'elle reporduise
que nous reporduisions
que vous reproduisiez
qu'ils/qu'elles reproduisent

Past
que j'aie reproduit
que tu aies reproduit
qu'il/qu'elle ait reproduit
que nous ayons reproduit
que vous ayez reproduit
qu'ils/qu'elles aient reproduit

Conditional

Present
je reproduirais
tu reproduirais
il/elle reproduirait
nous reproduirions
vous reproduiriez
ils/elles reproduiraient

Past
j'aurais reproduit
tu aurais reproduit
il/elle aurait reproduit
nous aurions reproduit
vous auriez reproduit
ils/elles auraient reproduit

Imperative

Present
reproduis
reproduisons
reproduisez

Past
aie reproduit
ayons reproduit
ayez reproduit

Present Infinitive
reproduire

Past Infinitive
avoir reproduit

Present Participle
reproduisant

Past Participle
reproduit, uite
ayant reproduit

REFOULER
to force back, to repress

Les agents *ont refoulé* les manifestants.
The policemen forced back the demonstrators.

Indicative

Present
je refoule
tu refoules
il/elle refoule
nous refoulons
vous refoulez
ils/elles refoulent

Imperfect
je refoulais
tu refoulais
il/elle refoulait
nous refoulions
vous refouliez
ils/elles refoulaient

Future
je refoulerai
tu refouleras
il/elle refoulera
nous refoulerons
vous refoulerez
ils/elles refouleront

Past Indefinite
j'ai refoulé
tu as refoulé
il/elle a refoulé
nous avons refoulé
vous avez refoulé
ils/elles ont refoulé

Pluperfect
j'avais refoulé
tu avais refoulé
il/elle avait refoulé
nous avions refoulé
vous aviez refoulé
ils/elles avaient refoulé

Former Future
j'aurai refoulé
tu auras refoulé
il/elle aura refoulé
nous aurons refoulé
vous aurez refoulé
ils/elles auront refoulé

Subjunctive

Present
que je refoule
que tu refoules
qu'il/qu'elle refoule
que nous refoulions
que vous refouliez
qu'ils/qu'elles refoulent

Past
que j'aie refoulé
que tu aies refoulé
qu'il/qu'elle ait refoulé
que nous ayons refoulé
que vous ayez refoulé
qu'ils/qu'elles aient refoulé

Conditional

Present
je refoulerais
tu refoulerais
il/elle refoulerait
nous refoulerions
vous refouleriez
ils/elles refouleraient

Past
j'aurais refoulé
tu aurais refoulé
il/elle aurait refoulé
nous aurions refoulé
vous auriez refoulé
ils/elles auraient refoulé

Imperative

Present
refoule
refoulons
refoulez

Past
aie refoulé
ayons refoulé
ayez refoulé

Present Infinitive
refouler

Past Infinitive
avoir refoulé

Present Participle
refoulant

Past Participle
refoulé, ée
ayant refoulé

REPRODUIRE
to reproduce, to copy

Elle a *reproduit* un beau tableau.
She reproduced a beautiful painting.

Indicative

Present
je reproche
tu reproches
il/elle reproche
nous reprochons
vous reprochez
ils/elles reprochent

Imperfect
je reprochais
tu reprochais
il/elle reprochait
nous reprochions
vous reprochiez
ils/elles reprochaient

Future
je reprocherai
tu reprocheras
il/elle reprochera
nous reprocherons
vous reprocherez
ils/elles reprocheront

Past Indefinite
j'ai reproché
tu as reproché
il/elle a reproché
nous avons reproché
vous avez reproché
ils/elles ont reproché

Pluperfect
j'avais reproché
tu avais reproché
il/elle avait reproché
nous avions reproché
vous aviez reproché
ils/elles avaient reproché

Former Future
j'aurai reproché
tu auras reproché
il/elle aura reproché
nous aurons reproché
vous aurez reproché
ils/elles auront reproché

Subjunctive

Present
que je reproche
que tu reproches
qu'il/qu'elle reproche
que nous reprochions
que vous reprochiez
qu'ils/qu'elles reprochent

Past
que j'aie reproché
que tu aies reproché
qu'il/qu'elle ait reproché
que nous ayons reproché
que vous ayez reproché
qu'ils/qu'elles aient reproché

Conditional

Present
je reprocherais
tu reprocherais
il/elle reprocherait
nous reprocherions
vous reprocheriez
ils/elles reprocheraient

Past
j'aurais reproché
tu aurais reproché
il/elle aurait reproché
nous aurions reproché
vous auriez reproché
ils/elles auraient reproché

Imperative

Present
reproche
reprochons
reprochez

Past
aie reproché
ayons reproché
ayez reproché

Present Infinitive
reprocher

Past Infinitive
avoir reproché

Present Participle
reprochant

Past Participle
reproché, ée
ayant reproché

REFROIDIR
to cool down

Mon café a *refroidi*; je ne veux plus le boire.
My coffee has cooled down; I no longer want to drink it.

Indicative

Present
je refroidis
tu refroidis
il/elle refroidit
nous refroidissons
vous refroidissez
ils/elles refroidissent

Past Indefinite
j'ai refroidi
tu as refroidi
il/elle a refroidi
nous avons refroidi
vous avez refroidi
ils/elles ont refroidi

Imperfect
je refroidissais
tu refroidissais
il/elle refroidissait
nous refroidissions
vous refroidissiez
ils/elles refroidissaient

Pluperfect
j'avais refroidi
tu avais refroidi
il/elle avait refroidi
nous avions refroidi
vous aviez refroidi
ils/elles avaient refroidi

Future
je refroidirai
tu refroidiras
il/elle refroidira
nous refroidirons
vous refroidirez
ils/elles refroidiront

Former Future
j'aurai refroidi
tu auras refroidi
il/elle aura refroidi
nous aurons refroidi
vous aurez refroidi
ils/elles auront refroidi

Subjunctive

Present
que je refroidisse
que tu refroidisses
qu'il/qu'elle refroidisse
que nous refroidissions
que vous refroidissiez
qu'ils/qu'elles refroidissent

Past
que j'aie refroidi
que tu aies refroidi
qu'il/qu'elle ait refroidi
que nous ayons refroidi
que vous ayez refroidi
qu'ils/qu'elles aient refroidi

Conditional

Present
je refroidirais
tu refroidirais
il/elle refroidirait
nous refroidirions
vous refroidiriez
ils/elles refroidiraient

Past
j'aurais refroidi
tu aurais refroidi
il/elle aurait refroidi
nous aurions refroidi
vous auriez refroidi
ils/elles auraient refroidi

Imperative

Present
refroidis
refroidissons
refroidissez

Past
aie refroidi
ayons refroidi
ayez refroidi

Present Infinitive
refroider

Past Infinitive
avoir refroidi

Present Participle
refroidant

Past Participle
refroidi, ie
ayant refroidi

REPROCHER to reproach

Il m'a *reproché* de na pas l'avoir attendu.
He reproached me for not having waited for him.

Indicative

Present
je réprime
tu réprimes
il/elle réprime
nous réprimons
vous réprimez
ils/elles répriment

Imperfect
je réprimais
tu réprimais
il/elle réprimait
nous réprimions
vous réprimiez
ils/elles réprimaient

Future
je réprimerai
tu réprimeras
il/elle réprimera
nous réprimerons
vous réprimerez
ils/elles réprimeront

Past Indefinite
j'ai réprimé
tu as réprimé
il/elle a réprimé
nous avons réprimé
vous avez réprimé
ils/elles ont réprimé

Pluperfect
j'avais réprimé
tu avais réprimé
il/elle avait réprimé
nous avions réprimé
vous aviez réprimé
ils/elles avaient réprimé

Former Future
j'aurai réprimé
tu auras réprimé
il/elle aura réprimé
nous aurons réprimé
vous aurez réprimé
ils/elles auront réprimé

Subjunctive

Present
que je réprime
que tu réprimes
qu'il/qu'elle réprime
que nous réprimions
que vous réprimiez
qu'ils/qu'elles répriment

Past
que j'aie réprimé
que tu aies réprimé
qu'il/qu'elle ait réprimé
que nous ayons réprimé
que vous ayez réprimé
qu'ils/qu'elles aient réprimé

Conditional

Present
je réprimerais
tu réprimerais
il/elle réprimerait
nous réprimerions
vous réprimeriez
ils/elles réprimeraient

Past
j'aurais réprimé
tu aurais réprimé
il/elle aurait réprimé
nous aurions réprimé
vous auriez réprimé
ils/elles auraient réprimé

Imperative

Present
réprime
réprimons
réprimez

Past
aie réprimé
ayons réprimé
ayez réprimé

Present Infinitive
réprimer

Past Infinitive
avoir réprimé

Present Participle
réprimant

Past Participle
réprimé, ée
ayant réprimé

RÉGALER to treat

Ils ont *régalé* le public d'histoires drôles.
They treated the audience to funny stories.

Indicative

Present
je régale
tu régales
il/elle régale
nous régalons
vous régalez
ils/elles régalent

Past Indefinite
j'ai régalé
tu as régalé
il/elle a régalé
nous avons régalé
vous avez régalé
ils/elles ont régalé

Imperfect
je régalais
tu régalais
il/elle régalait
nous régalions
vous régaliez
ils/elles régalaient

Pluperfect
j'avais régalé
tu avais régalé
il/elle avait régalé
nous avions régalé
vous aviez régalé
ils/elles avaient régalé

Future
je régalerai
tu régaleras
il/elle régalera
nous régalerons
vous régalerez
ils/elles régaleront

Former Future
j'aurai régalé
tu auras régalé
il/elle aura régalé
nous aurons régalé
vous aurez régalé
ils/elles auront régalé

Subjunctive

Present
que je régale
que tu régales
qu'il/qu'elle régale
que nous régalions
que vous régaliez
qu'ils/qu'elles régalent

Past
que j'aie régalé
que tu aies régalé
qu'il/qu'elle ait régalé
que nous ayons régalé
que vous ayez régalé
qu'ils/qu'elles aient régalé

Conditional

Present
je régalerais
tu régalerais
il/elle régalerait
nous régalerions
vous régaleriez
ils/elles régaleraient

Past
j'aurais régalé
tu aurais régalé
il/elle aurait régalé
nous aurions régalé
vous auriez régalé
ils/elles auraient régalé

Imperative

Present
régale
régalons
régalez

Past
aie régalé
ayons régalé
ayez régalé

Present Infinitive
régaler

Past Infinitive
avoir régalé

Present Participle
régalant

Past Participle
régalé, ée
ayant régalé

RÉPRIMER to quell, to repress

Elle a *réprimé* ses larmes.
She repressed her tears.

Indicative

Present
je reprends
tu reprends
il/elle reprend
nous reprenons
vous reprenez
ils/elles reprennent

Imperfect
je reprenais
tu reprenais
il/elle reprenait
nous reprenions
vous repreniez
ils/elles reprenaient

Future
je reprendrai
tu reprendras
il/elle reprendra
nous reprendrons
vous reprendrez
ils/elles reprendront

Past Indefinite
j'ai repris
tu as repris
il/elle a repris
nous avons repris
vous avez repris
ils/elles ont repris

Pluperfect
j'avais repris
tu avais repris
il/elle avait repris
nous avions repris
vous aviez repris
ils/elles avaient repris

Former Future
j'aurai repris
tu auras repris
il/elle aura repris
nous aurons repris
vous aurez repris
ils/elles auront repris

Subjunctive

Present
que je reprenne
que tu reprennes
qu'il/qu'elle reprenne
que nous reprenions
que vous repreniez
qu'ils/qu'elles reprennent

Past
que j'aie repris
que tu aies repris
qu'il/qu'elle ait repris
que nous ayons repris
que vous ayez repris
qu'ils/qu'elles aient repris

Conditional

Present
je reprendrais
tu reprendrais
il/elle reprendrait
nous reprendrions
vous reprendriez
ils/elles reprendraient

Past
j'aurais repris
tu aurais repris
il/elle aurait repris
nous aurions repris
vous auriez repris
ils/elles auraient repris

Imperative

Present
reprends
reprenons
reprenez

Past
aie repris
ayons repris
ayez repris

Present Infinitive
reprendre

Past Infinitive
avoir repris

Present Participle
reprenant

Past Participle
repris, ise
ayant répris

RÈGLEMENTER to regulate

Les pluies nombreuses *réglementent* le cours du fleuve.
The numerous rainfalls regulate the river flow.

Indicative

Present
je réglemente
tu réglementes
il/elle réglemente
nous réglementons
vous réglementez
ils/elles réglementent

Imperfect
je réglementais
tu réglementais
il/elle réglementait
nous réglementions
vous réglementiez
ils/elles réglementaient

Future
je réglementerai
tu réglementeras
il/elle réglementera
nous réglementerons
vous réglementerez
ils/elles réglementeront

Past Indefinite
j'ai réglementé
tu as réglementé
il/elle a réglementé
nous avons réglementé
vous avez réglementé
ils/elles ont réglementé

Pluperfect
j'avais réglementé
tu avais réglementé
il/elle avait réglementé
nous avions réglementé
vous aviez réglementé
ils/elles avaient réglementé

Former Future
j'aurai réglementé
tu auras réglementé
il/elle aura réglementé
nous aurons réglementé
vous aurez réglementé
ils/elles auront réglementé

Subjunctive

Present
que je réglemente
que tu réglementes
qu'il/qu'elle réglemente
que nous réglementions
que vous réglementiez
qu'ils/qu'elles réglementent

Past
que j'aie réglementé
que tu aies réglementé
qu'il/qu'elle ait réglementé
que nous ayons réglementé
que vous ayez réglementé
qu'ils/qu'elles aient réglementé

Conditional

Present
je réglementerais
tu réglementerais
il/elle réglementerait
nous réglementerions
vous réglementeriez
ils/elles réglementeraient

Past
j'aurais réglementé
tu aurais réglementé
il/elle aurait réglementé
nous aurions réglementé
vous auriez réglementé
ils/elles auraient réglementé

Imperative

Present
réglemente
réglementons
réglementez

Past
aie réglementé
ayons réglementé
ayez réglementé

Present Infinitive
réglementer

Past Infinitive
avoir réglementé

Present Participle
réglementant

Past Participle
réglementé, ée
ayant réglementé

Pull yourself together, Alex!
Reprenez-vous, Alex!

REPRENDRE to pull oneself together, to correct oneself

Indicative

Present
je repousse
tu repousses
il/elle repousse
nous repoussons
vous repoussez
ils/elles repoussent

Imperfect
je repoussais
tu repoussais
il/elle repoussait
nous repoussions
vous repoussiez
ils/elles repoussaient

Future
je repousserai
tu repousseras
il/elle repoussera
nous repousserons
vous repousserez
ils/elles repousseront

Past Indefinite
j'ai repoussé
tu as repoussé
il/elle a repoussé
nous avons repoussé
vous avez repoussé
ils/elles ont repoussé

Pluperfect
j'avais repoussé
tu avais repoussé
il/elle avait repoussé
nous avions repoussé
vous aviez repoussé
ils/elles avaient repoussé

Former Future
j'aurai repoussé
tu auras repoussé
il/elle aura repoussé
nous aurons repoussé
vous aurez repoussé
ils/elles auront repoussé

Subjunctive

Present
que je repousse
que tu repousses
qu'il/qu'elle repousse
que nous repoussions
que vous repoussiez
qu'ils/qu'elles repoussent

Past
que j'aie repoussé
que tu aies repoussé
qu'il/qu'elle ait repoussé
que nous ayons repoussé
que vous ayez repoussé
qu'ils/qu'elles aient repoussé

Conditional

Present
je repousserais
tu repousserais
il/elle repousserait
nous repousserions
vous repousseriez
ils/elles repousseraient

Past
j'aurais repoussé
tu aurais repoussé
il/elle aurait repoussé
nous aurions repoussé
vous auriez repoussé
ils/elles auraient repoussé

Imperative

Present
repousse
repoussons
repoussez

Past
aie repoussé
ayons repoussé
ayez repoussé

Present Infinitive
repousser

Past Infinitive
avoir repoussé

Present Participle
repoussant

Past Participle
repoussé, ée
ayant repoussé

RÉGNER

to reign, to prevail

Le Petit Prince *régnait* sur une toute petite planète.
The Little Prince reigned on a very small planet.

Indicative

Present
je régne
tu régnes
il/elle régne
nous régnons
vous régnez
ils/elles régnent

Imperfect
je régnais
tu régnais
il/elle régnait
nous régnions
vous régniez
ils/elles régnaient

Future
je régnerai
tu régneras
il/elle régnera
nous régnerons
vous régnerez
ils/elles régneront

Past Indefinite
j'ai régné
tu as régné
il/elle a régné
nous avons régné
vous avez régné
ils/elles ont régné

Pluperfect
j'avais régné
tu avais régné
il/elle avait régné
nous avions régné
vous aviez régné
ils/elles avaient régné

Former Future
j'aurai régné
tu auras régné
il/elle aura régné
nous aurons régné
vous aurez régné
ils/elles auront régné

Subjunctive

Present
que je régne
que tu régnes
qu'il/qu'elle régne
que nous régnions
que vous régniez
qu'ils/qu'elles régnent

Past
que j'aie régné
que tu aies régné
qu'il/qu'elle ait régné
que nous ayons régné
que vous ayez régné
qu'ils/qu'elles aient régné

Conditional

Present
je régnerais
tu régnerais
il/elle régnerait
nous régnerions
vous régneriez
ils/elles régneraient

Past
j'aurais régné
tu aurais régné
il/elle aurait régné
nous aurions régné
vous auriez régné
ils/elles auraient régné

Imperative

Present
régne
régnons
régnez

Past
aie régné
ayons régné
ayez régné

Present Infinitive
régner

Past Infinitive
avoir régné

Present Participle
régnant

Past Participle
régné, ée
ayant régné

Malheureusement, elle l'avait repoussé.
Unfortunately, she rejected him.

REPOUSSER to reject

Indicative

Present
je replique
tu repliques
il/elle replique
nous repliquons
vous repliquez
ils/elles repliquent

Imperfect
je repliquais
tu repliquais
il/elle repliquait
nous repliquions
vous repliquiez
ils/elles repliquaient

Future
je repliquerai
tu repliqueras
il/elle repliquera
nous repliquerons
vous repliquerez
ils/elles repliqueront

Past Indefinite
j'ai replique
tu as replique
il/elle a replique
nous avons replique
vous avez replique
ils/elles ont replique

Pluperfect
j'avais replique
tu avais replique
il/elle avait replique
nous avions replique
vous aviez replique
ils/elles avaient replique

Former Future
j'aurai replique
tu auras replique
il/elle aura replique
nous aurons replique
vous aurez replique
ils/elles auront replique

Subjunctive

Present
que je replique
que tu repliques
qu'il/qu'elle replique
que nous repliquions
que vous repliquiez
qu'ils/qu'elles repliquent

Past
que j'aie replique
que tu aies replique
qu'il/qu'elle ait replique
que nous ayons replique
que vous ayez replique
qu'ils/qu'elles aient replique

Conditional

Present
je repliquerais
tu repliquerais
il/elle repliquerait
nous repliquerions
vous repliqueriez
ils/elles repliqueraient

Past
j'aurais replique
tu aurais replique
il/elle aurait replique
nous aurions replique
vous auriez replique
ils/elles auraient replique

Imperative

Present
replique
repliquons
repliquez

Past
aie replique
ayons replique
ayez replique

Present Infinitive
repliquer

Past Infinitive
avoir replique

Present Participle
repliquant

Past Participle
replique, ée
ayant replique

REGORGER (DE)
to abound in

Les vignes *regorgeaient de* raisins.
The vineyards abounded with grapes.

Indicative

Present
je regorge
tu regorges
il/elle regorge
nous regorgeons
vous regorgez
ils/elles regorgent

Past Indefinite
j'ai regorgé
tu as regorgé
il/elle a regorgé
nous avons regorgé
vous avez regorgé
ils/elles ont regorgé

Imperfect
je regorgeais
tu regorgeais
il/elle regorgeait
nous regorgions
vous regorgiez
ils/elles regorgeaient

Pluperfect
j'avais regorgé
tu avais regorgé
il/elle avait regorgé
nous avions regorgé
vous aviez regorgé
ils/elles avaient regorgé

Future
je regorgerai
tu regorgeras
il/elle regorgera
nous regorgerons
vous regorgerez
ils/elles regorgeront

Former Future
j'aurai regorgé
tu auras regorgé
il/elle aura regorgé
nous aurons regorgé
vous aurez regorgé
ils/elles auront regorgé

Subjunctive

Present
que je regorge
que tu regorges
qu'il/qu'elle regorge
que nous regorgions
que vous regorgiez
qu'ils/qu'elles regorgent

Past
que j'aie regorgé
que tu aies regorgé
qu'il/qu'elle ait regorgé
que nous ayons regorgé
que vous ayez regorgé
qu'ils/qu'elles aient regorgé

Conditional

Present
je regorgerais
tu regorgerais
il/elle regorgerait
nous regorgerions
vous regorgeriez
ils/elles regorgeraient

Past
j'aurais regorgé
tu aurais regorgé
il/elle aurait regorgé
nous aurions regorgé
vous auriez regorgé
ils/elles auraient regorgé

Imperative

Present
regorge
regorgeons
regorgez

Past
aie regorgé
ayons regorgé
ayez regorgé

Present Infinitive
regorer

Past Infinitive
avoir regorgé

Present Participle
regorant

Past Participle
regorgé, ée
ayant regorgé

RÉPLIQUER
to respond, to reply

Elle lui *répliquait* ironiquement.
She responded to him with irony.

Indicative

Present
je répartis
tu répartis
il/elle répartit
nous répartissons
vous répartissez
ils/elles répartissent

Imperfect
je répartissais
tu répartissais
il/elle répartissait
nous répartissions
vous répartissiez
ils/elles répartissaient

Future
je répartirai
tu répartiras
il/elle répartira
nous répartirons
vous répartirez
ils/elles répartiront

Past Indefinite
j'ai réparti
tu as réparti
il/elle a réparti
nous avons réparti
vous avez réparti
ils/elles ont réparti

Pluperfect
j'avais réparti
tu avais réparti
il/elle avait réparti
nous avions réparti
vous aviez réparti
ils/elles avaient réparti

Former Future
j'aurai réparti
tu auras réparti
il/elle aura réparti
nous aurons réparti
vous aurez réparti
ils/elles auront réparti

Subjunctive

Present
que je répartisse
que tu répartisses
qu'il/qu'elle répartisse
que nous répartissions
que vous répartissiez
qu'ils/qu'elles répartissent

Past
que j'aie réparti
que tu aies réparti
qu'il/qu'elle ait réparti
que nous ayons réparti
que vous ayez réparti
qu'ils/qu'elles aient réparti

Conditional

Present
je répartirais
tu répartirais
il/elle répartirait
nous répartirions
vous répartiriez
ils/elles répartiraient

Past
j'aurais réparti
tu aurais réparti
il/elle aurait réparti
nous aurions réparti
vous auriez réparti
ils/elles auraient réparti

Imperative

Present
répartis
répartissons
répartissez

Past
aie réparti
ayons réparti
ayez réparti

Present Infinitive
répartir

Past Infinitive
avoir réparti

Present Participle
répartissant

Past Participle
réparti, ie
ayant réparti

RÉJOUIR
to delight, to thrill

Je me *réjouissait* à l'approche de Noël.
I delighted in the arrival of Christmas.

Indicative

Present
je réjouis
tu réjouis
il/elle réjouit
nous réjouissons
vous réjouissez
ils/elles réjouissent

Past Indefinite
j'ai réjoui
tu as réjoui
il/elle a réjoui
nous avons réjoui
vous avez réjoui
ils/elles ont réjoui

Imperfect
je réjouissais
tu réjouissais
il/elle réjouissait
nous réjouissions
vous réjouissiez
ils/elles réjouissaient

Pluperfect
j'avais réjoui
tu avais réjoui
il/elle avait réjoui
nous avions réjoui
vous aviez réjoui
ils/elles avaient réjoui

Future
je réjouirai
tu réjouiras
il/elle réjouira
nous réjouirons
vous réjouirez
ils/elles réjouiront

Former Future
j'aurai réjoui
tu auras réjoui
il/elle aura réjoui
nous aurons réjoui
vous aurez réjoui
ils/elles auront réjoui

Subjunctive

Present
que je réjouisse
que tu réjouisses
qu'il/qu'elle réjouisse
que nous réjouissions
que vous réjouissiez
qu'ils/qu'elles réjouissent

Past
que j'aie réjoui
que tu aies réjoui
qu'il/qu'elle ait réjoui
que nous ayons réjoui
que vous ayez réjoui
qu'ils/qu'elles aient réjoui

Conditional

Present
je réjouirais
tu réjouirais
il/elle réjouirait
nous réjouirions
vous réjouiriez
ils/elles réjouiraient

Past
j'aurais réjoui
tu aurais réjoui
il/elle aurait réjoui
nous aurions réjoui
vous auriez réjoui
ils/elles auraient réjoui

Imperative

Present
réjouis
réjouissons
réjouissez

Past
aie réjoui
ayons réjoui
ayez réjoui

Present Infinitive
réjouir

Past Infinitive
avoir réjoui

Present Participle
réjouissant

Past Participle
réjoui, ie
ayant réjoui

RÉPARTIR to distribute

Le chef a *réparti* le butin.
The leader distributed the loot.

Indicative

Present
je répands
tu répands
il/elle répand
nous répandons
vous répandez
ils/elles répandent

Imperfect
je répandais
tu répandais
il/elle répandait
nous répandions
vous répandiez
ils/elles répandaient

Future
je répandrai
tu répandras
il/elle répandra
nous répandrons
vous répandrez
ils/elles répandront

Past Indefinite
j'ai répandu
tu as répandu
il/elle a répandu
nous avons répandu
vous avez répandu
ils/elles ont répandu

Pluperfect
j'avais répandu
tu avais répandu
il/elle avait répandu
nous avions répandu
vous aviez répandu
ils/elles avaient répandu

Former Future
j'aurai répandu
tu auras répandu
il/elle aura répandu
nous aurons répandu
vous aurez répandu
ils/elles auront répandu

Subjunctive

Present
que je répande
que tu répandes
qu'il/qu'elle répande
que nous répandions
que vous répandiez
qu'ils/qu'elles répandent

Past
que j'aie répandu
que tu aies répandu
qu'il/qu'elle ait répandu
que nous ayons répandu
que vous ayez répandu
qu'ils/qu'elles aient répandu

Conditional

Present
je répandrais
tu répandrais
il/elle répandrait
nous répandrions
vous répandriez
ils/elles répandraient

Past
j'aurais répandu
tu aurais répandu
il/elle aurait répandu
nous aurions répandu
vous auriez répandu
ils/elles auraient répandu

Imperative

Present
répands
répandons
répandez

Past
aie répandu
ayons répandu
ayez répandu

Present Infinitive
répandre

Past Infinitive
avoir répandu

Present Participle
répandant

Past Participle
répandu, ue
ayant répandu

Le pont *reliait* le sentier à la route.
The bridge connected the trail to the main road.

to bind, to connect

RELIER

Indicative

Present
je relie
tu relies
il/elle relie
nous relions
vous reliez
ils/elles reliemt

Imperfect
je reliais
tu reliais
il/elle reliait
nous reliions
vous reliiez
ils/elles reliaient

Future
je relierai
tu relieras
il/elle reliera
nous relierons
vous relierez
ils/elles relieront

Past Indefinite
j'ai relié
tu as relié
il/elle a relié
nous avons relié
vous avez relié
ils/elles ont relié

Pluperfect
j'avais relié
tu avais relié
il/elle avait relié
nous avions relié
vous aviez relié
ils/elles avaient relié

Former Future
j'aurai relié
tu auras relié
il/elle aura relié
nous aurons relié
vous aurez relié
ils/elles auront relié

Subjunctive

Present
que je relie
que tu relies
qu'il/qu'elle relie
que nous reliions
que vous reliiez
qu'ils/qu'elles relient

Past
que j'aie relié
que tu aies relié
qu'il/qu'elle ait relié
que nous ayons relié
que vous ayez relié
qu'ils/qu'elles aient relié

Conditional

Present
je relierais
tu relierais
il/elle relierait
nous relierions
vous relieriez
ils/elles relieraient

Past
j'aurais relié
tu aurais relié
il/elle aurait relié
nous aurions relié
vous auriez relié
ils/elles auraient relié

Imperative

Present
relie
relions
reliez

Past
aie relié
ayons relié
ayez relié

Present Infinitive
relier

Past Infinitive
avoir relié

Present Participle
reliant

Past Participle
relié, ée
ayant relié

RÉPANDRE to spill

L'enfant a *répandu* le lait sur la nappe.
The child spilled milk on the tablecloth.

Indicative

Present
je repaire
tu repaires
il/elle repaire
nous repairons
vous repairez
ils/elles repairent

Imperfect
je repairais
tu repairais
il/elle repairait
nous repairions
vous repairiez
ils/elles repairaient

Future
je repairerai
tu repaireras
il/elle repairera
nous repairerons
vous repairerez
ils/elles repaireront

Past Indefinite
j'ai repairé
tu as repairé
il/elle a repairé
nous avons repairé
vous avez repairé
ils/elles ont repairé

Pluperfect
j'avais repairé
tu avais repairé
il/elle avait repairé
nous avions repairé
vous aviez repairé
ils/elles avaient repairé

Former Future
j'aurai repairé
tu auras repairé
il/elle aura repairé
nous aurons repairé
vous aurez repairé
ils/elles auront repairé

Subjunctive

Present
que je repaire
que tu repaires
qu'il/qu'elle repaire
que nous repairions
que vous repairiez
qu'ils/qu'elles repairent

Past
que j'aie repairé
que tu aies repairé
qu'il/qu'elle ait repairé
que nous ayons repairé
que vous ayez repairé
qu'ils/qu'elles aient repairé

Conditional

Present
je repairerais
tu repairerais
il/elle repairerait
nous repairerions
vous repaireriez
ils/elles repaireraient

Past
j'aurais repairé
tu aurais repairé
il/elle aurait repairé
nous aurions repairé
vous auriez repairé
ils/elles auraient repairé

Imperative

Present
repaire
repairons
repairez

Past
aie repairé
ayons repairé
ayez repairé

Present Infinitive
repairer

Past Infinitive
avoir repairé

Present Participle
repairant

Past Participle
repairé, ée
ayant repairé

REMBOURSER
to repay

Il a *remboursé* ses dettes.
He repayed his debts.

Indicative

Present
je rembourse
tu rembourses
il/elle rembourse
nous remboursons
vous remboursez
ils/elles remboursent

Past Indefinite
j'ai remboursé
tu as remboursé
il/elle a remboursé
nous avons remboursé
vous avez remboursé
ils/elles ont remboursé

Imperfect
je remboursais
tu remboursais
il/elle remboursait
nous remboursions
vous remboursiez
ils/elles remboursaient

Pluperfect
j'avais remboursé
tu avais remboursé
il/elle avait remboursé
nous avions remboursé
vous aviez remboursé
ils/elles avaient remboursé

Future
je rembourserai
tu rembourseras
il/elle rembourseara
nous rembourserons
vous rembourserez
ils/elles rembourseront

Former Future
j'aurai remboursé
tu auras remboursé
il/elle aura remboursé
nous aurons remboursé
vous aurez remboursé
ils/elles auront remboursé

Subjunctive

Present
que je rembourse
que tu rembourses
qu'il/qu'elle rembourse
que nous remboursions
que vous remboursiez
qu'ils/qu'elles remboursent

Past
que j'aie remboursé
que tu aies remboursé
qu'il/qu'elle ait remboursé
que nous ayons remboursé
que vous ayez remboursé
qu'ils/qu'elles aient remboursé

Conditional

Present
je rembourserais
tu rembourserais
il/elle rembourserait
nous rembourserions
vous rembourseriez
ils/elles rembourseraient

Past
j'aurais remboursé
tu aurais remboursé
il/elle aurait remboursé
nous aurions remboursé
vous auriez remboursé
ils/elles auraient remboursé

Imperative

Present
rembourse
remboursons
remboursez

Past
aie remboursé
ayons remboursé
ayez remboursé

Present Infinitive
rembourser

Past Infinitive
avoir remboursé

Present Participle
remboursant

Past Participle
remboursé, ée
ayant remboursé

REPAIRER to spot

Ils *ont repairé* un joli endroit pour pique-nique.
They spotted a pretty place for a picnic.

Indicative

Present
je renvoie
tu renvoies
il/elle renvoie
nous renvoyons
vous renvoyez
ils/elles renvoient

Imperfect
je renvoyais
tu renvoyais
il/elle renvoyait
nous renvoyions
vous renvoyiez
ils/elles renvoyaient

Future
je renvoierai
tu renvoieras
il/elle renvoiera
nous renvoierons
vous renvoierez
ils/elles renvoieront

Past Indefinite
j'ai renvoyé
tu as renvoyé
il/elle a renvoyé
nous avons renvoyé
vous avez renvoyé
ils/elles ont renvoyé

Pluperfect
j'avais renvoyé
tu avais renvoyé
il/elle avait renvoyé
nous avions renvoyé
vous aviez renvoyé
ils/elles avaient renvoyé

Former Future
j'aurai renvoyé
tu auras renvoyé
il/elle aura renvoyé
nous aurons renvoyé
vous aurez renvoyé
ils/elles auront renvoyé

Subjunctive

Present
que je renvoie
que tu renvoies
qu'il/qu'elle renvoie
que nous renvoyions
que vous renvoyiez
qu'ils/qu'elles renvoient

Past
que j'aie renvoyé
que tu aies renvoyé
qu'il/qu'elle ait renvoyé
que nous ayons renvoyé
que vous ayez renvoyé
qu'ils/qu'elles aient renvoyé

Conditional

Present
je renvoierais
tu renvoierais
il/elle renvoierait
nous renvoierions
vous renvoieriez
ils/elles renvoieraient

Past
j'aurais renvoyé
tu aurais renvoyé
il/elle aurait renvoyé
nous aurions renvoyé
vous auriez renvoyé
ils/elles auraient renvoyé

Imperative

Present
renvoie
renvoyons
renvoyez

Past
aie renvoyé
ayons renvoyé
ayez renvoyé

Present Infinitive
renvoyer

Past Infinitive
avoir renvoyé

Present Participle
renvoyant

Past Participle
renvoyé, ée
ayant renvoyé

REMORQUER to tow

Il a *remorqué* sa voiture au garage.
He towed his car to the garage.

Indicative

Present
je remorque
tu remorques
il/elle remorque
nous remorquons
vous remorquez
ils/elles remorquent

Past Indefinite
j'ai remorqué
tu as remorqué
il/elle a remorqué
nous avons remorqué
vous avez remorqué
ils/elles ont remorqué

Imperfect
je remorquais
tu remorquais
il/elle remorquait
nous remorquions
vous remorquiez
ils/elles remorquaient

Pluperfect
j'avais remorqué
tu avais remorqué
il/elle avait remorqué
nous avions remorqué
vous aviez remorqué
ils/elles avaient remorqué

Future
je remorquerai
tu remorqueras
il/elle remorquera
nous remorquerons
vous remorquerez
ils/elles remorqueront

Former Future
j'aurai remorqué
tu auras remorqué
il/elle aura remorqué
nous aurons remorqué
vous aurez remorqué
ils/elles auront remorqué

Subjunctive

Present
que je remorque
que tu remorques
qu'il/qu'elle remorque
que nous remorquions
que vous remorquiez
qu'ils/qu'elles remorquent

Past
que j'aie remorqué
que tu aies remorqué
qu'il/qu'elle ait remorqué
que nous ayons remorqué
que vous ayez remorqué
qu'ils/qu'elles aient remorqué

Conditional

Present
je remorquerais
tu remorquerais
il/elle remorquerait
nous remorquerions
vous remorqueriez
ils/elles remorqueraient

Past
j'aurais remorqué
tu aurais remorqué
il/elle aurait remorqué
nous aurions remorqué
vous auriez remorqué
ils/elles auraient remorqué

Imperative

Present
remorque
remorquons
remorquez

Past
aie remorqué
ayons remorqué
ayez remorqué

Present Infinitive
remorquer

Past Infinitive
avoir remorqué

Present Participle
remorquant

Past Participle
remorqué, ée
ayant remorqué

RENVOYER to send back, to dismiss

Ils ont renvoyé M. Lejeune.
They dismissed Mr. Lejeune.

Indicative

Present
je renverse
tu renverses
il/elle renverse
nous renversons
vous renversez
ils/elles renversent

Past Indefinite
j'ai renversé
tu as renversé
il/elle a renversé
nous avons renversé
vous avez renversé
ils/elles ont renversé

Imperfect
je renversais
tu renversais
il/elle renversait
nous renversions
vous renversiez
ils/elles renversaient

Pluperfect
j'avais renversé
tu avais renversé
il/elle avait renversé
nous avions renversé
vous aviez renversé
ils/elles avaient renversé

Future
je renverserai
tu renverseras
il/elle renversera
nous renverserons
vous renverserez
ils/elles renverseront

Former Future
j'aurai renversé
tu auras renversé
il/elle aura renversé
nous aurons renversé
vous aurez renversé
ils/elles auront renversé

Subjunctive

Present
que je renverse
que tu renverses
qu'il/qu'elle renverse
que nous renversions
que vous renversiez
qu'ils/qu'elles renversent

Past
que j'aie renversé
que tu aies renversé
qu'il/qu'elle ait renversé
que nous ayons renversé
que vous ayez renversé
qu'ils/qu'elles aient renversé

Conditional

Present
je renverserais
tu renverserais
il/elle renverserait
nous renverserions
vous renverseriez
ils/elles renverseraient

Past
j'aurais renversé
tu aurais renversé
il/elle aurait renversé
nous aurions renversé
vous auriez renversé
ils/elles auraient renversé

Imperative

Present
renverse
renversons
renversez

Past
aie renversé
ayons renversé
ayez renversé

Present Infinitive
renverser

Past Infinitive
avoir renversé

Present Participle
renversant

Past Participle
renversé, ée
ayant renversé

REMUER
to stir, to move

Les petits *remuaient* sur leur banc à l'église.
The little ones stirred on their bench in church.

Indicative

Present
je remue
tu remues
il/elle remue
nous remuons
vous remuez
ils/elles remuent

Past Indefinite
j'ai remué
tu as remué
il/elle a remué
nous avons remué
vous avez remué
ils/elles ont remué

Imperfect
je remuais
tu remuais
il/elle remuait
nous remuions
vous remuiez
ils/elles remuaient

Pluperfect
j'avais remué
tu avais remué
il/elle avait remué
nous avions remué
vous aviez remué
ils/elles avaient remué

Future
je remuerai
tu remueras
il/elle remuera
nous remuerons
vous remuerez
ils/elles remueront

Former Future
j'aurai remué
tu auras remué
il/elle aura remué
nous aurons remué
vous aurez remué
ils/elles auront remué

Subjunctive

Present
que je remue
que tu remues
qu'il/qu'elle remue
que nous remuions
que vous remuiez
qu'ils/qu'elles remuent

Past
que j'aie remué
que tu aies remué
qu'il/qu'elle ait remué
que nous ayons remué
que vous ayez remué
qu'ils/qu'elles aient remué

Conditional

Present
je remuerais
tu remuerais
il/elle remuerait
nous remuerions
vous remueriez
ils/elles remueraient

Past
j'aurais remué
tu aurais remué
il/elle aurait remué
nous aurions remué
vous auriez remué
ils/elles auraient remué

Imperative

Present
remue
remuons
remuez

Past
aie remué
ayons remué
ayez remué

Present Infinitive
remuer

Past Infinitive
avoir remué

Present Participle
remuant

Past Participle
remué, ée
ayant remué

RENVERSER
to spill, to knock over

J'ai renversé le lait.
I spilled the milk.

Indicative

Present
je renseigne
tu renseignes
il/elle renseigne
nous renseignons
vous renseignez
ils/elles renseignent

Imperfect
je renseignais
tu renseignais
il/elle renseignait
nous renseignions
vous renseigniez
ils/elles renseignaient

Future
je renseignerai
tu renseigneras
il/elle renseignera
nous renseignerons
vous renseignerez
ils/elles renseigneront

Past Indefinite
j'ai renseigné
tu as renseigné
il/elle a renseigné
nous avons renseigné
vous avez renseigné
ils/elles ont renseigné

Pluperfect
j'avais renseigné
tu avais renseigné
il/elle avait renseigné
nous avions renseigné
vous aviez renseigné
ils/elles avaient renseigné

Former Future
j'aurai renseigné
tu auras renseigné
il/elle aura renseigné
nous aurons renseigné
vous aurez renseigné
ils/elles auront renseigné

Subjunctive

Present
que je renseigne
que tu renseignes
qu'il/qu'elle renseigne
que nous renseignions
que vous renseigniez
qu'ils/qu'elles renseignent

Past
que j'aie renseigné
que tu aies renseigné
qu'il/qu'elle ait renseigné
que nous ayons renseigné
que vous ayez renseigné
qu'ils/qu'elles aient renseigné

Conditional

Present
je renseignerais
tu renseignerais
il/elle renseignerait
nous renseignerions
vous renseigneriez
ils/elles renseigneraient

Past
j'aurais renseigné
tu aurais renseigné
il/elle aurait renseigné
nous aurions renseigné
vous auriez renseigné
ils/elles auraient renseigné

Imperative

Present
renseigne
renseignons
renseignez

Past
aie renseigné
ayons renseigné
ayez renseigné

Present Infinitive
renseigner

Past Infinitive
avoir renseigné

Present Participle
renseignant

Past Participle
renseigné, ée
ayant renseigné

RENDRE
to give back to, to return, to yield crops

Elle m'a *rendu* mes billets.
She returned my tickets.

Indicative

Present
je rends
tu rends
il/elle rend
nous rendons
vous rendez
ils/elles rendent

Past Indefinite
j'ai rendu
tu as rendu
il/elle a rendu
nous avons rendu
vous avez rendu
ils/elles ont rendu

Imperfect
je rendais
tu rendais
il/elle rendait
nous rendions
vous rendiez
ils/elles rendaient

Pluperfect
j'avais rendu
tu avais rendu
il/elle avait rendu
nous avions rendu
vous aviez rendu
ils/elles avaient rendu

Future
je rendrai
tu rendras
il/elle rendra
nous rendrons
vous rendrez
ils/elles rendront

Former Future
j'aurai rendu
tu auras rendu
il/elle aura rendu
nous aurons rendu
vous aurez rendu
ils/elles auront rendu

Subjunctive

Present
que je rende
que tu rendes
qu'il/qu'elle rende
que nous rendions
que vous rendiez
qu'ils/qu'elles rendent

Past
que j'aie rendu
que tu aies rendu
qu'il/qu'elle ait rendu
que nous ayons rendu
que vous ayez rendu
qu'ils/qu'elles aient rendu

Conditional

Present
je rendrais
tu rendrais
il/elle rendrait
nous rendrions
vous rendriez
ils/elles rendraient

Past
j'aurais rendu
tu aurais rendu
il/elle aurait rendu
nous aurions rendu
vous auriez rendu
ils/elles auraient rendu

Imperative

Present
rends
rendons
rendez

Past
aie rendu
ayons rendu
ayez rendu

Present Infinitive
rendre

Past Infinitive
avoir rendu

Present Participle
rendant

Past Participle
rendu, ue
ayant rendu

RENSEIGNER to inform

La conseillère pédagogique m'a renseigné.
The academic counselor informed me.

Indicative

Present	*Past Indefinite*
je renouvelle	j'ai renouvelé
tu renouvelles	tu as renouvelé
il/elle renouvelle	il/elle a renouvelé
nous renouvelons	nous avons renouvelé
vous renouvelez	vous avez renouvelé
ils/elles renouvellent	ils/elles ont renouvelé

Imperfect	*Pluperfect*
je renouvelais	j'avais renouvelé
tu renouvelais	tu avais renouvelé
il/elle renouvelait	il/elle avait renouvelé
nous renouvelions	nous avions renouvelé
vous renouveliez	vous aviez renouvelé
ils/elles renouvelaient	ils/elles avaient renouvelé

Future	*Former Future*
je renouvellerai	j'aurai renouvelé
tu renouvelleras	tu auras renouvelé
il/elle renouvellera	il/elle aura renouvelé
nous renouvellerons	nous renouvelé
vous renouvellerez	vous aurez renouvelé
ils/elles renouvelleront	ils/elles auront renouvelé

Subjunctive

Present	*Past*
que je renouvelle	que j'aie renouvelé
que tu renouvelles	que tu aies renouvelé
qu'il/qu'elle renouvelle	qu'il/qu'elle ait renouvelé
que nous renouvelions	que nous ayons renouvelé
que vous renouveliez	que vous ayez renouvelé
qu'ils/qu'elles renouvellent	qu'ils/qu'elles aient renouvelé

Conditional

Present	*Past*
je renouvellerais	j'aurais renouvelé
tu renouvellerais	tu aurais renouvelé
il/elle renouvellerait	il/elle aurait renouvelé
nous renouvellerions	nous aurions renouvelé
vous renouvelleriez	vous auriez renouvelé
ils/elles renouvelleraient	ils/elles auraient renouvelé

Imperative

Present	*Past*
renouvelle	aie renouvelé
renouvelon	ayons renouvelé
renouvelez	ayez renouvelé

Present Infinitive
renouveler

Past Infinitive
avoir renouvelé

Present Participle
renouvelant

Past Participle
renouvelé, ée
ayant renouvelé

RENFERMER
to contain

L'enveloppe *renfermait* 50 Euros.
The enveloppe contained 50 Euros.

Indicative

Present
je renferme
tu renfermes
il/elle renferme
nous renfermons
vous renfermez
ils/elles renferment

Past Indefinite
j'ai renfermé
tu as renfermé
il/elle a renfermé
nous avons renfermé
vous avez renfermé
ils/elles ont renfermé

Imperfect
je renfermais
tu renfermais
il/elle renfermait
nous renfermions
vous renfermiez
ils/elles renfermaient

Pluperfect
j'avais renfermé
tu avais renfermé
il/elle avait renfermé
nous avions renfermé
vous aviez renfermé
ils/elles avaient renfermé

Future
je renfermerai
tu renfermeras
il/elle renfermera
nous renfermerons
vous renfermerez
ils/elles renfermeront

Former Future
j'aurai renfermé
tu auras renfermé
il/elle aura renfermé
nous aurons renfermé
vous aurez renfermé
ils/elles auront renfermé

Subjunctive

Present
que je renferme
que tu renfermes
qu'il/qu'elle renferme
que nous renfermions
que vous renfermiez
qu'ils/qu'elles renferment

Past
que j'aie renfermé
que tu aies renfermé
qu'il/qu'elle ait renfermé
que nous ayons renfermé
que vous ayez renfermé
qu'ils/qu'elles aient renfermé

Conditional

Present
je renfermerais
tu renfermerais
il/elle renfermerait
nous renfermerions
vous renfermeriez
ils/elles renfermeraient

Past
j'aurais renfermé
tu aurais renfermé
il/elle aurait renfermé
nous aurions renfermé
vous auriez renfermé
ils/elles auraient renfermé

Imperative

Present
renferme
renfermons
renfermez

Past
aie renfermé
ayons renfermé
ayez renfermé

Present Infinitive
renfermer

Past Infinitive
avoir renfermé

Present Participle
renfermant

Past Participle
renfermé, ée
ayant renfermé

RENOUVELER
to renew

Elle a *renouvelé* son abonnement.
She renewed her subscription.

Indicative

Present
je renoue
tu renoues
il/elle renoue
nous renouons
vous renouez
ils/elles renouent

Imperfect
je renouais
tu renouais
il/elle renouait
nous renouions
vous renouiez
ils/elles renouaient

Future
je renouerai
tu renoueras
il/elle renouera
nous renouerons
vous renouerez
ils/elles renoueront

Past Indefinite
j'ai renoué
tu as renoué
il/elle a renoué
nous avons renoué
vous avez renoué
ils/elles ont renoué

Pluperfect
j'avais renoué
tu avais renoué
il/elle vait renoué
nous avions renoué
vous aviez renoué
ils/elles avaient renoué

Former Future
j'aurai renoué
tu auras renoué
il/elle aura renoué
nous aurons renoué
vous aurez renoué
ils/elles auront renoué

Subjunctive

Present
que je renoue
que tu renoues
qu'il/qu'elle renoue
que nous renouions
que vous renouiez
qu'ils/qu'elles renouent

Past
que j'aie renoué
que tu aies renoué
qu'il/qu'elle ait renoué
que nous ayons renoué
que vous ayez renoué
qu'ils/qu'elles aient renoué

Conditional

Present
je renouerais
tu renouerais
il/elle renouerait
nous renouerions
vous renoueriez
ils/elles renoueraient

Past
j'aurais renoué
tu aurais renoué
il/elle aurait renoué
nous aurions renoué
vous auriez renoué
ils/elles auraient renoué

Imperative

Present
renoue
renouons
renouez

Past
j'aie renoué
ayons renoué
ayez renoué

Present Infinitive
renouer

Past Infinitive
avoir renoué

Present Participle
renouant

Past Participle
renoué, ée
ayant renoué

RENIER
to renounce

Elle a *renié* sa promesse.
She renounced her promise.

Indicative

Present
je renie
tu renies
il/elle renie
nous renions
vous reniez
ils/elles renient

Past Indefinite
j'ai renié
tu as renié
il/elle a renié
nous avons renié
vous avez renié
ils/elles ont renié

Imperfect
je reniais
tu reniais
il/elle reniait
nous reniions
vous reniiez
ils/elles reniaient

Pluperfect
j'avais renié
tu avais renié
il/elle avait renié
nous avions renié
vous aviez renié
ils/elles avaient renié

Future
je renierai
tu renieras
il/elle reniera
nous renierons
vous renierez
ils/elles renieront

Former Future
j'aurai renié
tu auras renié
il/elle aura renié
nous aurons renié
vous aurez renié
ils/elles auront renié

Subjunctive

Present
que je renie
que tu renies
qu'il/qu'elle renie
que nous reniions
que vous reniiez
qu'ils/qu'elles renient

Past
que j'aie renié
que tu aies renié
qu'il/qu'elle ait renié
que nous ayons renié
que vous ayez renié
qu'ils/qu'elles aient renié

Conditional

Present
je renierais
tu renierais
il/elle renierait
nous renierions
vous renieriez
ils/elles renieraient

Past
j'aurais renié
tu aurais renié
il/elle aurait renié
nous aurions renié
vous auriez renié
ils/elles auraient renié

Imperative

Present
renie
renions
reniez

Past
aie renié
ayons renié
ayez renié

Present Infinitive
renier

Past Infinitive
avoir renié

Present Participle
reniant

Past Participle
renié, ée
ayant renié

RENOUER to tie up, to renew a friendship

Ils ont renoué leur amitié.
They renewed their friendship.

Indicative

Present
je renonce
tu renonces
il/elle renonce
nous renonçons
vous renoncez
ils/elles renoncent

Past Indefinite
j'ai renoncé
tu as renoncé
il/elle a renoncé
nous avons renoncé
vous avez renoncé
ils/elles ont renoncé

Imperfect
je renonçais
tu renonçais
il/elle renonçait
nous renoncions
vous renonciez
ils/elles renonçaient

Pluperfect
j'avais renoncé
tu avais renoncé
il/elle avait renoncé
nous avions renoncé
vous aviez renoncé
ils/elles avaient renoncé

Future
je renoncerai
tu renonceras
il/elle renoncera
nous renoncerons
vous renoncerez
ils/elles renonceront

Former Future
j'aurai renoncé
tu auras renoncé
il/elle aura renoncé
nous aurons renoncé
vous aurez renoncé
ils/elles auront renoncé

Subjunctive

Present
que je renonce
que tu renonces
qu'il/qu'elle renonce
que nous renoncions
que vous renonciez
qu'ils/qu'elles renoncent

Past
que j'aie renoncé
que tu aies renoncé
qu'il/qu'elle ait renoncé
que nous ayons renoncé
que vous ayez renoncé
qu'ils/qu'elles aient renoncé

Conditional

Present
je renoncerais
tu renoncerais
il/elle renoncerait
nous renoncerions
vous renonceriez
ils/elles renonceraient

Past
j'aurais renoncé
tu aurais renoncé
il/elle aurait renoncé
nous aurions renoncé
vous auriez renoncé
ils/elles auraient renoncé

Imperative

Present
renonce
renonçons
renoncez

Past
aie renoncé
ayons renoncé
ayez renoncé

Present Infinitive
renoncer

Past Infinitive
avoir renoncé

Present Participle
renonçant

Past Participle
renoncé, ée
ayant renoncé

RENIFLER
to sniff

Ne reniflez pas, prenez votre mouchoir.
Do not sniff, take your handkerchief.

Indicative

Present
je renifle
tu renifles
il/elle renifle
nous reniflons
vous reniflez
ils/elles reniflent

Imperfect
je reniflais
tu reniflais
il/elle reniflait
nous reniflions
vous renifliez
ils/elles reniflaient

Future
je reniflerai
tu renifleras
il/elle reniflera
nous reniflerons
vous reniflerez
ils/elles renifleront

Past Indefinite
j'ai reniflé
tu as reniflé
il/elle a reniflé
nous avons reniflé
vous avez reniflé
ils/elles ont reniflé

Pluperfect
j'avais reniflé
tu avais reniflé
il/elle avait reniflé
nous avions reniflé
vous aviez reniflé
ils/elles avaient reniflé

Former Future
j'aurai reniflé
tu auras reniflé
il/elle aura reniflé
nous aurons reniflé
vous aurez reniflé
ils/elles auront reniflé

Subjunctive

Present
que je renifle
que tu renifles
qu'il/qu'elle renifle
que nous reniflions
que vous renifliez
qu'ils/qu'elles reniflent

Past
que j'aie reniflé
que tu aies reniflé
qu'il/qu'elle ait reniflé
que nous ayons reniflé
que vous ayez reniflé
qu'ils/qu'elles aient reniflé

Conditional

Present
je reniflerais
tu reniflerais
il/elle reniflerait
nous reniflerions
vous renifleriez
ils/elles renifleraient

Past
j'aurais reniflé
tu aurais reniflé
il/elle aurait reniflé
nous aurions reniflé
vous auriez reniflé
ils/elles auraient reniflé

Imperative

Present
renifle
reniflons
reniflez

Past
aie reniflé
ayons reniflé
ayez reniflé

Present Infinitive
renifler

Past Infinitive
avoir reniflé

Present Participle
reniflant

Past Participle
reniflé, ée
ayant reniflé

RENONCER to give up

Je *renoncerai* à mon secret.
I will *give up* my secret.